İnsan, Milit

Yılma

Güney
filmcilik
Sakızağacı Cad. Güney Han
No. 2 Kat 1 Beyoğlu/İstanbul
Tel: 252 25 44 Fax: 245 13 04

Gerekli Açıklama: 1995 yılında ilk basımı yapılan bu kitap, aynı yıl İstanbul Devlet Güvenlik Mahkemesinin kararıyla toplatılmış (17.4.'95) ve kitabın yayıncısı Fatma Pütün'ün T.C.K.'nun 312/2-3 madde fıkraları gereğince cezalandırılması istenerek, dava açılmıştı. İstanbul 2 no'lu Devlet Güvenlik Mahkemesi, yargılama sonunda (19.12.'95) Yılmaz Güney'in kitapta yer alan yazılarında suç unsuru olmadığına, eşi Fatma Pütün'ün beraatine ve toplatılan kitapların iadesine karar vermiştir. Mahkeme kararını olduğu gibi aşağıda sunuyoruz:

KARAR

ESAS NO. : 1995/155
KARAR NO. : 1995/325
SAV. ESAS NO. : 1995/549

BAŞKAN : Tevfik Güngören 20808
ÜYE : Abdurrahman Polat 17085
ÜYE : Müzmer Yüce Hakim Yb.1977/Yd. 5
SAVCI : Abdülkadir Diriarın 22809
KATİP : Emine Nasiye Toluk

DAVACI : K.H.
SANIK : *JALE FATMA PÜTÜN* / Abdulgani ve Ayşe Birsen'den olma, 17.1.1952 İstanbul doğumlu, Adana, Seyhan, Yeşilyuva mahallesi, cilt:057/01, hane:10, sayfa:17 de nüfusa kayıtlı olup halen İstanbul, Kadıköy, Caferağa mah. Şefik sokak 4/2 de oturur, dul, 1 çocuklu, okur yazar, sabıkası Yılmaz Güney Kültür ve Sanat merkezi başkanlığını yapar.

VEKİLİ : *Av. ERHAN EREL*
Sıraselviler cad. No:64/3 Taksim/İstanbul

SUÇ : *Irk ayrımı gözeterek halkı açıkça kin ve düşmanlığa tahrik etmek*

SUÇ TARİHİ : *17.4.1995*
KARAR TARİHİ : *19.12.1995*

İDDİA:
Sanığın sahip ve sorumlusu olduğu Güney Filmcilik Sanayi ve Ticaret A.Ş.ce basılıp yayınlanan "İNSAN, MİLİTAN ve SANATÇI: YILMAZ GÜNEY" isimli kitapta, ırk ayrımı gözeterek halkın açıkça kin ve düşmanlığa tahrik edildiği iddiasiyle ve sanığın TCK.312/2-3. maddesi gereğince cezalandırılması istemiyle İstanbul DGM.C.Başsavcılığının 2.5.1995 günü 1995/549 esas sayılı iddianamesiyle mahkememize kamu davası açılmıştır.

YARGILAMA VE GEREKÇE:
Sanık savunmasında özetle: Yılmaz Güney'in eşi olduğunu, onun hakkında çeşitli yerlerde çıkan yazıların Fransız bir yönetmen tarafından derlendiğini, bu derlemeyi kitap olarak yayınladığını, yazılarda suç unsuru bulunmadığını, eşi Yılmaz Güney'in çeşitli yerlerdeki konuşmalar ve söyleşilerini bu kitapta topladığını, suç kastı taşımadığını bildirmiştir.
Sanık vekili esas hakkındaki savunmasında özetle: Yılmaz Güney'in ülkenin bölünmesinden yana birisi olmadığını, aksine birleştirici bir kişiliğe sahip olduğunu, sanığın eşine ait anıları yayınladığını müvekkilinin üzerine atılı suçun yasal koşullarının bulunmadığını, müvekkilinin beraatine karar verilmesi gerektiğini belirtmiştir.
"İNSAN, MİLİTAN ve SANATÇI: YILMAZ GÜNEY" isimli kitabının 9. sayfasında "Kırsıl bir bölgede doğdum. Ailem yoksul köylüydü, aynı zamanda kürttüler...Fakat yoksul köylüler içinde doğup büyümek özellikle de ezilen bir ulusun, kürt ulusunun bir parçası olmak görüşlerimi etkiledi. Ve bu etki beni birşeyler aramaya itti..." denmektedir.

Bir insanın köken itibariyle kürt olduğunu, kürt ulusunun ezilen ulus olduğunu belirtmesi, yasal olarak suç teşkil etmediği gibi kürt ulusunun ezilen bir ulus olduğunu ifade etmek de, bu hususta görüş açıklamaktan ibarettir. Sanık belirtilen sözlerle görüş açıklamakla birlikte kin ve düşmanlığa açıkça tahrik yoluna gitmemiş, böyle bir anlatımda bulunmamıştır.

Kitabın 21. sayfasında özetle, "...objektif olarak sosyal konumum, Kürdistan'dan göç etmiş bir kürt babanın çocuğuyum. Adana'da Yenice köyünde toprak yok, topraksız, yoksul bir ailenin çocuğuyum..." demektedir, ki; belirtilen sözlerle Yılmaz Güney kökenini ve konumunu ifade etmekte olup, bu anlatımda da halkı kin ve düşmanlığa açıkça tahrik ve teşfik söz konusu değildir.

Kitabın 22. sayfasında özetle, "..Benim bu işi bulmam, daha sonra bir başka şirkette iş bulmama yol açtı ve ben o yaz ilk defa Adana'nın dışına çıktım ve bütün Güneydoğu Anadolu'yu, Kürdistan'ın büyük bir bölümünü "ki o zaman Kürdistan diye bir kavram yoktu" köy, köy, şehir, şehir dolaştım; film dağıtımcısı olarak..." denmektedir ki, burada Kürdistan kelimesinin bir kavram olarak kullanıldığı açıkça anlaşılmaktadır.

57. sayfada özetle, "...Gelecekte Türkiye'de insanca yaşamak isteyen her insanın başlıca görevi, bugünkü askeri faşist yönetime karşı mücadele etmek olmalıdır." denmiştir ki, burada 12 Eylül Askeri Yönetim "faşist yönetim" olarak nitelendirilmiştir. Bu sözün söylendiği yer ve zaman nazara alınarak o tarihte Yılmaz Güney'in söylediği sözlerden, yıllarca sonra yayınlanması nedeniyle sanığın sorumlu tutulamayacağı nazara alınmıştır.

Gene kitabın 57. sayfasında "...başta işçi sınıfı olmak üzere, kır ve kent emekçileri örgütlenmeli ve devrimci demokratik bir iktidar için savaşmalıdırlar. Esas güç ve ağırlık, halkımızın omuzlarındadır. Ancak devrimci demokratik bir halk iktidarı demokrasinin yolunu açabilir azınlıklar üzerinde, özellikle kürt ulusu üzerindeki ulusal baskılara ve asimilasyona son verebilir ve ulusların kaderlerini tayin hakkını hayata geçirebilirler." denmiştir ki, burada belirtilen sözler de, sonuçta "Demokrasi" talep edilmekte ve bu husustaki "görüş" ifade edilmektedir.

80. sayfada "...Ezilen bir ulusa mensup olmam, ezilen bir sınıfa mensup olmam, egemen sınıfların baskı, terör ve yasağı altındaki bir ideoloji ve dünya görüşüne sahip olmam yanımda, belki de en avantaj yanım...Toplumsal hayatın gerçeklerini, acılarını, bizzat kendi deneylerimle yaşamış olmamdır. Bir sanatçı olarak sürekli zor içinde bulundum ve bu zorluklara karşı savaşmasını öğrendim..." denmiştir ki, burada Yılmaz Güney gene kendi yaşantısından kesitler aktarmaya çalışarak mücadelesini ifade etmeye çalışmaktadır.

115. sayfada "...Bir örnek verilirse Su filmiyle biz esas olarak bir kürt ailesinden yola çıkarak, kürt halkının içinde bulunduğu acıları anlatma yolunu seçtik. Fakat kürt halkının kendi dilini konuşturamadık, kürt halkını, halkının nitelediğini film de belirleyemedik. Yani bu insanların kürtler olduğunu söyleyemedik. Bu anlamda karşı karşıya kaldığımız siyasi iktidar baskısı, devlet baskısı hayatın gerçekliğinin sinemaya yansımasını büyük bir oranda, yüzde doksan oranında engelledi..." denmektedir ki, burada Yılmaz Güney "su" adlı filmin meydana getirilmesi sırasında karşılaştıkları zorlukları ifade etmekte, bunun "bir kürt ailesinden" yola çıkmasından kaynaklandığını anlatmaktadır. Ülkemizde bugüne kadar yüzlerce filmde "kürt kökenli yurttaşlarımızın" yaşamı konu edilmiştir. Bu durum karşısında Yılmaz Güney'in yukarıda belirtilen anlatımı, o konu ile "eleştiriden" ibarettir.

123. sayfasında "...Değerli arkadaşlarım, kardeşlerim! Bugün 12. Eylül askeri faşist darbenin ikinci yıldönümüdür; Türkiye ve Kürdistan'ın emekçi halkı için daha acılı, daha zor ve karanlık bir dönemin ne kadar süreceği belli olmayan bir dönemin başlangıcıdır ve bizler birçok acılı olayın ve yenilgi günlerinin yıldönümlerinde olduğu gibi yine toplanıyoruz..." denmektedir ki, burada Yılmaz Güney 12. Eylül hareketi ile ilgili nitelemede bulunmakta, söz konusu hareketi eleştirmektedir. Yine bu konuşmanın devamı olan yüz yirmi dört ve 125. sayfalarda "...Türkiye ve Kürdistanlı devrimcilerin, demokrat ve yurtseverlerin yürüttükleri dış mücadele iç mücadele ile birleşebilirse başarılı olabiliriz. Sorun budur. Bağırmak, yumruk sallamak "Yıkacağız geldik, geleceğiz" demekle askeri faşist diktatörlüğü yıkamayız...devrim yapmak için ihtiyacımız olan bu güç ne ya-

zıkki bugün parça parçadır, dağınıktır ve büyük bir çoğunluğu umutsuzdur. Kürt ulusal hareketi kendi başının çaresini aramaktadır. Bugün ülkemiz faşizmin çizmeleri altındadır. Büyük bir çoğunlukla aydınlar, sanatçılar bu gerçeği henüz tam anlamıyla kavramış gözükmüyorlar. İşçi önderleri, devrimci yurtsever demokratik örgüt mensupları cezaevlerindedir...Ecevit gibi temkinli tutum takınanlar dahi içerdedir...polis, jandarma takibinde olan bir avuç genç insan Türkiye Kürdistan'ın da hayat savaşı veriyor. İşçilerin, köylülerin saflarında küçük çaptada olsa kıpırtılar var...ya halkımızın büyük çoğunluğu...devrime, halkımıza ve proleteryanın geleceğine inanıyorum..." demektedir ki, kitabın bu kısmı da 12 Eylül Askeri hareketinin 2.yılı vesilesiyle yayınlanan bildiriye yer verilmiştir. Bildirinin yayınlandığı tarih ve bildiride yer alan hususlar günümüz koşullarında değerlendirilirse, bir suç olarak değil "görüş açıklaması" olarak değerlendirilebilir.

Kitabın 130. sayfasında "...kürt sorununu ortaya koyarken bir Türkiye'li olarak koyuyorum. Çünkü ben esas itibariyle sınıf mücadelesine inanan bir insanım. Orijinim kürt, fakat ulusal bir kürt hareketi değil istediğim. Kürt, ermeni, vs. ne kadar ezilenler yaşıyorsa ülkemde, ben onların bayrağı olmak istiyorum. Eğer kürt halkı gerçekten ayrı bir devlet kurmak istiyorsa bu hakkı kullanabilir. Ancak ben birlikten yanayım. Yani Türk işçisi, kürt işçisi, ermeni işçisi, rum işçisiyle ezilenlerin ülke sınırları içerisinde birliğinden yanayım..." denmektedir. Bu bölümde Yılmaz Güney'in bir İspanyol gazetecisiyle yaptığı görüşmeleri ("çalışanları kastederek") ezilmiş olarak nitelendirmektedir. Ayrıca bir kısım terör örgütlerinin hedeflediği bölücülükten yana olmadığını, birlik'ten yana olduğunu vurgulamaktadır.

Yukarıda kısa kısa alıntıları yazılan kitapta yer alan tüm yazıların yazılış amacı, ana teması nazara alınarak yapılan değerlendirmede kitapta, genellikle 12 Eylül hareketi ve ondan önceki yönetimin eleştirildiği; Yılmaz Güney'in kişisel olarak siyasi görüş ve düşüncelerine yer verildiği görülmektedir. Kitapta her ne kadar TCK.312/2-3. maddesinde öngörülen sınıf, ırk, mezhep ya da bölge farklılığı gözeterek halkın kin ve düşmanlığa tahrik edildiği iddia edilmiş isede, sanığın kitapta görüş ve açıklamalarına yer verilen Yılmaz Güney'in eşi oluşu ve yayınlanan konumunda bulunuşu nazara alınarak, sanığa yüklenen suçun yasal koşullarının bulunmadığı, bu nedenle sanığın üzerine atılan suçtan beraatine karar verilmesi gerektiği sonuç ve kanaatine varılmıştır.

H Ü K Ü M : Açıklanan nedenlerle

1)- Her ne kadar sanık hakkında atılı suçtan mahkememize kamu davası açılmış isede, dosyada mevcut suça konu kitap içeriğine göre sanığın üzerine atılı suçun yasal koşullarının oluşmadığı sonuç ve kanaatine varıldığından sanığın *BERAATİNE.*

2)- Dosyada mevcut bir adet kitabın kanıt olarak dosyada muhfazasına ve el konulan diğer kitapların ise hüküm kesinleştikten sonra iadesine,

Yargıtay yolu açık olmak üzere sanık vekilinin yüzlerine karşı, istekten farklı oy sırası ve oy birliğiyle verilen karar açıkça okunup anlatıldı. 19.12.1995

Yılmaz Güney

●

İNSAN, MİLİTAN VE SANATÇI

Güney filmcilik
Sakızağacı Cad. Güney Han
No. 2 Kat 1 Beyoğlu/İstanbul
Tel: 252 25 44 Fax: 245 13 04

İNSAN, MİLİTAN VE SANATÇI / Belge Dizisi:9

1. Basım: 1995
2. Basım: 1996
3. Basım: 1997
4. Basım: 1999
5. Basım: 2003

Kapak düzeni: Sadık Karamustafa
Dizgi : Dönüşüm Yayıncılık
Baskı ve Cilt: Engin Matbaacılık - (0212) 612 05 53

Yılmaz Güney

İNSAN, MİLİTAN VE SANATÇI
(Belge)

GÜNEY YAYINLARI
Sıraselviler Caddesi No. 61 Zeminkat Taksim / İstanbul
Tel: (0212) 252 25 44   Fax: (02129 245 13 04
e-mail: guneyfilmcilik@superonline.com
www.yilmazguney.net

ISBN 975-7956-10-4

ÖNSÖZ

Bu kitap, Yılmaz Güney'in yaşam öyküsünde çeşitli kesitlerin bir yansıması olarak, O'nun değişik dönemlerindeki yazılarını ve mahkemeler önünde yaptığı savunmalarının bir derlemesidir.

Ayrıca, 1981 yılında sürgüne çıktıktan sonra, çeşitli gazete ve dergilerde yer alan röportajlarını, sanatsal-sosyal ve toplumsal düşüncelerini içerir.

Ancak bunlar, tüm siyasi yazılarını da kapsamaz; çünkü Yılmaz Güney'in sağlığında toplam yüzyıl cezaya çarptırılmasına ve bu nedenle Türkiye'den ayrılmak zorunda kalışına yol açan siyasi görüşlerinin bir bölümü bugün halen yasalar karşısında suç unsurudur.

Biz, Yılmaz Güney'in insani duyguları, kaygıları ve devrimci görüşleri hakkında bir fikir sahibi olunabilmesi için, kendi ağzından – kendi kaleminden yaşadıkları – yaptıkları ve de düşündükleriyle okuyucusunu, O'nunla baş başa bırakıyoruz.

Fatoş Güney

İÇİNDEKİLER

Yılmaz Güney'in ağzından:

Siyasal Bilincimin Oluşumu

Kırsal bir bölgede doğdum. Ailem yoksul köylüydü. Aynı zamanda da Kürt'tüler. Dolayısıyla, kırsal ideolojiyle, esas olarak temelde burjuva bir ideoloji olan köylü ideolojisiyle şartlandım. Fakat yoksul köylüler içinde doğup büyümek özellikle de ezilen bir ulusun, Kürt ulusunun bir parçası olmak görüşlerimi etkiledi. Ve bu etki beni bir şeyler aramaya itti. Ne olduğunu bilmiyordum. Adının ne olacağını bile bilmiyordum ama bir şeyler arıyordum işte. 1950'lerin başlarında bazı şeylere rastladım; örneğin Nazım Hikmet'in (Türkiye'li komünist şair) İspanya İç Savaşı üzerine şiirlerini duydum. 1952'de Türkiye'de geniş bir komünist avı vardı ve bunların arasında bazı şairler de vardı, öyle duydum şiirlerini. Tabii tüm bu rastlantılar illegaldi. Tanıştığım bazı kişiler aracılığıyla. Ama bunlar gerçekten bilimsel sosyalizm değildi, oldukça idealist, oldukça ütopikti. Hiç kimse işçi sınıfından bahsetmiyordu, hiç kimse Marksizm-Leninizm'den, diyalektik materyalizmden bahsetmiyordu. Küçümsenme, yoksulluk ve böyle bir yaşantıyı değiştirme hakkında bazı yazılardı bunlar. Kime karşı savaşacağımızı, nasıl savaşacağımızı, hangi ideolojiyle savaşacağımızı, bunların hiçbirini izah etmiyordu. Sonra bu etkiler altında kısa hikâyeler yazmaya başladım, kendimle konuşmaya başladım ve siyasi polisle ilk karşılaşmam da böyle oldu.

1955'te, yazmış olduğum bir kısa hikâye yüzünden (halen okuldaydım), komünist propaganda gerekçesiyle mahkemeye çıkarıldım. Kısa bir hikâyeydi, duygu doluydu, fakat mahkeme çok uzun sürdü ve 1961'de 2,5 yıl hapis ve sürgüne mahkûm oldum. Fakat mahkeme sürdüğü sırada, 1957'de, gençliğimi geçirdiğim ve okula devam ettiğim şehrim Adana'yı terk ederek, İstanul'a Komünist Partisini bulmaya gittim, çünkü, ne olduğu bilmediğim halde herkes bana komünist diyordu, ben de İstanbul'a gittim. Ama aldandım. Karşılaştığım her komünist beni hayal kırıklığına düşürdü. Zamanında bunu nasıl açıklayacağımı, bu aldanışa ne isim koyacağımı bilemiyordum. Taa 1972'de, yine cezaevindeyken ve okuyup incelemeye başladığım sıralarda bu aldanışın adını koyabildim. O zaman bildim ki beni aldatan revizyonizmdi. Fakat o sırada Marksizm-Leninizm'i yine bilmiyordum. Şimdi mükemmel bildiğimi söylemiyorum, ama incelemeye başladım. 1961'le 1963 arasında cezaevi ve sürgündeydim ve 1963'ten sonra, hayatımda yeni bir dönem başladı.

1963'te, aktörlüğe başladım. Amaçlarımı gerçekleştirebilmek için aktör olmayı, hem de en meşhurlarından bir olmayı cezaevindeyken planlamıştım. Cezaevinde tüm hesapları yapıp tüm taktikleri geliştirmiştim ve çıkar çıkmaz hepsini teker teker uyguladım. 1965'te en popüler, en tepedeki aktörlerden biri olmuştum bile. Oynadığım filmlerin hepsinin devrimci ya da demokratik filmler olduğunu söyleyemem, fakat hepsi de popüler filmlerdi. Halkın acılarını, bahtsızlığını ve duygularını yansıtıyorlardı. Elbette çoğu ideolojik ya da siyasi anlamda hatalar içeriyordu: bazıları reformistti; bazıları anarşistti denilebilir; bazılarının da lümpen yönleri vardı. Fakat tüm bu tecrübeler halkla, kitlelerle geniş ve çok sıkı ilişkiler kurmama izin verdi.

1965'le 1966 arasında, kuvvetli bir endişe duymaya başladım. Yaptığımdan memnun değildim. 1966'da oynadığım filmler hakkında daha seçici olmaya çalıştım ve olumlu filmlerde oynadım. Fakat aynı zamanda, maddi ihtiyaçtan dolayı bazı olumsuz filmlerde de oynamak zorunda kaldım, çünkü aktörlüğe başladığımdan beri asıl amacım kendi filmlerimi yapabilmek için çok popüler olmaktı. Fakat benim için tek yol her şeyden önce bir aktörlük mesleğine sahip olmaktı. Dolayısıyla 1966'dan sonra esas amaçlarımı gerçekleştirmek üzere kameranın arkasına kendim geçmeye karar verdim. 1968'de ilk denememi yaptım.

1968'de film yapımcısı olarak ilk denememden sonra, 2 yıl

süren askerliğimi yapmaya gittim. Askerlik hayatımda çok önemli bir değişiklikti, çünkü ilk defa, iki yıl boyunca sistematik olarak okuma olanağını buldum. Daha önce okumadım anlamında değil, ama sistemli bir şekilde okumamıştım. Sinemanın pratik sorunları yaşamımda ağırlıktaydı, oysa askerde Lenin, Marks ve Mao'nun kitaplarını sistemli olarak okuyabiliyordum. Askerliğim biter bitmez çok önemli bir ileri adım atmaya hazırdım; nitekim de öyle oldu ve 1970'de askerliğim biter bitmez ilk önemli filmim *Umut*'u yaptım. Fakat bu filmi yapabilmek için, prodüksiyonu finanse edebilmek için –çünkü prodüktör de bendim– aynı zamanda kendi filmimin finansmanına para kazanmak için birçok gangster filminde de oynamak zorunda kaldım.

Bu sırada, siyasi arayışlarım beni çeşitli siyasi hareketlerle ilişkiye girmeye itti; berrak bir pozisyonum olmadığı için çeşitli ilişkilerim oluyordu. O zamanlar birçok hareket vardı; öğrenci hareketleri vardı, gerici güçlere karşı işçi hareketleri vardı ve hepsiyle de dayanışma içindeydim. Onlara yardım ediyordum ve 1972'de yardım etmekte olduğum örgütlerden birinin üyelerini tutukladıklarından dolayı, onlara yardım ettiğim için ben de hapse girdim. Fakat 1972'deki bu tutuklanmam, esasında yaşamımın dönüm noktası oldu, çünkü cezaevinde, illegal ağ sayesinde Marksizm-Leninizm'i öğrendim. Devrimi, revizyonizmi, Sovyetler Birliği'ni öğrendim. O sıralarda Sovyetler Birliği'ne sosyal-emperyalizm demeye henüz hazır değildim, fakat sosyalist bir ülke olmadığını biliyordum. Aynı zamanda maceracı eğilimlerle bazı küçük-burjuva eğilimlerle, gerçek sosyalist bir hareketin nasıl olması gerektiği arasında ayırım yapmayı öğrendim. İşçi sınıfının öncü rolünü öğrendim ve yaşamımdaki şahsi tavırlarımı devrimci bir tavıra dönüştürdüm. Sinemaya gelince, bundan sonra nasıl filmler yapabileceğim konusunda ayrıntılı olarak düşünmeye başladım. Dolayısıyla teorik olarak sinema hakkında da daha berrak ve daha derin bir görüş edindim. Çıkar çıkmaz, 1974'te, film yapımcısı olarak sinema dalında çok önemli bir ileri adıma yine hazırdım. Fakat sadece tek bir filmi, *Arkadaş*'ı bitirebildim ve ikincisinin çekimi sırasında 1974'te tekrardan cezaevine girdim.

1974 ve 1981 arasında içerdeydim ve içerde romanlar, hikâyeler yazdım. Siyasi yazılar da yazdım ve 5 kez film yapma girişiminde bulundum. İlk ikisi pek başarılı olmadı fakat son üçü uluslararası alanda başarı sağladı, çünkü hazırlıklarında daha fazla bulunabildim. Bunlar: *Sürü, Düşman* ve son film *Yol*'du. *Yol* filmi hepsinden de çok bana ait, çünkü filmin tüm redaksiyonunu kendim yaptım. Şimdi eskisinden çok daha fazla imkânlarım var, fakat sürgündeyim. Demek istiyorum ki, bu imkânlarla kendi ülkemde filmler yapabilseydim, çok farklı hatta daha iyi bir şeyler yapabilirdim. Fakat bundan sonra, gerçekleştireceklerim, sanatsal karakterimi tayin edecektir.

(ABD Devrimci Komünist Partisi'nin haftalık gazetesi Devrimci İşçi'nin 1 Ekim 1982 sayısında yayınlanan Yılmaz Güney'le bir röportajdan bölüm.)

«Kazanılacak Dünya» adlı derginin 1985/1. sayısında yayınlandı.

... Öğrencilik yıllarımda, isterdim ki, yeni kullanmaya başladığım defterlerimi temiz tutayım; düzgün, düzenli olsunlar. Karalamasız, çiziksiz... Hep bir çantam olsun istedim... kitaplarım, defterlerim, kalemlerim düzen içinde dursun; aslında çanta, derli-toplu olmanın simgesiydi benim için; olmadı. Bazı arkadaşlarım, boyalı, temiz ayakkabılar giyerlerdi. İmrenirdim onlara, ben de öyle olmak isterdim. Ama benim oturduğum mahallenin yolları çamurluydu, boyalı ayakkabı giysem bile, o yollardan geçtikten sonra çamurlanmamaları mümkün değildi. Hayatım da böyle... ne denli düzenli olmak istediysem, elimde olmayan nedenlerden ötürü başaramadım. Hayat yollarım çamurluydu, engebeliydi, zordu. İçimde her zaman kasırgalar esti, düşüncelerim, özlemlerim ile hayatın gerçeği her zaman çelişti. Hayat defterim iyi notlarla kötü notların, düzenlilik ile düzensizliklerin, başarılarla başarısızlıkların, acılarla sevinçlerin harmanı oldu. Kimi zaman rüzgârların önünde savruldum, göçmen kuş örneği oradan oraya sürüldüm durdum. Bugün kırk dört yaşındayım. İçimdeki fırtınalar henüz dinmiş değil, içinde bulunduğum kasırgalar henüz dinmiş değil; bu fırtınalar beni nerelere kadar sürükleyecek, daha nelerle karşılaşacağımı bilemiyorum. Halkıma, insanlığa yararlı olmak istiyorum. Hayatın ince, gelişen bir dalı olmak istiyorum. Sürekli üretmek, yeni şeyler yaratmak ve tanıdığım, tanımadığım milyonlarca insanla, dini, dili, rengi milliyeti ne olursa olsun, milyonlarca insanla kucaklaşmak istiyorum; Asya'dan Afrika'ya, Avrupa'dan, Amerika'ya, Okyanuslara kadar sesimi duyurmak istiyorum. Dağları, denizleri aşmak, insan yüreklerinde yuva yapmak istiyorum. İşte bu duygularla dolup taşıyor olmam, birçok barikatı karşıma dikti. Derin ve çok yönlü kuşatmalar altındayım. Ama yüreğimin ve yenilmek bilmez inancımın çevremi saran barikatları aşacağına inanıyorum.

Düşünce ve özlemlerimle, içinde bulunduğum koşullar çelişme halinde.

Ama günler öylesine gebe ve hayat öylesine fırtınalarla dolu ki...

1955'te, bir dergiye yazdığım bir hikâye nedeni ile hakkımda soruşturma açıldı; on sekiz yaşındaydım ve «komünizm propagandası» yapmış olmakla suçlanıyordum. Oysa ben, o günler, komünizmin ne olduğunu kesinlikle bilmiyordum. Ne sınıf mücadelesi, ne işçi sınıfı, ne de devrim konusunda hiç bilgim yoktu. Düzene, içinde bulunduğum zor koşullara bilinçsiz bir tepkinin ötesinde bir tutumum yoktu. Bilimsel anlamda tek kitap okumamıştım. Okuduklarım daha çok sanat eserleriydi. Mahkeme önüne çıkartıldığım zaman, kendimi nasıl savunmam gerektiğini bile bilmiyordum. İyi niyetli bir şaşkındım. Uzun yıllar sonra, 1961 anayasasının kazandırdığı kısmi özgürlük ortamında, bilimsel sosyalizmin klasikleriyle karşılaşınca, Marks'ı, Engels'i, Lenin'i okuma fırsatı bulunca, sınıf mücadelesinin yasalarını öğrenince, burjuvazinin tabiatını kavrayınca bana yöneltilen suçlamaların nasıl bir korkudan kaynaklandığını, burjuvazinin, hele hele bizim burjuva-feodal egemenlerimizin ne denli ürkek olduklarını anlayacaktım. Onlar, çok iyi biliyorlardı ki, benim üç sayfalık hikâyemin kitleler üzerinde hiçbir etkisi olmayacaktır; hatta yirmi-otuz kişinin ötesinde kimse hikâyeyi okumamıştır bile; ama taşıdığım niyet, insanca yaşama niyet ve özlemi, onların beni mahkûm etmeleri için yeterli bir neden sayılmalıdır. Çünkü ben, «kötü niyetli»lerin sadece birisiyim bu nedenledir ki, niyet yayılmadan önlemini almak gerekir. Hikâyemin adı da «korkunç»tu. Adı, «ÜÇ BİLİNMEYENLİ EŞİTSİZLİK SİSTEMLERİ» idi. Ve işin kötüsü ben o hikâyede «EŞİTLİK» sözleri ediyordum. Bilirkişi de, «eşitlik» sözü üzerine basa basa, benim «komünizm propagandası» yaptığımı kanıtlamaya çalışıyordu. Bu zavallı bilirkişi zavallı bir profesördü. İşi bilirkişilik yapmaktı. Ve aslında cahil bir adamdı. Çünkü, uzun yıllar sonra Marks'ı okuma olanağı bulduğum zaman, mutlak eşitliğin eşitsizlik olduğunu öğrenecektim. Komünist toplumda da herkesin eşit olmayacağını öğrenecektim. Bilimsel sosyalizm ile ütopik sosyalizm arasındaki esas farkları öğrenecektim. Ama zavallı profesör bu işi hâlâ öğrenemedi gitti. O günler içinde bulunduğum tutumla değil bir komünist, tutarlı bir demokrat bile değilmişim, ama taşıdığım niyet tehlikelerle doluymuş, o başka.

İlk cezam ve ilk cezaevi günlerim, akıldan çıkmaz acılarıyla, değişim için verdiğim mücadelelerle, hayatımın ilkokulu oldu. 1962'de, daha farklı ve kararlı bir insan olarak cezaevinden çıktım. Altı ay Konya'da sürgün kaldım ve 1963 Haziranı'nda, büyük hayallerle, büyük tutkularla İstanbul'a döndüm. Sürgün bitmişti... Benim için yeni bir mücadele başlamıştı; içimde, dinmek bilmeyen fırtınalar esiyordu; sanki dünyayı fethe çıkıyordum. O günden bu yana on sekiz yıl geçti. Bu on sekiz yılın on yılı cezaevinde, iki yılı da askerlikte geçtiğine göre, demek ki sürgün dönüşünden bugüne ancak altı yıl sinema yapabilmişim. Oldukça kısa, çok kısa bir zaman. Eğer elime bir altı yıl daha geçse, herhalde çok daha güzel şeyler yapabilirim...

Yılmaz Güney'in ağzından:
Kısa Yaşam Öyküsü

Bir sanatçı olarak «Yılmaz Güney» diye bilinirim. Asıl adım Yılmaz Pütün'dür.

Adım, zorluklar karşısında eğilmez, umutsuzluğa kapılmaz, yılgınlığa düşmez ve başeğmez anlamına gelir, soyadım Pütün ise bir dağ meyvesinin kırılmaz çekirdeği demektir.

1937 yılında, Türkiye'de, bir güney şehri olan Adana'nın Yenice köyünde doğdum. Kürt asıllı, topraksız bir köylü ailenin iki çocuğundan biriyim. Annem dindardı ve okuma yazma bilmezdi. Hâlâ sağ... Babam ise okuma yazmayı askerde öğrenmişti. Annem gibi o da hiç okula gitmemişti. 1976'da ben Kayseri cezaevindeyken öldü. Mezarını göremedim...

Dokuz yaşımdan bu yana hayatımı çalışarak kazandım. İlk işim dana gütmekti.

Liseyi Adana'da bitirdim. O yıllar «DORUK» adında bir sanat dergisi çıkardım. Sanata meraklıydım ve hikâyeler yazıyordum.

1955'te bir hikâyemden ötürü takibata uğradım. Hakkımda dava açıldı.

1957 yılında, İstanbul'a, İktisat Fakültesinde öğrenim görme hayalleriyle geldim. Fakat devam edemedim. 1955'te süren takibat ve mahkeme sonuçlanmıştı ve ben başlangıçta yedi buçuk yıl ağır hapis ve iki buçuk yıl sürgün cezasına çarptırıldım. Daha sonra temyiz mahkemesi kararı bozdu, yeniden görülen mahkeme sonucu cezam bir buçuk yıl ağır hapis ve altı ay sürgün cezasına çevrildi. Öğrenimim yarım kalmıştı. Önümdeki tek yol, kendimi hayatın okulunda, hayatın kabul ettiği ve dayattığı öğretmenler aracılığı ile eğitmekti. Öyle yaptım... Kitaplar, sinema, iş, cezaevi, acımasızlık, hayatın katı kuralları, toplumsal baskılar, kahpelikler, yiğitlikler... Karşılaştığım zorlukları yenmek için direnmek ve kararlılık... Öğretmenlerimden biri ZORDUR...

1961 Mayısında, cezaeviyle tanıştım. 1962 Aralığında cezam bitti. Muhafazakârlığıyla ünlü, Konya şehrine sürgüne gönderildim. Konya sınırlarını çıkamazdım. Her akşam polise imza vermeliydim. En çok imzayı polis defterine attım. 180 defa...

1968'de askere gittim. 1970 Nisanında döndüm. Hayatımdan çalınan iki yıl...

1971 Mayısında on binlerce aydın, sanatçı, yazar gibi, ben de gözaltına alındım. Hakkımda hiçbir delil yoktu. Sadece kuşku. Bir hafta gözaltında tutulduktan sonra serbest bırakıldım, resmi olmayan bir emirle, sözlü bir emirle ve tehditle yine Nevşehir'e üç aylığına sürgün edildim. Bu kez polise imzaya gitmiyordum. Polis beni dıştan kolluyordu.

1972'de, Martın 16'sında, devrimcilere yardım ettiğim gerekçesiyle tutuklandım. Mahkeme sonucu on yıl ağır hapis ve sürgün cezasına çarptırıldım. Ecevit hükümetinin 1974 genel affıyla serbest bırakıldım. Bugün ise Ecevit cezaevindedir.

1974 Eylülünde, bir cinayet olayına adım karıştı ve on dokuz yıla mahkûm edildim.

Cezaevinde iken, GÜNEY adlı bir sanat-kültür dergisi çıkardım. On üç sayı sonra sıkıyönetimin yeniden gelmesi üzerine dergimiz kapatıldı ve hakkımda yazılarımdan ötürü on ayrı dava açıldı. Suçum, komünizm propagandası yapmak, milli duyguları zayıflatmak, halkı suç işlemeye teşvik etmek, suç sayılan fiilleri övmek ve devletin içte ve dışta itibarını sarsmak... İstenen ceza toplamı, yaklaşık yüz yıl...

1981 Ekiminde, izinli çıktığım Isparta yarı-açık cezaevine dönmedim. Sonra da yurtdışına çıktım.

1981 Ekimine kadar, yaklaşık on iki yılımı çeşitli cezaevlerinde geçirdim. Bu on iki yıl içinde, ikisi yarı-açık olmak üzere on beş cezaevi tanıdım.

Ülkemden ayrıldıktan sonraki ilk aylarda, üç davamın sonuçlandığını sonuçta toplam yirmi yıl ağır hapis, yedi yıla yakın sürgün cezası aldığımı öğrendim... Öbür davalarım devam etmekte, ancak henüz, hangileri sonuçlandı, ne kadar daha ceza aldım, bilmiyorum...

.....

Yılmaz Güney, bu biyografiyi kendi kalemiyle ele aldıktan sonra senaryosunu hapishanedeyken yazdığı, Şerif Gören'in hayata geçirdiği «YOL» filmini montaj masasında yeniden değerlendirdi. Yeni bir biçim ve ruh kazandırdığı film, 1982 yılında, Cannes Film Festivalinde Altın Palmiye Ödülü aldı.

Ardından, Türkiye'deki hapishaneleri konu alan «DUVAR» filmini gerçekleştirdi. Bu film onun uzun yıllar boyu etiyle kemiğiyle yaşadığı bir tanıklıktı. Acılarına ortak olduğu ülkesinin en bahtsız insanlarına karşı ancak Yılmaz gibi insanların duyabileceği bir vefa borcunun kısmen de olsa ödenmesi idi.

Öte yandan DUVAR, 1980'lerin Türkiyesinin zulüm, aşağılama, işkence, yoksullaşma ve baskıyla kuşatılmış ortamına yaptığı güçlü çağrışımlarıyla, Türkiye'deki askeri diktanın teşhirine yönelik kampanyayı canlandırıcı bir işlevi de yerine getirdi. DUVAR, Yılmaz'ın duvarlarından kurtulmuş Türkiye idealinin mesajını da içeriyordu.

Özü enternasyonalist olan bir mesajdı bu. O yüzden de DUVAR'ı bitirir bitirmez Yılmaz, konularını Latin Amerika'dan, İran Kürdistanına, Güney Afrika'dan, İspanya ve Yunanistan'a kadar birçok ülkeden alan yığınla proje üzerinde çalışmaya koyuldu.

Sanki acelesi olduğunu sezmiş gibi hummalı bir çalışmaydı bu. Nitekim tam da yoğun çalışmaların ortasındayken, vücudunda sinsice işleyen kanser onu, bu hiçbir dış engelin yıldıramadığı, durduramadığı adamı, toprağa düşürdü. Tarih 9 Eylül 1984'tü.

Fatoş Güney'in
Selimiye Mektuplarına yazdığı
yazıdan alınmıştır.
23 Ocak 1995

... Beni o yetişme çağlarında, ilk gençlik ve çocukluk yıllarında etkileyen belli şeyler var. Gerek ilkokul, gerek ortaokul sınıflarında özellikle Osmanlı İmparatorluğuna karşı mücadele vermiş, cezaevlerine düşmüş, sürgüne gönderilmiş ki o zaman «hürriyet kahramanları» diyorlardı. Yani saltanata, padişahlığa karşı mücadele vermiş insanlar vardı. Mesela Paris'te en çok ilgi duyduğum insanlar onlardır. Mesela Fatih Sultan İstanbul'u almış. Asya'dan Afrika'ya gidiyor, fetih yapıyor. Bu beni o kadar ilgilendirmiyor ve onlara sempati de duymuyorum. Ama bir Namık Kemal'e, bir Mithat Paşa'ya sempati duyuyorum.

O zaman şunu düşünüyordum. Osmanlı İmparatorluğu gitti. Fakat o adamlar canlı bir şekilde yaşıyorlar. Kendime şunu sordum. İnsanlar inandıkları şey için kavga ederlerse; o zaman benim kafamda ne sosyalizm ne komünizm yoktu tabii. Ama o pratik hayatta yaşadığım olumsuzluklara karşı olma fikrini taşıyordum. İkincisi, gerek köyde, gerek Adana'da kanun dışı olmuş eşkıya, kabadayı tipleri vardı. Onlara da yakınlık duyuyordum. Bu bilinçsizliğe bağlı olarak ele alınmalı tabii. Çünkü onlar benim için kendisine dayatılan hayata tepki gösterip bir başka yol arayan, bu yolu ararken de bir yığın zorluğu göze alan insan tipleri idi.

Genel olarak kendi çevremde, arkadaş ilişkileri içerisinde köyde çalışma içerisinde öne çıkmış diğer insanlar tarafından dinlenen, gerektiği zaman onları yönlendiren halk adamı tipleri vardır. Onlara karşı da büyük hayranlık gösterdim.

Objektif olarak sosyal konumum, Kürdistan'dan göç etmiş bir Kürt babanın çocuğuyum. Yani öyle bir ailenin çocuğuyum. Adana'da Yenice Köyünde toprak yok. Topraksız, yoksul bir ailenin çocuğuyum. Fakat gerek annemde, gerek babamda o yoksulluklarına rağmen bir şey vardı. Sanki çok büyük dayanakları varmış gibi onurlu, gururlu, hiç kendilerini yere vurmayan insan tipleri. Kendisini hiçbir zaman dışarı karşı küçük düşürmeyen bir anlayışa sahip bir aileden geliyorum.

Çocukluk, gençlik yılları yaklaşık 15-16 yaşına kadar köyde geçti. Yani köydeki bütün insanların yaptığı işleri yapan, onların bir parçası durumunda olan bir insandım. Arabacılık, pamuk ırgatlığı, bağ bekçiliği, kâtiplik bir yığın iş. Ve hayatın ilk döneminde hayatın bütün gerçekliğini yaşıyorsun. Bir tek şey biliyorum. Bu şey değişmeli. Ama nasıl değişecek onu bilmiyorum. Babama göre okuyup adam olarak değişecek. Adam olmak, memur olmak. Devlet kapısına gireceksin. O zaman öyleydi. Şimdi banker filan olmak gerekiyor.

O zamanlar dışarıya gitmiş insanlardan masal kahramanı gibi bahsederlerdi. Halbuki adam ne yapmış Adana'ya gitmiş bir fabrikada çalışıyor. Adana uzak yer, 27 km. Bizim köyden, İstanbul'a giden yoktu zaten, herhalde bendim ilk İstanbul'a giden. Ama kalma anlamında, yoksa 2-3 senede bir İstanbul'a gidenler oluyordu.

Yani dışarıya gitme özlemi oradaki bütün topraksız köylülerin içinde vardı. Fakat gittiklerinde ne iş garantisi, ne hayat garantisi gibi şeyler görmedikleri için ürkeklik taşıyorlardı. Onun için bu ürkekliği yenebilen insanlar onların gözünde kahraman oluyordu.

İşte gerek köy dışına gitmenin önemli bir şey olması, birtakım rizikoları göze almanın insanı katılaştırdığı düşünceleri ve o köyde çalışmadan yıldım yani. 16 saat çalışıyorsun. Ağır da iş, sabahın üçünde kalkıyorsun. Güneş batana kadar çalışıyorsun. Yazın da güneş geç batar. Kışın iyi yani dört buçukta falan batıyor.

Bu nedenle 15 yaşında yaz tatilinde artık köye dönmeme kararı aldım. Şehirde şansımı deneyeceğim dedim. Benim hayatımın değişmesinde çok önemli bir nokta. Çünkü gittim tesadüfen Melike Demirağ'ın babasının film şirketinde, Adana'da iş buldum.

Benim bu işi bulmam, daha sonra bir başka şirkette iş bulmama yol açtı ve ben o yaz ilk defa Adana'nın dışına çıktım. Ve bütün Güneydoğu Anadolu'yu, Kürdistan'ın büyük bir bölümünü ki o zaman Kürdistan diye bir kavram yoktu. Köy, köy, şehir, şehir dolaştım; film dağıtımcısı olarak. Daha önceden zaten okuldayken sinemaya büyük bir düşkünlüğüm vardı. Şimdi bizzat sinemanın içerisinde yer almaya başlamıştım. Gezi bende şey duyguları uyandırdı. Başka yerler var, başka insanlar var. Ve insan hiçbir zaman çaresiz kalmaz. Çünkü çeşitli işler yapan insanlar görüyorsun. Eskiden iş deyince traktör sürücülüğü, traktör tamirciliği, berber. Böyle işler var kafamda. Fakat bir de bakıyorsun bambaşka işler var. Yani sende ufuk genişlemesi yaratıyor. Ve ben o dağıtım sırasında babamın kazasına, Siverek'e gittim. Orada bir yığın insan beni ziyarete geldi. Ben daha önceden biliyordum. Babamın kan davası olayı var. Bir baktım beni bir yığın insan koruyor. O korunma duygusu, silahlı adamlar seni koruyorlar. Ve bir de kadınlar, çocuklar sarılıyorlar. Kökün var, yalnız değilsin. Sıcaklıkla karşılıyorsun.

Orada babamın daha önce söylediği, annemin daha önce söylediği türkülerin anıları var. Onları söylediler, çok duygulandım. Yani bir insan bir yerde doğmuş, büyümüş fakat oradan ayrılmak zorunda kalmış. O özlem kavramını orada anlamaya başladım. Ondan sonra zaten babama karşı tavrımda çok daha farklı bir şey başladı.

Yani bu duyguları belirledikten sonra liseyi bitirinceye kadar olan döneme değinmek istiyorum. Bu süre içerisinde yazın film şirketlerinde çalışıyordum. Kışın da çalışıyordum. Yalnız şöyle çalışıyordum, okula gidiyordum, okuldan geliyordum, 13.30'da okuldan çıkıyorduk. Akşam 20.30'a kadar yazıhane işlerinde çalışıyordum. Ondan sonra ders çalışıyordum. Gerek lise hayatı, gerek İstanbul'a gittikten sonra üniversite hayatı böyle oldu. Bu benim için olumsuz değil, olumlu bir şeydi. Çünkü kendine yeten bir adamdım. Annenden, babandan para istemiyorsun. Ama belli eksikliklerim vardı. Arkadaşlarım kız tavlamak için şuraya, buraya gidiyorlardı, ben gidemiyordum. Param olsa giderdim herhalde. Niye gitmeyeyim, gencecik adamdım.

Lise yıllarımdayken yazı yazmaya, hikâye yazmaya merak sardım. Önce okulun duvar gazetelerinde hikâyeler yazdım. Daha sonra da dergi çıkarma sevdasına kapıldım. Şiirle, hikâyeyle, sanatla, edebiyatla uğraşan genç, yeni yetmelerle birlikte «DORUK» diye bir dergi çıkardım. Okuyordum, çok okuyordum. On sekiz yaşına vardığımda İngiliz, Fransız, Yeni Amerikan Edebiyatını bütün boyutlarıyla biliyordum. Ve kazandığım paranın büyük bölümü kitaba gidiyordu. Ve 17-18 yaşındayken dört yüz küsur kitabım vardı. Ancak bir şey eksikti. Belli bir şey olmadığı için o gelişigüzel okuma vardı.

Şimdi yine hayatımda dönüm noktası olan bir olaya değineceğim. 1955'te genç bir şair beni bir arkadaşa götürdü. Güzel şiir okuyan bir adamdı. Kırmızı bir defter vardı. El yazması. Bana oradan şiirler okudu. Çok güzel şiirlerdi. Kim yazdı bu şiirleri; «Abi sen mi yazdın?» dedim. «Nerede o şans» dedi. Birbirlerine baktılar, sonra bir sır açıkladılar. «Bunların yazarı Nazım Hikmet'tir,» dediler. Nazım Hikmet'i orada tanıdım. Kırmızı ciltli küçük bir deftere elyazısı ile yazılmış Nazım Hikmet'in şiirleri. Çok iyi hatırlıyorum, Adana'da. Hemen o akşam şiirlerinden birini «O mavi gözlü dev»i aldım, ezberledim. O günden sonra arkadaşlara Nazım Hikmet'in şiirlerini okumaya başladım. Onun şiirleri de yasak ya! Bu Nazım Hikmet'in şiiri demek bana gurur veriyor. Ve ben de daha önce okuyan, yazan falan bir adam olarak dedim ki: «Acaba ben de şair olabilir miyim?» Fakat aslında benim şiire yeteneğim yoktu.

Benim hikâyeye merak sarmama 1956'da polisle karşılaşmam neden oldu. Daha önce de polisle belli şeyler olmuştu. Çünkü daha önce ben komünistlere merak sarmıştım. Onlar da yasak adam ya! Yapayalnız, gittikleri yer, geldikleri yer, ilişki kurdukları insanlar o kadar tecrit edilmiş insanlar ki: Ve ben onların yolunu gözleyip onlara bakıyordum. Kahraman adamlar, herkes korkuyor onlardan. Onlarla ilişki kurmaktan korkuyor. Ben onları hayranlıkla seyrediyordum. Hikâyeler yazdım. Polis bizi de izlemeye başladı. Ve o zamanlar polisin büyük imkânları yoktu. Adam takarlar arkana. Bakarsın bir adam var arkanda. Hep aynı adam. Ben adamı çok iyi tanıyorum. Çok iyi bir polisti. Kemerinin burasında bir şeyi vardı. İyi hatırlıyorum. Aynı gömleği giyer, aynı ceketi giyer.

Yazdığım bir hikâyeden dolayı beni savcının karşısına çıkardılar. Komünizm propagandası yapmaktan. Ben gerçekten ne komünizm ve içeriğini biliyorum, ne bir ayrıntısını biliyorum, öyle kabaca bir şey biliyorum. Derinlemesine hiçbir şey yok. Savcı bana «Sen komünizm propagandası yapıyorsun,» dedi. On sekiz yaşındayım. Savcıya «Komünizmin ne olduğunu ben de bilmiyorum,» dedim. O,

«Ulan, eşşoğlueşşek siz her şeyi bilirsiniz» dedi. Ve ben bu hikâyeden dolayı daha sonra mahkemeye girdim ve ceza yedim.

Nasıl bir zamanlar köyde kalmak benim gelişmemle çelişiyorduysa şehri aradım. Şimdi de Adana'da liseyi bitirmiş bir insan olarak bir şirkette çalışıyorum, o zamana göre iyi para alıyorum. Belli bir süre sonra bu ilişkiler beni doyurmadı. Niye doyurmadı, çünkü üniversiteye gitmek istiyordum. Yazar olmak istiyordum. İki üç sayfa hikâye yazıyordum. Soluğum kesiliyor olur mu diyordum. Adamlara bak... kalın kalın kitaplar yazmışlar. «Roman yazacağım, romancı olacağım,» diyordum. Roman yazmak için ne yapmak lazım. Burada, Adana'da roman yazılmaz, İstanbul'a gitmek lazım. Yani roman yazmak için değil, ilişkilerini daha ileri götürmek için İstanbul'a gitmek gerekiyordu. Ve ben İstanbul'a gittim. İstanbul'a gittim; bir yandan üniversiteye devam ediyorum, bir yandan çalışıyorum, bir yandan da yazarlarla ilişki kurmaya çalışıyorum. Birden şunu gördüm. Bir pastane var. Yazarlar oraya gider. Yazarların pastanede ne işi var? Yazarların meyhaneleri var. Yazarları ilk olarak oralarda gördüm. Adını koyamadığım bir eksiklik var. Mesela o zaman birtakım komünistlerle konuşuyorum, yok, bir eksiklik var. Bilincim yetmiyor, bilincim yetse diyeceğim şu, şu eksiklik var. O sıralarda mahkeme sonuçlandı. Hapis cezası verdiler. Ben hapishaneye gideceğim diye düşünüyorum. Onlar yok dediler, önce temyize gidecek. Üzüldüm. Yatağımı falan her şeyimi hazırlamıştım.

Onlar şöyle düşündü. «Biz bunlara ceza verdik. Belki adamlar kaçar.» Zaten onlar da bavullarıyla çıktılar mahkemeye.

Ben cezayı yiyince bulunduğum işyeri sahibi beni hemen çağırdı. Ben sandım ki bana «geçmiş olsun» diyecek. O zamanda Menderes hükümeti var. Menderesle de bunların araları çok iyi. Dağıtım şirketi, tekellerden biri. Oranın da dağıtım bölümünün sorumlusuyum. Çok iyi biliyordum işi o zaman. «Mahkemen ne oldu?» dedi. «Ceza aldım» dedim. «Biliyorum ben de seni onun için çağırdım zaten» dedi. «Burası,» dedi «milliyetçi, vatanperver, namuslu bir müessesedir,» dedi. «Burada komünistlerin çalışması mümkün değildir,» dedi. «Onun için şu andan itibaren burayla işin bitmiştir,» dedi. Çıktım, arkadaşlar da durumu biliyor. «İşten atıldım,» dedim. «Vah, vah!» dediler. İşten atıldıktan bir saat sonra iş buldum. Çünkü Atıf Yılmaz film yapıyordu. Yaşar Kemal'in bir hikâyesinden. Bir dayanışma örneği olarak; Atıf Yımaz bana «Sen bize senaryoda yardım edersin,» dedi. Yaşar Kemal de çıkardı 500 TL. verdi hemen. Bunlar olumlu şeyler. Ve Yaşar Kemal'in 500 TL'si, Atıf Yılmaz'ın desteği; ben birden sinemaya senaryo yardımcısı olarak girdim. Hemen adımı da değiştirdim. O zamana kadar adım Yılmaz Pütün. Sinema ilişkisine girince dedim ki: «Benim adım Yılmaz Pütün değil, Yılmaz Güney.» Yılmaz Güney orada bir girdi. Kaçak adı olarak o kaldı.

Şimdi buraya kadar anlattıklarımdan hayatımı etkileyen bazı notlar çıkartmak istiyorum. Baştan bu yana direnen insanların, ezilseler bile, zor durumlarda kalsalar bile kaya gibi durduklarını, insanlar ister onları kabul etsinler ister etmesinler onların hayatın içinde yeri olduğunu, belki yaşarken onu itiyorlar ama hayatın içindeki yerini çıkartıp atamıyorlar, ikincisi, pratikte insanların dayanışmasının, küçücük dayanışmasının nasıl cesaret verdiğini, nasıl ilerilere attığını gördüm ve insanlar önlerine büyük hedefler koyarlarsa ve kendilerini ona göre biçimlemeye çalışırlarsa bunu başarabileceklerini gördüm, yani gerçekten kararlıysalar bunu başarabileceklerini gördüm. Ve bu duygudur ki bende hiçbir zaman hayata karşı ürkeklik, korkaklık, çekimserlik duygusu yaratmadı. Yani acaba yapabilir miyim, acaba bilmem ne olur mu? Yani yapamayabilirsin, bir daha denersin. Korkma, ben hayatımda gerçekten korku denilen şey tanımıyorum. Ama bazı şeyler var, bazı korkular var. Temkinli olmak başka bir şey. Ama korkmak ve bundan dolayı adım atmamak. Bunu tanımıyorum.

Bu ceza olayının hayatımdaki yaptığı değişiklikleri şöyle özetleyim. Ben kısa bir dönem içinde senaryo yardımcısı olarak sinemaya girdim. Ve hemen ikinci asistan olarak reji bölümünde Atıf Ağabey'e yardım ederek çalışmaya başladım. Ve bir süre sonra da filmde düşündükleri başoyuncu rolünü beğendiğim için ve bir başkası da parayı az bulduğu için ben Atıf Ağabey'in ani bir kararıyla filmde de oynamaya başladım. Atıf Ağabey bana filmde sen oyna deyince baktım, ciddi mi falan dedim. Küçük bir rol oynasak... Birden ben senaryo yardımcısı, reji yardımcısı ve aktör olarak... Ve ilk filmden sonra, o ataklık bir güven uyandırdı ki Atıf Ağabey'in iki ay sonra yapacağı filmde, bir Yaşar Kemal hikâyesi idi o da «Alageyik», ben orada da başrol oynadım. Ve oynamamla birlikte çok büyük iş yaptı o film. Ve birden ben aktör olarak çağırılmaya başladım. Hayatta hiç aktör olmayı düşünmemişsin. Sinemaya başlayınca ben bir şey dedim. Senaryo yazarım ve rejisör olurum. O duyguyla bana gelen bütün teklifleri geri çevirdim. Ben rejisör olacağım demeye başladım.

Cezaevine gireceğim 3-3,5 yıllık zaman içinde Necati Cumalı'nın Tütün Zamanı diye bir romanı vardı. Onda oyuncu olarak oynadım. Yine Atıf Yılmaz'ın iki filminde oynadım. Ama ağırlık senaryo ve yönetimde geçti. Ve cezam kesinleşti, fakat değişerek. Cezam 1,5 seneye, sürgün 6 aya düştü ve beni bir gün film setinden polisler aldılar ve hapishaneye götürdüler. Buraya kadar olan dönem hayatımın birinci bölümü.

Eskiden bilinç, deney eksiklikliği işi kendiliğinden, el yordamıyla aramayı gerektiriyordu. 1961'le 1972 arasındaki dönem biraz farklı olmakla birlikte yine eskiye benzer şekilde devam etti. 1972'den sonra bilinç unsuru ağır bastı fakat ben cezaevinden kurtulamadım. Şimdi 61-72 arasını anlatacağım.

Cezaevine girdiğimde kendi kendime şunu dedim. Burada 1,5 yıl yatacaksın. Altı ay da sürgünün var. Bir program yap kendine. Neler yapabilirsin. Geçmişi değerlendirdim. Ve birinci olarak sen roman yazmak istiyorsun. Burada roman yazmanın en iyi şartları var. Bir; roman yaz. İki; siyasi olarak belli hedeflerin var. Kendine sosyalist diyorsun. Komünizm propagandasından ceza yedin. Bunu öğrenmeye çalış. Üç; çıkınca ne yapacaksın, sanatla, sinemayla ilgileneceksin. O zaman sinemadaki taktiğin, stratejin, hedeflerin ne olacak. Bunları tespit et.

Cezaevinde önüme koyduğum programlardan biri roman yazmak idi. Onu çözdüm. İlk romanı cezaevinde yazdım. «Boynu Bükük Öldüler» Fransızca'ya çevrildi. «Yüreğir'in Tarlaları» diye çıktı. Romanı masada yazmadım. Ranzada yazdım. Masa yok ki. İkincisi sosyalizmi öğrenme meselesini başaramadım. Çünkü gelen kitaplar ayrıca denetimden geçiyordu. Ayrıca o dönemde sosyalizmi tam anlamıyla kavramaya yol açacak yayınlar yoktu.

Ancak sinemada ne yapmam gerektiği konusunda çeşitil alternatifler vardı. 1. Asistanlık yaparım bıraktığım yerden başlarım. 2. Asistanlık bulamazsam birtakım küçük roller bulurum, geçimimi sağlar, direnirim. Ancak bunu yapabilmek için sinema ilişkilerini çok iyi bilmek gerekiyordu. Sinemada kim ne yapıyor, kim ne yapmış ne etmiş, kimin kimle ilişkisi var. Bütün bunları öğrenebildiğim kadar öğrenmeye çalıştım. Bunu da başardım.

... Cezaevinin bir özelliği vardı. Ben de siyasal olduğum için siyasi cezaevine gönderildim. Dedim ki herhalde siyasi cezaevine gittiğimize göre orada siyasiler var. Ben orada öğrenirim. 33 kişi kalıyor, 33 kişinin 32'si casus. Arap casusu, Bulgar casusu, Rus casusu. Hepsi casus. Dediler ki: «Bir arkadaş daha var senin gibi, komünizm propagandasından mahkûm olmuş. Öbürleri hep casus.» Ben şimdi casusları göreceğim. Benim kafamdaki casus, filmlerde gördüğümüz casuslardan. Bunlar garipler, köylü, 65-70-80 yaşında, ayağında şalvar, lastik ayakkabı. Gerçekten profesyonel anlamda casus olarak bir Bulgar Ataşesi var orada.

Meseleyi uzatmadan sürgüne geçeyim. Cezaevinden çıktım sürgüne gittim. Konya'da altı ay sürgün kaldım. Sürgün'ün anlamı şu: Şehir dışına çıkamıyorsun. Her akşam polise imza veriyorsun. Ben buradayım diye. İş arıyorsun. Kimse sana iş vermiyor. Çünkü kimse, seni tanımıyor, yabancısın. Yani orada çok kötü bir dönem geçti. Ancak umut bitmedi. Bu sefer işte kabadayı tipli bazı insanlar vardı. Hapishaneden çıkmış, bilmem ne etmiş. Sadece hapishanede yatmış olmam nedeniyle kabadayılar bana yardım etti. Yer buldular, altı ay onlarla kaldım. Onlar bana baktılar. Ve İstanbul'a dönerken çok büyük bir beklentiyle döndüm. Ve ilk işim daha önce tanıdığım insanlarla karşılaşmak oldu. İnsanlarla karşılaştığım zaman hepsinin değişmiş olduğunu gördüm. Yani artık; komünizm propagandası yapan adam değil, komünizm propagandası yapmaktan içeri girmiş adam olarak kimse ilişki kurmak istemiyordu. 63'te sürgünden döndüm, altı yedi ay iş bulamadım. Yine aç kalmadım. Resim falan yapan gencecik insanlar vardı. Bana sahip çıktılar. Herhalde bir nedeni var. Nedir bilmiyorum. Ama dayanışmayı bütün hayatımda gördüm. Resim yapıyorlardı, ben içini boyuyordum. Fakat resim yapmayı beceremem. Birtakım küçük yardımlarda bulunuyordum. Daha önce tasarladığım reji asistanlığı yaparım dedim, küçük roller alırım dedim olmadı. Kimse bana rol vermedi.

O zaman ben şu kararı verdim. Dedim ki ben başrol arıyorum. Ben star olacağım, adım buraya yazılacak. Bir taraftan aydınlara güveniyordum. Roman yazmışım kimse bununla ilgilenmiyor. Ancak 63'ün sonunda küçük firmalarla; kapkaççı, hırsız, elini versen kolunu kapan firmalar var, onlarla çalışırsam belki bir şey yaparım diye düşünmeye başladım.

Niye şansım yoktu? Niye bana şans vermiyorlardı? Çünkü o günün koşullarında starların hepsi çok yakışıklı adamlardan oluşuyordu. Ayhan Işık, Göksel Arsoy, Orhan Günşıray, Ediz Hun. Adam sokakta yürüdüğü zaman herkes dönüp bakıyor. Ben sokakta yürüdüğüm zaman kimse bana bakmıyor. Niye bakmıyor? Çünkü ben herkese benziyorum. Bana diyorlar ki sen zayıfsın, çirkinsin, burnun büyük, kulağın da böyle; yani sen oynarsın belki filmlerde de böyle başrol oynayacaksın, kitleleri arkandan getireceksin; bu olmaz. Dedim daha iyi ya işte. Ben çoğunluğu temsil ediyorum. Siz azınlığı temsil ediyorsunuz. Ben çoğunluğu temsil ettiğim için benim şansım daha fazla. Sokaktaki herhangi bir adam bana baktığında kendisini benim yerime koyacak. Böyle, böyle olacak dedim. Bunun üzerine kafa yordum. Ve kendim oynayacağım senaryolar yazmaya başladım. Çok basit, çok sıradan, günlük ilişkiler içerisinde, duygusal şeyler yazdım. Ve sürgün sonrası ilk filmim «İkisi de Cesurdu.» Bir kabadayı ama kabadayılık yapmak istemiyor. Memleketine gitmek istiyor. Anasını görecek; öldürüyorlar. Çok basit bir hikâye. Ama bunu yapmak için yapımcıya ihtiyaç vardı. Böyle bir yapımcı buldum, daha doğrusu bana geldiler. Ferit Ceylan diye bir adam. İlk defa rejisörlük yapacakmış. Genç bir aktör; ilk defa başrol oynayacakmış. Rejisör diyor ki bana; sen asistanlık yapacaksın fakat adın yazılmayacak, senaryoyu etme falan beraber olacak. Fakat benim adım yazılmayacak. Başrol oyuncusu olarak öbürü gözükecek, ben de küçük bir rol alacağım. Senaryoyu da öyle yazdım zaten. Benim rolüm çok küçük. Konuşmuyorum, böyle klasik kahramanlık falan da yapmıyorum, hiçbir şey yapmıyorum. Ve film çıktı. Fakat başka film çıktı ortaya. Ve biz birden hadım edilen adam haline geldik. Çok küçük paraya yapılmış film sükse yaptı. Bunun üzerine birtakım kapkaççı firmalar var, onlar çağırdılar beni «Sen ne film yaparsın». «Böyle böyle film yaparım.» «Ne alırsın»?

«On bin lira alırım.» «Altı bin lira,» dediler. Adam senet veriyor, müşteri senedi değil kendi senedini veriyor. Biliyorum ödemeyecek. Ödemesine imkân yok. Baştan söylesem bunu, filmde oynayamam. Onun için ben dedim: «Tamam ama biraz da para ver ağabey. Altı bin liraya anlaşmışız, üç yüz lira peşin veriyor. Alıyorum üç yüz lirayı çünkü ihtiyacım var. Filmler çok iş yaptı. Onun ardından biz Anadolu'daki o küçük işletmelerin aradığı, yatırım yapmak istediği bir adam haline geldik. Adana'dan, Samsun'dan, Ankara' dan adamlar beni Yılmaz Güney filmi var mı diye aramaya başladılar. Ben birden meşhur oldum. Ve bu sırada beni İzmir'e davet ettiler. «İkisi de Cesurdu»nun galası olacak. İzmir'e gittim. 27 sinemada oynuyor. Ben dedim ki: «Oraya gittiğimde halkı ajite edeceğim.» Ve gittim. Herkes alkışlıyor; bir kısmı tanımıyor falan, fakat bir süre sonra ben çok meşhur bir adam olacağım. Mecburum meşhur olmaya çünkü iyi şeyler düşünüyorum. Hayatımızı anlatacağım filmlerimde. Bir şeye ihtiyacım var. Yani İstanbul'da Anadolulu olduğum için horluyorlar. Bana sahip çıkın. Size söz veriyorum. Beni destekleyin, şunları, şunları yapacağım.

Bu sözlerim üzerine bütün İzmir ayağa kalktı. Sinemaya girdiğim ve çıktığım zaman arasında iki değişik insan vardı. Daha önce filmi fena değil, ama öbür tarafı kararlı. Ve 27 sinemada konuşuldu yeniden. Müthiş bir şey oldu. Ve daha sonraki filmlerde bu seyirci büyük destek sağladı. O filmler içinde gittim oraya. Ve Adana'da, İzmir'de, Ankara'da belli başlı yerlerde halkla yüz yüze gelme olayı başladı. Sokakta konuşuyorum, halk çeviriyor. İlk defa sinemada bir adamın militan seyirciye sahip olması olayı çıktı. Ben işe militanca sarıldım ama siyasi anlamda militanca değil. O işin gereklerini yaptım. Ve bu beni çok olumsuzluğa götürdü. Onu söyleyim, çünkü samimi görüyor beni. Ve ben filmde oynadığım adamları hayatta oynamaya başladım. Kavga, dövüş ediyordum, adam bıçaklıyordum. Her şey birbirine karıştı. **Marmara Hasan** diye bir film çektim. Döndüm, bir yere gittim, kavga çıktı, üç kişiyi bıçakladım, gazeteler yazdı; Yılmaz Güney üç kişiyi bıçakladı. Bıçaklamak kötü bir şey. Ama filmlerde oynadığım tipler kabadayı tip. Gazeteler yazıyor, Yılmaz Güney çifte silahla yakalandı. Tabii, çünkü çift silah taşıyorum. İşte bilmem nerde dokuz kişiyle kavga etti. Tabii filmlerde öyle yapıyorum.

63'ün sonu 64,65 iki yıl yaptığım filmlerin kitleyle kurduğu bağ Türkiye'de sinema tarihinde görülmemiş bir olaydı. Herhangi bir yere gittiğim zaman on binlerce insan sokağa dökülüyordu. Dükkânlar kapanıyordu. İtfaiye geliyordu, yol açmak için. O zaman siyasi liderler falan gittiğinde bu kadar büyük ilgi toplamıyordu. İşte ben ünlü bir adamdım. Param vardı, ilişkilerim iyiydi. Her şey iyiydi, bir şey vardı ki benim içimde beni rahatsız ediyordu. Şu soruyu sordum. Sen bir düşünce adamıydın, bir davan vardı. Ama bugün bak, binlerce insan senin arkandan geliyor, sen bunlara ne söylüyorsun. Sen bunların duygularını sömürüyorsun. Bu insanlar şu, şu şeyleri seviyor. Sen o şeyleri yapıyorsun. Zaten senin karşı olduğun insanlar bu yolu kullanıyorlar. Sen onun bir parçasısın şimdi. Bu gerçeği kavradığım zaman bir taraftan onu kabul etmek istiyorum, teorik olarak tespit ediyorum, bir taraftan da kendime bahaneler bulmaya çalışıyorum. Bocalayan bir adam haline geliyorum. İki Yılmaz Güney var şimdi. Gerçekten bu koşulların içinde biçimlenmiş, herkesin kolundan tuttuğu, bir prodüktör buradan çekiyor, öbürü oradan çekiyor, diğer taraftan bir Yılmaz Güney var, bütün bunlardan rahatsızlık duyuyor. İki adam birbiriyle çelişiyor. Bunun üzerine sinemada, siyasi hayatta, insan ilişkilerinde birtakım değişikliklerin olması gerektiğini düşündüm. Sinemada Atıf Yılmaz gibi, Duygu Sağıroğlu gibi yönetmenlerle çalışmak, ikincisi genç birtakım insanlara olanak tanımak. En çok bu konuda çabam oldu. İlk defa film yapacak insanlara şans tanımalıyım ve film yapmalarını sağlamalıyım. Siyasi olarak Türkiye'de yeni bir dönem başlamış, bir yığın klasik çevriliyor, dünyanın gerçekten siyasi olarak tahlilini yapabilecek şeylere temel olabilecek kitaplar çevriliyor. Bunları okumalısın. İnsan ilişkilerini daha derinliğe indirmelisin. Yani böyle çevrende daha aydın insanlarla, daha halktan insanlarla, ilişkiler kurmalısın diye düşünüyorum. Ve 65'in sonunda Duygu Sağıroğlu ile başlayan bir çalışmaya girdim. 66'da Lütfi Akad'la, Atıf Yılmaz'la yani Türkiye'nin en ileri gelen rejisörleriyle. Ve bu arada dört genç insanla film yaptım. Bir zamanlar beraber resim yaptığımız Remzi Cöntürk ilk filmini benimle yaptı. Yani sinemada en azından 15-20 genç insan ilk filmlerini benimle yaptılar. İyi rejisörlerle çalıştım, bir taraftan okumaya başladım, bir taraftan o dediğimiz insan ilişkilerini kurmaya çalıştım. Fakat bütün bunlarda yine bir başka eksiklik vardı. Şimdi oraya geleceğim. Benim içimde olan çelişme hayata yansıyordu. Şöyle yansıyordu. Bir yanıyla gerçekten iyi filmler ki o günün koşullarına göre Lütfi Akad'ın «Hudutların Kanunu», «Kurbanlık Katil» vb. birtakım filmler; o günün en kaliteli filmleri, fakat diğer tarafta yine birtakım insan ilişkilerinden kopamadığımızdan kavgalı, dövüşlü filmler iç içe bir şey izliyordu. Bir taraftan filmlerim yasaklanıyordu yani Lütfi Ağabeyin yaptığı filmler, Atıf Ağabeyin yaptığı filmler sansürle cebelleşiyordu. Sansür yasakladıkça bende direnme artıyordu. Fakat bu arada şöyle bir uzlaşma çizgisi belirdi. İşte bu filmler sansüre takılır, şu olur, bu olur, şeyle bağlarımızı tam kopartmayalım. Zaten istesen de koparamıyorsun. Adam yakana yapışmış çünkü. 68'e kadar bu böyle sürdü. Fakat sansürden dolayı, bilmem neden dolayı, arkadaşların seçişlerinden dolayı, onların da Yeşilçam'a koşullanmalarından dolayı, benim yarattığım koşullanmadan dolayı yine bir şeyler eksik kaldı. 68'de rejisör olmaya karar verdim. Filmleri ben yapacağım dedim. İlk filmim Seyit Han o uzlaşmanın ürünüydü. Yani bir yanıyla gerçekten iyi sinema bir yanıyla da şapkalı birtakım adamlar, kovboy falan, birtakım şeyler birbirine karışmış durumdaydı.

Bu işin içinden çıkamayacağım, düşünmem gerekli dedim. Onun için askere gitmeliyim. Askerde düşünürüm, hapishanede düşündüğüm gibi dedim. 63'ten sonra birkaç kez kavgadan, silah taşımaktan hapishaneye düştüm.

İsviçreli Gazeteci
Irina Brezna ile
Görüşme

SANAT ANLAYIŞIM

Sanatsal çabalar, çalışmalar, sınıf mücadelesinden ve bunun bir ifadesi olan siyasal mücadeleden kopuk ele alınamaz. Ben bir kavga adamıyım, sinemam da bir kavganın, halkımın kurtuluş savaşının sinemasıdır. Bugüne kadar, gücümün ve bilincimin el verdiği oranda kavganın içinde yer aldım. Bu nedenle, sanatçı kişiliğimin yanında siyasi bir kişiliğim de var ve bunlar birbirinden ayrı değildir.

Her şeyden önce film yapmak benim varlık nedenlerimden biridir. Bir insana neden soluk alıyorsun, neden su içiyorsun, neden yemek yiyorsun dersen, belki ilk anda cevap vermekte zorluk çekebilir. Ben de biraz öyleyim.

Ben kendi filmlerimi Türk filmi, kendi sinemamı da Türk sineması olarak görmüyorum. Ben, Türkiye sinemasını kurmanın, oluşturmanın ilk adımlarını atıyorum. Türkiye çokuluslu bir ülkedir. Bu nedenle, sosyal çelişmeler, ulusal farklılıklar nedeniyle, Türk filmi değil, Türkiye filmi yapmak, Türk Sineması değil, Türkiye Sinemasını kurmak zorundayız.

Bugün sinemamız, ülkemizdeki sinema her zaman olduğu gibi, gericiliğin, yozluğun, kozmopolitizmin egemenliği altındadır. Halkın duygularını, yüzeysel beğenilerini sömürme yarışı içinde olan bir yığın sinemacı, şarkıcı, türkücü filmi ile kitleleri uyutmaktadırlar. Halkı aldatmanın, halkı uyutmanın ve gericileştirmenin çabaları sürmektedir. O bataklığın içinde her zaman olduğu gibi, iyi film yapmak, halka yararlı olmak, sinemamızda var olan devrimci demokrat geleneği yaşatmak isteyen bir avuç namuslu insan bugün her zamankinden daha zor koşullar altındadır. Bu sınıf mücadelesinin zorunlu sonucudur. Gericilik, hayatın her alanında olduğu gibi, sinema alanında da hasımlarını ezmek istemektedir. Ancak inanıyorum ki, onları tüketemeyecekler ve susturamayacaklardır. Onlar, en kötü koşullar altında bile, film yapmanın olanaklarını bulacaklardır.

«Sanatın Dili» Üzerine

Dİ: *Yol* filminde, biraz önce bahsettiğiniz, hatta filmdeki devrimciler arasında bile varolan, erkeklerin geri tavırları konusu çok iyi yansıtılıyor. Bu yaklaşımın gündeme getirdiği bir sorun, olumlu veya kahraman tiplerini ortaya çıkarmak ne şekilde mümkün olabilir; başka bir deyişle, *Yol* filmi hakkında duyduğum eleştirilerden biri durumun gerçekliğini, baskıyı, kitlelerin sorunlarına vs. ortaya çıkardığı halde filmde dramatik bir kişilik olarak berrak bir kahraman rolünün eksik olması.

YILMAZ GÜNEY: Doğru, filmde berrak bir kahraman rolü yok.

Dİ: Bu konuda görüşlerinizi açıklarsanız...

YILMAZ GÜNEY: Bu eleştiriye karşı tek bir cevabım var. Başkalarının olumlu bir kahramandan ne anladıkları benim olumludan ne anladığımdan tamamen farklı, çünkü benim filmimde birçok olumlu yönler var. Fakat ben olumsuz bir kahramanda ya da olumsuz bir durumdaki olumluyu görmeye ve göstermeye çalışırım, çünkü çelişkiler daima birlikte varolurlar; zıtların birliği dediğimiz budur. Filmden bazı örnekler alalım. Seyit karısını karların içinde ölüme bırakıyor, fakat son anda ve başından beri bir iç çelişkisi var; kendisinden emin değil. İçi ızdırap dolu ve son dakikada karısını kurtarmaya çalışıyor, karısı ölünce de çok büyük bir üzüntüye, derin bir acıya garkoluyor, sonunda pişmanlığı onu yıkıyor; büyük bir pişmanlık içinde. Bu bence çok olumlu. Ya da Mehmet, kayınları tarafından öldürülen. Bu adam hayatını yalanlar üzerine kurmuş. Yalan söylüyor, fakat değişiyor sonra, birdenbire değil, yavaş yavaş değişiyor ve doğruyu söyleme cesaretini gösteriyor. Evet suçluyum, benim yüzümden, benim kaçmam yüzünden, korkağın biri olduğum için kayınbiraderim öldü deme cesaretini gösteriyor. Ya da ailesi bir kaçak'çı köyünde yaşayan Kürt gencini ele alalım. Bu genç hapishaneye dönmeyeceğim; tüm tehlikeyi göze aldım, vurdukları ağabeyim gibi dağlara çıkacağım deme cesaretini gösteriyor. Bu anlamda, benim olumludan anladığım ve yaşamda olumlu olarak göstermeye çalıştığım şey, bir değişim, dönüşüm, bir düzelme, bir süreç. Benim, olumlu ve olumsuz konusunda başkaları gibi statik bir görüşüm yok; olumsuz gibi görünenin içinde olumluluğun tohumlarını, nüvesini göstermeye çalışıyorum. Dolayısıyla bu eleştiriyi kabul etmiyorum. Olumsuz olan her şeyin içinde ümit, gelecek, yarının olumlusunun nüvesi mevcut...

Dİ: Filmlerinizin ve daha genel olarak devrimci sanatın, Türkiye'de ve başka ülkelerdeki devrimci hareketin gelişmesinde ne gibi bir rol oynadığını düşünüyorsunuz?

YILMAZ GÜNEY: Benim çıkış noktam sınıf mücadelesi, işçi sınıfının iktidarı ele geçirme mücadelesi ve bu mücadelenin çeşitli yolları var; siyasi mücadelemiz var; ekonomik mücadelemiz var; aynı zamanda kültürel ve ideolojik mücadele var. Bir yandan, sanatsal, özellikle sinemayla ilgili faaliyet, sadece üçüncü yolun bir parçası gibi, sadece kültürel, ideolojik mücadelenin bir parçası gibi görüyorlar, oysa o aynı zamanda da siyasi bir mücadele, çünkü sinema yoluyla insanların duyguları, güdüleri ve bilinçleri üzerinde çalışıyorsunuz. Bu duyguları devrime yönlendirmek mümkün, fakat kendi içerisinde, sanatsal hareket, sanat çalışmaları siyasi mücadelenin tüm işlevlerine sahip olduğunu iddia edemez; etkisini tamamlamak için ek siyasi çalışma şarttır. Sanatta, siyasi mücadelenin tüm işlevlerini, tüm görevlerini aramak doğru değildir; sanata tüm bu işlevlerini, tüm görevler yüklenilmeye çalışılmamalıdır. Sanat faaliyeti sadece siyasi hareketin işini kolaylaştırır fakat siyasi mücadelenin bütün rolünü sanat faaliyetine yüklemek doğru değildir. Oturaklı siyasi faaliyetin yazılar, açıklamalar, yorumlarla tamamlanması gerekir.

Öte yandan, varolan şartları hesaba katmalı, bu noktadan çıkarak mesajımıza hangi seyirciye vermeye çalıştığımızı hesaplamalıyız ve mümkün olan en geniş seyirci kitlesine sahip olmaya çalışmalıyız. Dar bir seyirci kitlesi için de çalışma yapılabilir, fakat bu dar seyirci kitlesi aşağı yukarı belirli bir bilince, bilgiye sahip olan kişilerden oluşmuştur. Dolayısıyla ben her zaman çok geniş seyirci kitlesine hitap etmeyi tercih ederim. Amacım budur ve bunu başından beri böyle tespit etmişimdir. Bu anlamda, bazı kişiler, bazı yoldaşlar çalışmalarımız çok dar görüşlü eleştiriler getirirler. Genel kitlelere ulaşmak istediğimi anlamazlar; sanatın belirli bir alanı olduğunu, sanattan siyasi bir hareketin tüm görevlerini, tüm işlevlerini üstlenmesini beklemenin doğru olmadığını kavramazlar. Fakat bu eleştiriler benim için önemli değil. Ve bu anlamda *Yol*'un aldığı ve almaya devam ettiği başarı –*Yol* geniş kitleler tarafından seyrediliyor– bir tesadüf değil. Kasten böyle yaptım onu.

Sanat tek başına devrim yapmaz, fakat doğru bir çizgiye, dünya hakkında doğru bir siyasi görüşe sahip olan bir sanatçı, eserleri yoluyla, halkla, kitlelerle çok güçlü ve geniş bağlar kurabilir. Ve bu bağlar da çok siyasi olabilir. Bu anlamda, sanat siyasi propaganda ve siyasi ajitasyon için yararlı olabilir; ancak ajitasyon ve propagandayı basit ve kuru anlamayla ele almayı reddediyorum –o zaman sanat olmaktan çıkıyor. Yine bu anlamda gerçekten devrimci sanata sahip olduğumuzda, sadece kitleleri değil diğer sanatçıları da etkileyebilirsiniz. Siyasi bilinç için ortamı hazırlamış olursunuz. Bu anlamda, sanat bir silahtır, tüfektir; fakat sanatın kendine özgü bir dili vardır, sadece sanata ait olan bir dil. Bu dile *tamamen* ve mutlaka saygı gösterilmelidir. Sanatın diline saygı göstermezseniz, o zaman bu silah *sizi* öldürür. Geri tepme özelliği vardır.

(ABD Devrimci Komünist Partisi haftalık gazetesi Devrimci İşçi'nin 1 Ekim 1982 sayısından bölümler...)

Türkiye Sineması Üzerine Bazı Gözlemler

... Benim pratik faaliyet olarak sinemaya girmem 1953 yıllarına rastlar. Fakat yaklaşık 48'den bu yana da sinema seyircisiyim. Bir dağıtım şirketinde dağıtım memuru olarak başladım. Ve o dönem Türkiye sineması açısından bir dönüm noktası olarak nitelendirilmeli. Çünkü 1950'ye kadar yapılan filmler esas olarak tiyatrodan gelen aktör, rejisör ve diğer sinema adamlarının etkisi altındaydı. 53'ten 58'e kadar sinemada dağıtımcı olarak çalıştım. Sinema hayatım pratik olarak bizzat film yapımının içinde aktör, reji asistanı ve senarist olarak 1958'de başladı. Bu noktaya kadar kısaca Türkiye'deki sinemayı anlatmakta yarar var.

Sinema tarihini ele aldığımız zaman yaklaşık 60 yıllık bir sinemadan söz edilebilir. Uzun metrajlı filmlerin 60 yıllık bir tarihi var. Bu 60 yıl içerisinde yaklaşık ben 30 yıllık bir dönem sinemayla iç içe oldum.

– Başlangıçta sinema tamamen tiyatrodan gelen insanların elindeydi. Bu dönemin en belirgin ismi Muhsin Ertuğrul'dur. Gerçekten Türkiye de sinemanın oluşmasında Muhsin Ertuğrul'un çok önemli bir yeri var. 1950'lere kadar yapılan filmler içerisinde Türkiye sinema tarihinin sahip çıktığı ve hâlâ yerini koruyan filmlerden biridir *Bir Millet Uyanıyor.*

Bunun yanısıra birçok tiyatrocu var, fakat benim için kayda değer değiller. Ancak 1950'lerle birlikte yani siyasi iktidarın değişmesiyle D.P. iktidarı ile birlikte siyasette, ekonomide, kültürde, sanat alanında gerçekten belli, gözle görülür değişiklikler oldu. Bu dönemde sinema yeni bir döneme girdi. Öncülüğünü Lütfi Akad'ın yaptığı yeni bir döneme girdi.

– Sinemayı sinema olarak ele alan, sinemayı profesyonel tiyatrocularla değil sinema adamlarıyla yapmaya, yeni yüzlerle, yeni insanlarla film yapmaya çalışan bir yönetmendi O. Lütfi Akad. Konularını seçerken de günlük hayatın içinden yaşanmış birtakım hikâyelerden sonra çıkıyor, bunların filmini yapıyordu.

– Lütfi Akad, Atıf Yılmaz bu akımın en belirgin öncüleri. 1960-1961'deki siyasi değişiklikten sonra, kısmi özgürlüklerin geldiği bir dönemdir. Bu, sanat hayatına değişik bir biçimde yansıdı. Sinemada halka yönelim daha belirgin hale geldi. Örnek verilirse: Vedat Türkali'nin *Karanlıkta Uyananlar* filmi –ki Ertem Göreç yaptı rejisörlüğünü. Bu Türkiye'de yapılan ilk işçi filmi oldu. Yine 62, 63, 64'lerde popülist karakterli filmler epey çoğaldı.

– Sinemanın 50 yılı vesilesiyle Türkiye'de yapılan bir ankette 50 yılın en iyi 10 filmi seçildiğinde; bu 10 filmden 5 tanesi ya benim rejisör olarak yaptığım filmlerdi, ya da oyuncu olarak oynadığım filmlerdi.

– Türkiye sineması içinde Lütfi Akad'ın başlattığı Atıf Yılmaz'ın takipçisi olduğu, sinema akımının içinde ve bunun 1970 yılında yeni bir aşamaya varmasında rol oynayan bir sinemacıyım. Yani 70'le birlikte UMUT filmi Türkiye'de sinemada bir dönüm noktası yarattı. Daha sonra pek uzun boylu sinema yapma olanağı bulamadım. 1970'te askerden döndüm. Rejisör olarak benim asıl kariyerim 1970'ten sonra. Fakat ancak 1.5 yıl rejisörlük yapabildim. 1.5 yıl içinde *Umut, Ağıt, Baba*'yı yaptım. Sonra cezaevine düştüm. 1974'te çıktığım zaman *Arkadaş*'ı yaptım. Sonra hep hapishanedeydim.

– 58'de sinemaya rejisör, asistan, senarist, oyuncu olarak girmiş bir adam. 81'e kadar hesap etsen yaklaşık 23 yıl ediyor bu, 23 yılın 12 yılı hapishanede. 1 yıl kadar sürgünde, 2 yıl da askerliği sayarsan yaklaşık 15 yıl yapıyor. 15 yıl sinemadan uzak oluyorum.

– Türkiye sineması içindeki yerimi ben tanımlayamam. Objektif olarak bunun şöyle değerlendirilmesi gerekir: Benim yaptığım eserler ortada, Türkiye'de yapılan filmler de ortada. Yani ben kendim için gazetelerin yazdığını söyleyebilirim. Türkiye'deki değerlendirmeleri söyleyebilirim. Bunlara baktığınızda Türkiye'deki sinema adamlarının beni yeni Türkiye sinemasının öncüsü olarak nitelediklerini görürsünüz.

– Türkiye'de sinema ilk olarak 1918'lerde kısa metrajlı çalışmalarla başlıyor. Ancak 1921, 1922, 1923'lerde yılda 1-2 film yapılıyor. 1970-72'lerde yılda 200, 250, 280 filme kadar çıktığı oluyordu. Kesinlikle söyleyebilirim, Türkiye'de yapılan filmin en az iki katı film de dışarıdan ithal ediliyordu. Birinci derecede Amerikan filmleri, ikinci planda İtalyan filmleri, Fransız, İngiliz ve az miktarda Hint filmleri. Son zamanlara kadar Alman sinemasının örnekleri Türkiye'ye gelmemişti. İspanyol filmleri konusunda ancak şunu söyleyebilirim. Emiliano Fernandez'in filmleri genellikle Türkiye'de gösterilir ve ilgi çekerdi. Birkaç filmini söyleyebilirim. Ancak şu açık ki genellikle Amerikan sinemasının örnekleri, ticari sinema dediğimiz şeyin örnekleridir. İngiliz sinemasından da söz ederek bunlar da genellikle macera filmleriydi. Örneğin James Bond, Michael Caine ve Richard Harris'in oynadığı filmler veya Richard Anderson'un İrlanda'yla ilgili filmi. Burada önemli bir nokta var. Türkiye'de iş yapan yabancı filmler çok geçmeden Türkçe, yani Türk filmi olarak değiştirilerek yapılıyordu. Yani diyelim bir film Türkiye'de iş yaptı. O filmin konusu Türkiye'ye uyarlanıyordu ve o yıl 10 tane 20 tane film iş yapmışsa, o yabancı filmlerden esinlenerek yeni filmler çıkıyordu. Oyuncuları Türk, fakat konu araklama.

– Türkiye'nin kendi hikâyesi olan filmlerin sayısı çok azdır. Konular yabancı filmlerden araklanmıştır, sinema dili esas itibarıyla yabancı taklididir. Ben yaklaşık 105 tane film yaptım aktör olarak. Ben ki bu tip şeylere, aktarmaya tepki duyan bir insandım. 105 filmin içinde sanıyorum yaklaşık 10-15 film var ki tamamen yabancı filmlerden esinlenmiş ya da araklanmış şeylerdi. Yani o ortamın içerisinde, genel olarak öyle bir eğilimin içerisinde biz ayrı kalamazdık. Zaten bizi gerçekten Türkiye sineması yapmaya iten, tepki duyduğumuz şeylerden biri buydu. Örneğin bir 7 SAMURAY Japon filmidir. Bunu tuttu Amerikalılar 7 SİLAHŞÖRLER diye yaptı. Biz de bunu 10 KORKUSUZ ADAM diye yaptık. Örneğin Marlon Brando'nun bir filmi vardı. Karl Malden'le Marlon Brando'nun rejisörlüğünü yaptığı ONE MIKE JACK. Biz onu DAĞLARIN OĞLU diye yaptık. Jack Palance'ın oynadığı bir film vardı: ONE THOUSAND TIME, Biz ondan esinlenen BİN DEFA ÖLÜRÜM adlı bir film çevirdik. İşte böyle. Konuyu oradan alıyorsun, hikâyeye birtakım değişik şeyler katıyorsun fakat kökü orası. Alıntıya tepki duyuyorsun. Fakat bu tepkiye rağmen orada varsın. Hikâyenin içerisinde mümkün olduğu kadar farklı bir insan tipi ortaya koyarak bir çeşit kendini savunmaya çalışıyorsun. Sonuç olarak 3 hikâye var ki kaynağı belli. Onun dışında kaynağı kesin belli olmayan, yani şu filmden veya bu filmden alınmıştır diye kesinlikle söyleyemeyeceğim fakat esas olarak bizim olmayan birtakım polisiye hikâyeler vardı. Şimdi hatırladım, bir tane daha vardı, onu da söyleyim. Kirk Douglas'la Burt Lancester'ın oynadığı bir film vardı. Bir kovboy filmi. O da KORKUSUZLAR diye yapılmış. Yani dört film. Dokuz ya da on kadar film var ki, bunların kaynağı belli değil, fakat hiçbir yerli özelliği olmayan polisiye filmlerdi. James Bond filmlerinin havasıyla yapılmış filmlerdi.

– Yeni yaptığım film YOL'un Cannes'daki başarısıyla doğrudan bağlantısı yok. Cannes'dan hemen sonra yeni filmin hazırlıklarına girdim. Belki de dünyanın en hızlı çekimlerinden birini yaparak üç, beş aylık bir süre içerisinde hem filmin hazırlıklarını hem dekorunu kurduk, dekorunu yıktık ve yaklaşık altı buçuk saatlik bir film elde ettik.

– Zor şartlarda, yapılamaz gibi görünen şeyi yapabilmekti bu. Yani filmin gerek yapılış biçimi gerekse kendisi birbiriyle uyum içinde ele alındığında düşündürten, yapılış hikâyesi bile düşündürten «nasıl yapıldı bu iş, bu işin altından nasıl kalktılar» diye düşündürten bir film.

Özellikle Cannes'dan sonra beğeni ölçülerinin daha da zorlaştığının bilincindeyim.

– Genel olarak duygularımın adını, sinemada yapmak istediğim şeylerin adını koymak istiyorum. Son 10 yıl sinema yapamamış bir insan olarak sürekli neler yapabileceğimi düşündüm. Ve bu süre içerisinde sürekli olarak düşündüğüm şeyleri değiştirerek kendimi geliştirmeye çalıştım. Ve gelişmenin belli bir noktasında şu karara vardım: Ben öyle şeyler yapmalıyım ki yaptığım filmler gerek Türkiye'de gerek dünyada insanları sarssın. Bu iki açıdan sarsma olmalıydı.

1. İnsanların hayata karşı yabancılaşmasını, aylarca, yıllarca içinde yaşadığı şeylere karşı körlük, sağırlık olarak nitelediğim tavırları sarsmak. Yani, insanlar bir hayatın içinde yaşıyorlar fakat bu

hayata kör ve sağırdılar. Bunları sarsmak gerekiyordu.

2. Amerikan sinemasının başını çektiği ve dünya sinemasında egemen olan kitleleri gerçekten uzaklaştırma çabalarına bir tepki yaratmak. Ben sinemamla bu tepkiyi oluşturarak bir sarsılma yaratmayı hedefliyorum. Belki bu biraz büyük bir iddia. Açıklamaya çalışayım: Amerikan sinemasını ele alalım. Amerikan sineması ve bunun en belirgin biçimi olan Starlara dayalı sinema, insanları düşündürmek, gerçekle karşı karşıya getirmek değil, gerçekten uzaklaştırmak, uyutmak ve onları bir hayal dünyası içerisine sokmak peşindedir. Hedefleri bu. Çünkü teorik olarak tespitleri şöyle: İnsanlar zaten gerçek içinde boğuluyorlar, onlara gerçeği değil, gülecekleri, eğlenecekleri, rahatlayacakları şeyleri götürmek gerek. Örneğin istisnasız bütün uzay filmleri, bilim-kurgu filmleri, özü itibarıyla insanı kendi gerçeğinden kopartmaya yönelik. Ben kendi sinemamla insanlara gökte değil, hayal içinde değil, ayaklarını bastıkları yerde bir şeyler anlatmak istiyorum. Gündelik ilişkilere daha sağlıklı bir gözle bakmalarını, belki adını daha başka türlü koyabiliriz - kaybedilmiş duygulara sahip çıkmalarını istiyorum. İnsanların içlerinde körletilmiş bu insani duygulara sesleniyorum. Çünkü inanıyorum ki insanların içinde insanî bir cevher var. Bu insanın cevheri her gün gazeteyle, radyoyla, müzikle, şunla bunla körletiliyor. Çok basit şeylerle, kızmak, sevmek, nefret etmek, fedakârlık, yardımlaşma gibi şeyler insanın en doğal özellikleri. Fakat insanlar öyle bir hız içindeki kızmaya, nefret etmeye kimi zaman sevmeye bile zaman yok. Onların bile olanakları ortadan kaldırılıyor. Ben dokunmak istiyorum bazı şeylere.

... Benim için cezaevinde sinema yapmak başkaldırmanın, bir çeşit direnişin ifadesiydi. Ve mücadelemiz için gerekli olan bir unsurdu. Bu nedenle daha 75'in başlarında bu işe soyundum. Başlangıçta cezaevinden yapmaya çalıştığım şey, yaratma koşullarının oluşturulması ve yaratıcıların bulunması idi diyebiliriz. Giriştiğim ilk iki film başarısızlıkla sonuçlandı. Gerek filmi yapacak oyuncuların gerekse rejisörlerin seçiminde ben aktif rol alamadım. Senaryo esas itibarıyla tam hazırlanmış değildi. Arkadaşlarım da bu işin gerçekten bilincinde değillerdi. Filmden çıkarttığım derslerle bir üçüncü film denemesine giriştim. Temel ilkeler getirdim. Bu ilkeler şunlardı: Filmi yapacak yönetmeni ben seçecektim ve yazdığım senaryo satırı satırına çekilecekti. Yani yönetmene kesinlikle değiştirme hakkı tanımayacaktım. Orada anlatılanlar rejisöre ters gelse bile mutlaka bunu çekmesi gerekiyordu. Oyunculara, kameraya ve genel olarak çekim yerlerine hâkim olmalıydım. Ve bunu başardım. Fakat burada şunu açıkça belirtmek gerekiyor; SÜRÜ olsun, DÜŞMAN olsun, YOL olsun ben bu filmlerin cezaevinden yöneticisi değilim. Bu filmlerin yaratılmasının koşullarını hazırlayan adamım. Bu bir yanıyla maddi olanakların hazırlanması, bir yanıyla senaryonun hazırlanması ve çekim süreci içinde karşılaşılacak zorlukların çözümü için yol gösterilmesi idi. Ben bunları yaptım. Şöyle ki çok ayrıntılı senaryolar yazdım. Plan yazdım. Oyuncuların nasıl oynamaları gerektiği, hangi ruh hali içinde olmaları gerektiğini yazdım. Senaryonun dışında filmin nasıl çekilmesi gerektiğini açıkladım. Ben olsam olaya nasıl bakardım? Nasıl değerlendirirdim? Kitleyle nasıl bağ kurardım? Bütün bu konularda geniş açıklamalar yaptım. Sürekli olarak çekimi denetlemeye çalıştım. Fakat çekim koşullarından dolayı hatalar oldu. Özellikle SÜRÜ'yü çekim içerisinde pek denetleme olanağını bulamadım. Filmin çekiminden sonra filmin ilk kaba montajını gördüm ve gereken eleştirilerimi getirdim. Bu en yoğun biçimiyle yine YOL'da da sürdü. YOL'un diğer filmlerden farkı; özellikle çekim sonrası bütün işlemlerini benim yapmış olmam.

Bir İspanyol gazeteci ile mülakattan

Şimdi çalışmalarınızı nasıl sürdürmeyi düşünüyorsunuz? Sanıyorum dışarıdasınız.

Yo! Sanmıyorsunuz dışarıdayım.

Hayır, yani dönmek pek mümkün değil galiba.

Pek mümkün değil. Düşünmüyorum da.

Çalışmalarınızı nasıl sürdürmeyi düşünüyorsunuz?

Ben şimdi film yapıyorum.

Dışarıda mı, Türkiye ile ilgili film yapacaksınız?

Türkiye ile ilgili film yapıyorum.

Yapıyor musunuz şu anda?

Buraya çalışmalarla ilgili olarak geldim. İki buçuk aydır çekim yapıyorum. Türkiye'deki cezaevlerini anlatıyorum.

Türk işçileri ile ilgili film yapmayı düşünmüyor musunuz?

Günün birinde işçilerle ilgili film yapmayı düşünürsem sadece Türkiye'li işçileri değil bütün dünyanın işçilerini anlatan bir film yapmayı düşünüyorum. Kendi ülkelerinden dışarıya göçmek zorunda kalmış işçileri anlatan.

Peki, yerleşmek istediğiniz bir ülke var mı?

Sürekli dolaşıyorum.

Zor değil mi? Ailenizin bir kısmı Türkiye'de.

Bir kısmı değil. Karım ve iki çocuğum dışında hepsi Türkiye'de.

Zor olmuyor mu?

Benim için bazı şeyler zor değil. Çünkü zorluğun gerçek anlamını bilmiyorum. Şu anlamda bilmiyorum. Sürekli zor şartlar içinde olan bir insan olduğum için neyin zor, neyin kolay olduğunu pek ayırdedemiyorum.

Sizin için en güzel film hangisi?

Herhalde bundan sonra yapacaklarım.

Şimdiye kadar yaptıklarınız arasında?

Ayırmak mümkün değil. Senin çocuğun var mı?

Yok hayır.

Olsaydı çocuklarından herhangi birini ayıramazdın. Doğmuş olana fazla ilgi duyabilirdin. Fakat hepsi senin çocukların, ayırmak çok zor.

Yeşilçam'dan nasıl buraya gelebildiniz?

Kavga ederek. Yeşilçam'ı inkâra yönelerek, Yeşilçam'la uzlaşmayı reddederek, Yeşilçam'ın ismiyle boğuşarak ve onu kesinlikle kendimden uzak tutmaya çalıştım.

İleride Türkiye'ye dönmeyi düşünüyor musunuz?

Türkiye'ye dönmeyi düşünmek değil. Türkiye'deki yönetimi devirmeyi ve bununla birlikte dönmeyi düşünüyorum. Bunu bildiğin gibi formüle edersin.

Yok, ben bütün yanıtlarınızı olduğu gibi yazarım, tek bunu yazamam. İspanyol basınındaki tepkileri nasıl buluyorsunuz?

Onları yazın. İlk defa İspanya'da bir Türk filmi oynuyor. Sinemaya gelirken nasıl geldiğini, filmden çıkarken hangi heyecanla çıktıklarını yazın. Orada gördüm. Salonda alkış vardı, bilmem ne vardı. Fakat benim için bu bir çeşit formaliteydi. Film insanları aldı getirdi buraya. Şimdi filmin değiştirdiği insanları anlat. Onlardaki etkisini, onları nasıl heyecanlandırdığını. Bunu belirt. Ve özellikle sinemanın yani Türkiye sinemasının İspanya'da temsil edildiğini ve İspanya sokaklarında YOL afişlerinin asıldığını, İspanyolların Türkiye ile ilgili konuşmaya başladıklarını anlat. Bu önemli. Sanat taşıyıcıdır. Peygamberler ne yapıyor? Birtakım fikirler taşıyorlar. Şu ya da bu. Hiçbir peygamber akıllı insanı kandıramaz. Kesinlikle. Ancak sinema hem akıllı insanı hem arayan insanı yakalıyor ve bir yere götürüyor. Bugün burada İspanya'nın en ileri gelen insanları var. Ne kadar sürer bu heyecan bilemiyorum. Onun için yeni heyecanlar gerekli. Bu ayrı bir konu.

Yeni filmlerinizde bunu sürdürmeye çalışacaksınız.

Çalışacağım değil herkesi tokatlayacağım.

Yol filmi sanırım epey gelir sağlamıştır.

Henüz elime bir şey geçmedi. Belki geçer.

Yanılmıyorsam Arkadaş filminden sonra bu tarza yöneldiniz. Bu bir değişim mi?

Değil.

Değilse açıklayın nasıl olduğunu? Ya da sinemada gelişme çizginizi açıklayın.

... 65'in sonlarından itibaren bende bir sıkıntı başladı. Bu kendimle çelişkiye düşmemden ileriye geliyor. Bunun nedeni de şu: Ünlü bir oyuncusun, çevrende bir yığın hokkabaz takla atıyor. Fakat sen başka şeyler yapmak istiyorsun. Bir tarafta halkın var, halkın sorunları var, halk için yapmak istediğin şeyler var. Öbür tarafta eline tabanca sıkıştırmaya çalışan, birtakım güzel kadınlarla seni yatağa sokmak isteyen insanlar var. Bunlarla benim aramdaki çelişme aslında burjuva anlayışı ile, gerçekten halkın kurtuluşu doğrultusundaki anlayışın çelişmesidir. Bunun sonuçları da filmlerime yansıdı. Örneğin, Seyit Han'la başlayan sonra Umut'la gelişim noktasına varan, daha sonra Ağıt ve bunun gibi filmlerle süren bir evrim.

Madrid'de gazetecilerle
görüşme-1982

1 – Görebildiğim kadarıyla filmlerinizde içerik son derece önemli ancak biçim (dil) de ön planda tutuluyor. Biçimle ilgili sorunlar sizi düşündürüyor mu? Nasıl oluyor da bir hayat parçası, bir dökümanter, gösteriye, sinemaya dönüşebiliyor? Yılmaz Güney'e has bir «şiirsel gerçekçilikten» söz edilebilir mi?

1 – Bir sanat eserinin değerini belirleyen en önemli ölçülerden biri, öz ile biçim arasındaki uyumdur. Bir fikrin, bir önerinin, bir mesajın doğruluğu, haklılığı, gerekliliği, onun sunuluş ve anlatım biçiminin doğruluğu, uygunluğu ile anlam kazanabilir. Bu nedenle, biçim, benim için oldukça önem taşır. Düşünsel, tarihsel ve toplumsal gerçekler kendilerine en uygun biçim için beni zorlarlar. Ve ben, filmimin ya da romanımın biçimini, ürünümün hayata kavuşma süreci içerisinde adım adım bulurum. Öze uymayan her biçimsel parça, kan uyumsuzluğuna benzer bir uyumsuzlukla kendini açığa çıkartır. Örneğin herhangi bir plan, oyun kuruluşu, mizansen, kamera hareketi, hareketin hızı, ya da ses, montaj, öze uygun değilse, çok geçmeden bende belirtileri görünür; adı belli olmayan tatsızlık, mide ağrısı, yorgunluk duyarım. Demek ki kanımda bir uyumsuzluk vardır. Ve bilincim yeni arayışlara girer ve öze uygun olan parçayı bulur...

Çekim süreci içerisinde, her sahne, kendi biçiminin çeşitli alternatiflerini beynimde tartışır ve önerir. Ben de onu hayata geçirirken, en uygununu seçerim.

Bana göre sanatın kaynağı hayattır. Ancak hayatın bir parçasını bir sanat eseri içersinde sunarken, onu hayatın genelinden kopartırız. O, sanat eseri içerisinde, kendi mantığından, kendi kişiliğinden sıyrılır, o sanat eserinin mantığı ile biçimlenir. Hayat ve gerçekler, sanat eseri içerisinde erimelidir. Ancak böylece hayat sanata can verir; yoksa, hayat, bir aysberg gibi, hazmedilmemiş bir yiyecek tatsızlığıyla, üzerimize oturmamış bir elbise rahatsızlığıyla, midemizi bulandırır.

Doğaldır ki, her sanatçı gibi ben de kendi dilimi yaratmak, geliştirmek istiyorum. Gençliğimde şair olmak isterdim. Ama beceremedim... Hayatın taşıdığı şiiri, kelimelendiremedim... Şair olma inadımı sinemada sürdürmeye çalıştığımı itiraf etmeliyim. «Yılmaz Güney'e has bir şiirsel gerçekçilikten söz etmek» benim varacağım bir yargı değildir. Ben kendi dilimi adlandıramam.

2 – «Mükemmeliyetçi olmadığınız kanısındayım, yani sinema yapmaya yarayabilecek her şeyi kullanıyorsunuz. Melodramda dahil olmak üzere... Melodramdan sakınmıyor musunuz?

İtalya'da biri YOL'un bazan melodrama kaçtığını yazdı. Paylaşmadığım bu eleştiriyi yanıtlamanız beni sevindirecek.

2 – Mükemmeliyetçi olmadığım doğrudur. Sinemamı etkili kılabilecek, anlatımımı zenginleştirecek her şeyi kullanmaya açık olduğum da doğrudur. Melodrama gelince, eğer anlattığım hayat parçası içinde, melodramatik ögeler bile olsa, onu kullanmaktan sakınmam.

YOL'da melodramatik öge mi? Bilemiyorum hangi bölümler için. Ancak, bir gerçektir ki, yoksul insanların hayatı birçok yönüyle melodramatik yanları taşırlar...

3 – Montajı seviyorsunuz. Filmlerinizde son derece önemli bir yere sahip montaj ögesi. «Plan-sahne»lere tapanlar ve modern sinemanın klasik montajdan vazgeçmesi gerektiğini savunanlar (örneğin Jansco, Angelopulos... Ben bunları soğuk ve sıkıcı buluyorum) hakkında ne düşünüyorsunuz?

3 – Montaj benim için sinema sanatının en önemli ögelerinden biridir. Ve hatta belirleyici bir rolü vardır. Jansco ve Angelopulos'un filmlerini görmediğim için, bu konuda fikir yürütemem. Diğer nokta ise, her sanatçının, kendine özgü bir anlatım dili vardır. Kimi sinemacılar düşüncelerini çok uzun planlarla anlatmayı seçebilirler.

Bu anlamda, sinema dilinin belli kuralları yoktur. Her sinemacı, kendi dilinin kuralını kendisi çizer...

4- E.Kazan gibi, hem sinemacı hem de bir yazarsınız (üstelik de aktör). İkisi bağdaşabiliyor mu? Yazmak, sizin için kendinizi adadığınız bir meslek mi, yoksa bir zorunluluk mu? (Cezaevi hayatının sonucu.)

4- Sinema, güzel sanatların bütün dallarını, kendi kişiliği içinde eritebilen ve onlardan yararlanan bir sanat dalıdır. Bir sinemacı, aynı zamanda bir yazarsa, bir müzikçi ise, sineması daha da zenginleşir, daha da uyumlu olur. Ancak, neyin neye tabi olacağı iyi bilinmelidir. Bir sinemacının romancı yanı, sinemasına tabi olmalıdır. Bir romancının sinemacı yanı da, romanına tabi olmalıdır.

Gerek yazmak, gerekse sinema yapmak benim varlık nedenimdir. Bugün, verdiğim demokrasi mücadelesinin en temel araçlarıdırlar.

Cezaevinde ancak yazabilirdim. Bir direnme biçimi olarak yazmak, kendimi sürekli biçimde diri tutmak; yani yaşamak. Bütün roman ve hikâyelerimi cezaevinde yazdığım düşünülürse, yazma eylemimin anlamı daha iyi anlaşılır sanıyorum.

5- İlk mahkûmiyetinizi 16 yaşında giyiyorsunuz. Köylüleri konu alan bir hikâyeniz yüzünden... Ne yazıyordunuz bu hikâyenizde? Bu hikâyeyi niçin mahkûm ettiler? (Gerçekten o kadar devrimci bir yazı mıydı? Bir «çocuğun» mahkûm edilebilmesi bize inanılmaz gibi geliyor.

5- Onlar beni mahkûm ederken, yazdıklarımı değil, bir örneği mahkûm etmek istediler. Çünkü yazımda gerçekten bir komünizm propagandası yoktu. Üstelik ben, o zamanlar, komünizmin ne olduğunu bile bilmiyordum. Ancak, demokrasinin olmadığı ülkelerde, demokrasiye açılma eğilimi ve örneğini gösteren her kıpırtı ezilmelidir ki, başkalarına örnek olmasın... Bu örnek ister bir çocuk olsun, isterse bir deli... Şunu söylemeliyim, onların zoru, binlerce örneğin çıkmasını önleyemedi. Bu gelişmeyi idamlarla önleyemedikleri de ortada. İşte ben, yaklaşık otuz yıldır onlarla dövüşüyorum. Kim kazançlı, tabii ki ben: çünkü yenilmedim, onların zoruna boyun eğmedim. Yirmi beş yıl önce mahkûm ettikleri çocuk, bugün onların korkulu rüyası. Son olarak, resimlerimi de yasakladılar. 955'te bir hikâye yazmıştım. Adı, «Yasaklar Hiç Bitmeyecek» idi.

Yasaklar hâlâ sürüyor.

6/7 – Sinemayı bir meslek olarak seçmeniz, ilk mahkûmiyetinizle aynı dönemlere rastlıyor yanılmıyorsam. Ne garip değil mi? Yirmi-yirmi iki yaşında mahkûm edilmiş olmanıza rağmen nasıl aktör olabildiniz? Soyadınızı değiştirmek yetti mi?

6/7 – On sekiz yaşında mahkemem başladı. Üç yıl sonra mahkûm edildim. Mahkeme yedi buçuk yıl hapis, iki buçuk yıl sürgün cezası vermişti. Yazıma göre olağanüstü ağır bir cezaydı bu. «Tutuklanmamıştım.» Dosyam temyize gönderilmişti. Mahkûmiyetim de gazetelerde çıkmıştı. Hatta, «Son Havadis» gibi bazı gazetelerde, Rusya lehine çalıştığım için ceza yediğim yazılmıştı. Korkunç bir şeydi bu. Oysa bana verilen ceza, hikâyem yüzündendi. Çalıştığım işyerinden de atılmıştım. İlk iş olarak adımı değiştirdim. Bir tesadüf, sonradan ustam olacak olan Atıf Yılmaz'la ve Yaşar Kemal'le karşılaştım. Ceza yediğimi biliyorlardı. Beni de genç bir hikâyeci olarak tanıyorlardı. Dayanışma örneği gösterdiler ve ben, senaryo yardımcısı olarak onlarla çalışmaya başladım. Aynı filmde ikinci yönetmen yardımcısı ve oyuncu olarak çalıştım...

8 – Cezaevinde hiç tehdit edildiniz mi? Ne türden tehditlerdi bunlar? Gardiyanlarınız tarafından belirli bir hoşgörü görmeyi nasıl başardınız? Tanınmışlığınız mı, kişisel cazibeniz mi bu hoşgörüyü açıklayabilir?

8 – Gerek cezaevinde, gerekse dışarda birçok tehlike ve komployla karşılaştım. Ama bu olayları anlatmayı uygun bulmuyorum. Öte yanda, cezaevi günlerimi ve oradaki konumumu anlatsam da, batılı için pek inandırıcı olmaz. İmralı Cezaevinden, bir başka cezaevine sürülmemin gerekçesini, İmralı'nın o günkü Savcısı şöyle ifade eder: «Bu cezaevinde iki hükümet olamazdı. Ya Yılmaz Güney'in hükümeti, ya da T.C.'nin hükümeti.»

Bazı sağ gazetelerin İmralı Cezaevi için, «İmralı Halk Cumhuriyeti» deyimini kullandığını söylesem, kim inanır?

9 – Filmlerinize bakarak, Türkiye'de yapılması gereken en öncel devrimin, yüzlerce yıllık geleneklerin baskısına karşı yönelmesi gerektiğini düşünüyor insan. (Kadınların durumu, vs...)

Bu görüş doğru mudur?

9- Türkiye, burjuva demokratik devrimini yapmamış bir ülkedir. Bu nedenle, ekonomisinde, sosyal, siyasal ve kültürel hayatında, ahlaki değer anlayışlarında, feodal kalıntıların etkisini görmek mümkündür. Hele bazı bölgelerde, özellikle de Kürdistan'da, bu gerçek en açık biçimiyle gözler önündedir. Bu anlamda Türkiyeli devrimciler olarak demokrasi ve sosyalizm görevlerinin iç içe olduğunun bilincindeyiz. Ve şu gün, önümüzde duran devrim aşaması da, budur; Yani, Demokratik Cumhuriyet...

10 – Ülkenizin siyasi geleceğini nasıl görüyorsunuz? Eğer devlet başkanı olsaydınız ne yapardınız? (Bir gün bunun gerçekleşme şansı olduğuna inanıyorum. O zaman Adana'da bir İtalyan lokanta ve sinema kulübü açarız...)

10- Ülkemin siyasi geleceğini, faşizme karşı yürüttüğümüz mücadele belirleyecektir. Askeri Cuntaya karşı halk muhalefetini eğer doğru biçimde örgütleyebilirsek, zafer bizim olacaktır. Mücadelemizin ana ilkeleri, anti-emperyalizm, anti-faşizmdir. Bağımsız ve demokratik bir ülkenin hayalini kuruyoruz. Önümüzdeki aşamada, tutarlı bir burjuva demokrasisini inşa etmeyi düşünüyoruz. Ülkede yaşayan bütün uluslardan halklara eşit haklar tanımayı, gönüllülük temelinde, barış ve adalet içinde bir arada yaşamayı düşünüyoruz. Kıbrıs'ın işgaline son vermeyi ve Yunan halkıyla kardeşçe ilişkiler kurmayı düşünüyoruz. Başta işçi sınıfı olmak üzere, küçük burjuvazi ve köylülüğün, emekçi halkın ürettiği zenginliklerden adil paylar almasını düşünüyoruz. Bütün dünya halklarıyla, halkların dostluklarını geliştirecek ilişkiler ağı kurmayı düşünüyoruz. O zaman, isterseniz sizinle, İtalyan Sinema Kulübü ve İtalyan lokantaları da açarız.

11 – İtalya ve Fransa'da «siyasi sinema» modasının artık geçtiği söyleniyor. Düşünceniz nedir bu konuda? Gördüğünüz «en iyi» siyasi sinema filmi hangisidir?

11- Herhangi bir sanat akımını moda olarak değerlendirme anlayışını kavrayamıyorum. «Siyasi Sinema»dan tam olarak neyin anlaşıldığını da bilmiyorum.

12 – Komünist olduğunuzu yazıyorlar. Yılmaz Güney'in komünizmi nasıl bir komünizmdir? Bir Sovyet cezaevine girmiş olsaydı-

nız bu kadar film yazmak, yapmak, filmde oynamak olanağını bulabilir miydiniz?

(Bu soru özellikle sosyalist olan gazetemiz okurlarını ilgilendiriyor.)

12- Henüz bir komünist olduğum söylenebilir mi, bilemiyorum. Siyasi, ideolojik anlamda, Marks, Engels ve Lenin'in düşüncelerinin doğruluğuna inanıyorum. Stalin ve Mao'nun, hatalar yaptıklarını, fakat olumlu yanlarına sahip çıkılması gerektiğini düşünüyorum. İşçi sınıfının öncü rolüne inanıyorum. Lenin'in ölümünden sonra, sosyalist inşa ve siyasette önemli hatalar işlendiğini düşünüyorum. Sovyetler'i ve Doğu Avrupa ülkelerini, Marksist-Leninist siyasetin uygulandığı ülkeler olarak değil, modern revizyonist ülkeler olarak görüyorum. Polonya, Afganistan olaylarını kınıyorum. İşgal ve müdahale, Sovyetler'in niteliğini açığa vuran örneklerdir. Çin'de de, Sovyet modelinin izlendiğini düşünüyorum.

Dünyanın neresinde olursa olsun, devrim ve demokrasi güçleri, ABD'yi ve Sovyetler'i iyi tanımak zorundadır. Özellikle Sovyetler'in niteliğini doğru kavramadan sorunlara doğru yanıtlar bulmak mümkün değildir. Dünyayı aralarında bölüşmek isteyen bu iki süper devlet, üçüncü bir dünya savaşının temel kışkırtıcılarıdır.

(Aldo TASSONE ile mülakat)

1– «Kitlelerin, fakirlerin sinemada kahramana ihtiyaçları vardır; zenginlerinse yoktur,» dediniz. Bunu açıklayabilir misiniz?

1– Halk kitlelerinin, yalnızca sinemada değil, genel anlamıyla toplumsal hayatta ve onun bir unsuru olan sınıf mücadelelerinde kahramanlara ihtiyaçları vardır. Ve bu kahramanlar gökten zembille inmezler; mücadele içinde, mücadelenin zor koşulları içinde yaratılırlar. Bütün dünyada, halkların, halklarının çıkarlarını savunan kahramanları vardır. Her demokrasi ve devrim hareketi, kendi kahramanını yaratır. Kahraman yaratmayan hareketler zafere ulaşamazlar. Bir zamanlar, burjuvazinin devrimci olduğu, feodal gericilik ve baskılara karşı savaştıkları, demokratik cumhuriyet istedikleri dönemde, burjuvazinin de kahramanları vardı. Kahramanlığı belirleyen şey, tarihi olarak ilerinin, gelişmenin yanında, ezilen halk kitlelerinin yanında, onların çıkarlarının yanında olmaktır. Halka karşı olarak, tarihi gelişmeye karşı olarak edinilen başarılar, kahramanlık sayılmaz... Bazı dönem «kahraman» adına layık olanlar, halkı unuttukları, tarihi gelişmenin dışına düştükleri andan itibaren kahramanlık sıfatlarını yitirirler.

Sinemada halk, iki kahraman tipiyle karşı-karşıyadır. Sahte kahramanlar, burjuvazinin halkı uyutmak, yozlaştırmak için kullandıkları piyonlardır ve halka zararlıdırlar. Gerçek kahramanlar ise, halkın çıkarlarını savunma kavgasına katkıda bulunurlar, kitleleri uyandırırlar ve mücadeleye hazırlarlar. İşin acı yönü, bugün dünya sinemasına egemen olanlar, sahte kahramanlardır.

2– Filmlerinizin (diğerlerinin de çoğu gibi) kahramanları hep erkek. Erkekler yapıyor, kadınlar çekiyor; çoğu zaman konuşmadan hem de. Kadın şahıslarıyla anlatmak istediğiniz nedir?

2- Bir şey, ancak zıttı ile birlikte anlatılırsa anlam kazanır. YOL, ilk bakışta erkeklerin filmi gibi görünse de, kadının Türkiye toplumu içindeki yerini çarpıcı bir dille anlatmaktadır. Kadın baskı altındadır, esas olarak köle özellikleri taşır, alınır-satılır, esas olarak hakkı yoktur... Bununla, kadın benim ülkemde özgür değildir, fakat Avrupa'da özgürdür, demek istemiyorum. Avrupa'da da özgür değildir. Yalnızca geniş hakları vardır; kadını özgür olmayan bir toplum asla özgür olamaz.

3- Realist (ve neo-realist) sinemada ayırdedebileceğimiz iki türlü tavır yahut metot vardır.

a) Müşahade sineması,

b) İhbar etme (açığa vurup suçlama) sineması. Sizin için de böyle bir ayrım söz konusu mudur? İhbar mı etmek istiyorsunuz, yoksa müşahadenin bile yeteri kadar açık olduğu inancında mısınız?

3- Gözlem, gerçekçi sanat anlayışının temel taşlarından biridir. Ancak, iyi bir sanat eseri yaratabilmek için, yalnız başına gözlem yeterli değildir. Sanatçı, hayatın kopyacısı değildir çünkü; dünya görüşü ve sanatsal kaygılarıyla birlikte, gözlemlerini yorumlar, bir senteze varır. İnsanların çoğu, yaşadıkları hayatla özdeşleşmişlerdir; yaşanılan birçok olay, kendi dışlarında bulunanlar için dehşet verici iken, yaşayan için normal gelmektedir. Doğru bir yorum ve sentez, bizzat o hayatı yaşayanları da sarsabilir, köktenci bir biçimde kendi sorunlarına yönelmelerini sağlayabilir. Bu anlamda ben, iyi ve sağlıklı bir gözlem temelinde, sanatsal kaygılarımı bir kıyıya itmeksizin, toplumsal gerçekleri anlatmaya çalışırken, gözlemle yetinmem ve hikâyeyi slogan düzeyine düşürmeden, uyarıcı, sarsıcı, sergileyici bir rol oynamayı da düşünürüm. Benim için, gözlem ve suçlama ve giderek yol gösterici tutum, birbirinden ayrılmaz.

4- Filmlerinizde, kahramanlarınızın davranışlarının nedenleri pek derinliğine incelenmiyor kanısındayım. Örneğin: YOL'daki kaçakçılar; kaçakçılık yapıyorlar, ancak batılı bir seyirci olarak, niçin kaçakçılık yapmak zorunda kaldıklarını öğrenemiyorum. Bir

Türk seyircisi daha mı iyi anlıyor bunları? Veya siz mi iktisadi sebepleriyle ilgilenmek istemiyorsunuz?

4- YOL'da anlatılan kişilerin ekonomik ve toplumsal durumları oldukça açıktır. Örneklersek, Seyit Ali'nin babası gece bekçisidir. İlişkilerinden anlaşılacağı gibi, köyden şehire göç edilmiştir. Ayrıca, oğlundan ayrılacağı zaman ki, onu bir daha ne zaman göreceği de bellisizdir, buna rağmen oğluna sadece yirmi lira para bırakır. Yirmi Türk Lirası, yaklaşık 25 İsviçre Santimi yapar.

Ömer'e gelince, ailesinin onu evlendirmek istediğini, ancak paralarının olmadığını, kardeşinin ağzından öğreniriz. Babasının, kaçakçılık yaparken mayın tarlasında bir bacağını kaybettiğini, gerek resimle, gerekse diyalogla öğreniriz. Ayrıca, sekiz kişilik bir ailenin küçücük bir odada barınması da, onların ekonomik durumunu sergileyen ayrıntılardır.

Yine, Mehmet Salih, cezaevinden önce birinin otomobilinde şoför olarak çalıştığını anlatır.

Filmde, kahramanlarımızın ekonomik ve sosyal yapıları, oldukça açıktır.

Ancak, film kaçakçılık ve nedenleri üzerinde durmayı kendisine görev olarak seçmediği için, bu konuda anlatımı yalnızca resimlere bağlamıştır. Yine de, diyalogların anlaşılması halinde kaçakçıların durumu biraz açıklık kazanabilir. Bu sorun ülkem için oldukça açıktır. Batı seyircisi için biraz anlaşılmaz gelebilir.

5- Benliğinizde ve eserinizde, doğu (Türk) gelenekleriyle liberal, «modern», «Avrupalı» görüşler arasındaki çatışmayı taşıyorsunuz sanıyorum. Konumunuzu tarif edebilir misiniz?

5- Bir ülkenin ekonomik ve sosyal sistemi, o ülkenin insanlarının konumunu, ruh hallerini, kültür yapısını etkileyen temel etkenlerden biridir. Bu nedenle, ben de, gerek kişi olarak, gerekse eserlerimde çeşitli çelişmeler taşıyabilirim. Henüz sosyal, siyasal ve ekonomik anlamda kişiliğini bulmamış, devrimci mücadelenin derinden derine sürdüğü bir toplum içinde yaşamak, doğaldır ki, beni de etkileyecektir. Örneğin feodal ahlak anlayışı ve değer yargıları hâlâ etkinliğini sürdürmektedir. Ben kendimi ne denli farklı görürsem göreyim, kabul etmem gerekir ki feodal yargılardan henüz tam anlamıyla kurtulmuş değilim. Ancak, söylemeliyim ki, esas yanım ve yönüm, devrimci demokrat yöndür. Avrupalı değilim, Asyalıyım ve Avrupalı olmak gibi bir hedefim de yoktur. Çünkü Avrupalı olmak tek başına soyut bir kavramdır. Avrupa'nın, Avrupalının ileri, demokrat, devrimci mirasına sahip çıkarken, onun gerici yanına da karşı durmayı bir görev biliyorum.

6- Memleketinizden uzak olduğunuz bugünlerde ve bugünden sonrası için, Türkiye'de demokrasinin kurulabilmesi yolunda siyasi kavganızın perspektifleri nelerdir?

6- Gelecekte Türkiye'de insanca yaşamak isteyen her insanın başlıca görevi, bugünkü askeri faşist yönetime karşı mücadele etmek olmalıdır. Gerçek anlamıyla olmasa bile, kısıtlı bir burjuva demokrasisi bile, onların gözünde halk için lükstür. Demokrasiye dönüş, seçim, anayasa yalanlarıyla gerek dünya kamuoyunu, gerekse de ülkemi kandırmaktadırlar. Dünya kamuoyu ve ülkemde bir kısım halk, henüz onların gerçek yüzlerini tanımıyor. Ancak söylemeliyim ki, sorun sadece faşist diktatörlüğün yıkılması değil, devrimci demokratik bir iktidar sorunudur da.

Askeri faşist diktatörlük, bütün yönleriyle, ulusal ve uluslararası plandaki suç ortaklarıyla birlikte sergilenmelidir. Uygulamaları, belgelerle açıklanmalı, esas hedefleri açıklanmalı ve maskeleri düşürülmelidir.

Başta işçi sınıfı olmak üzere, kır ve kent emekçileri örgütlenmeli ve devrimci demokratik bir iktidar için savaşmalıdırlar. Esas güç ve ağırlık, halkımızın omuzlarındadır... Ancak devrimci demokratik bir halk iktidarı demokrasinin yolunu açabilir, azınlıklar üzerinde, özellikle Kürt Ulusu üzerindeki ulusal baskılara ve asimilasyona son verebilir ve ulusların kaderlerini tayin hakkını hayata geçirebilir.

Türkiye'de devrimci demokrat hareketler bölünmüş durumdadır. Bölünmüşlük, yanlış siyasi akımlar ideolojik ve siyasi olarak yenilgiye uğratılarak, bölünmüşlük birliğe çevrilmelidir.

7- Türkiye'den ayrılışınızın kesin ve belirleyici nedenleri ve

bunun nasıl olduğu hakkında neler (ve nereye kadar) anlatabilir veya anlatmak istersiniz?

7- ON YIL SUSTUM, ARTIK BAĞIRMAK İSTİYORUM.

lkemden ayrılışım, özgür olmak, özgür yaşamak isteğimden ötürü de il, özgürlük ve demokrasi kavgasına daha etkin ve aktif bir biçı nde katılabilmek içindir.

Martin SCHAUB ile
yapılan mülakat
1982

SÜRÜ'nün hikâye olarak bilincimde döllenişi, 1972-73'lere, köklü bir değişimimi içeren sarsıntılı Selimiye günlerime rastlar. Kalın ciltli bir deftere, kaba hatlarıyla yazdığım, kabaca sahne sıralaması yaptığım onlarca film hikâyesinden biriydi. Günün birinde bu denli ünlü olacağından, sinema tarihimizde bir dönemeç noktası oluşturacağından, uluslararası değerde ödüller kazanacağından habersiz, yıllarca o defter sayfaları arasında sessiz sedasız kaldı. 1978 Martı'nda, İzmit Cezaevinde bir rastlantı onu gün ışığına çıkarmasa idi, belki de daha uzun yıllar o soluk sayfalar arasında kalacaktı; belki de film olabilme şansına hiçbir zaman sahip olamayacaktı.

Güney Film, kötü yönetim ve dargörüşlülük yüzünden bitkisel bir hayat yaşıyordu o sıralar. Birkaç yıldır film yapamıyorduk. Cezaevine düşmemden sonra yaptığımız filmler, özellikle de İZİN ve BİR GÜN MUTLAKA, hem sanatsal, hem de ticari açıdan başarılı filmler değildi. Her ikisi de, benim imzası taşımakla birlikte, bir filme yapabileceğim katkıları taşımazlar. Güney Film yöneticileri ile anlaşmazlıklarım nedeniyle bu filmlerin ne yöneticileriyle, ne de oyuncularıyla konuştum... Özellikle yönetmenlerin seçimi bana ters gelmişti... Güney Filmin ortaklarından biriydim ve yöneticileri ile aramda oldukça keskin ve uzlaşmaz nitelikli çelişmeler vardı: anlaşamıyorduk... yönetimi değişitrmek, egemen olan yanlış ve yoz anlayışı yıkmak, bu anlayışın sahiplerini Güney Filmden uzaklaştırmak gerekiyordu. Onlar varoldukça Güney Film bir şey yapamazdı. Her şey, her anlamda kötüye gidiyordu çünkü. Kararlı bir tutum ve her türlü olumsuzluğu göze alarak Güney Filmdeki bütün arkadaşları değiştirdim. Her şeye, benim düşüncelerim ve anlayışım temelinde yeniden başlayacaktık. Parasızlıktan kıvranıyorduk. Günlük ihtiyaçlarımızı bile yakın arkadaşlarımdan edindiğim kısa ve uzun vadeli borçlarla karşılıyordum. Borçlu yaşamak zordu, yıpratıcıydı... İçinde bulunduğumuz zorluktan kurtulmanın ilk adımı olarak, istek olursa senaryo yazmayı düşündüm ve bu fikrimi ziyaretime gelen bazı arkadaşlarıma açtım. O güne kadar, kendi dışımda kimse için senaryo yazmamıştım; bir başkası için senaryo yazmak oldukça zor geliyordu bana. İZİN ve BİR GÜN MUTLAKA deneyimleri gözümü korkutmuştu. Gelgelelim başka çarem de yoktu.

İşte o günlerde, OTOBÜS filminin yönetmeni, yapımcısı ve oyuncularından biri olan eski arkadaşım Tunç Okan ziyaretime geldi. Bir film yapmayı ve anlaşabilirsek senaryosunu benim yazmamı düşünüyordu. Yazabileceğimi, ancak koşullarımın olduğunu söyledim. Yönetmen, oyuncular, kamera, teknik ekip üzerinde söz hakkım olmalıydı. Senaryo çalışmasında özgür kılınmalıydım, ısmarlama iş yapamazdım. Filmin çekimine müdahale edebildiğim kadar müdahale etmeliydim, ilke olarak anlaştık. İş para sorununa geldi. Pazarlık edecek gücüm yoktu. O günün koşullarında sinema piyasamız için iyi, benim içinse düşük bir ücrete anlaşmak zorunda kaldım. Dış satımdan da hisse alacaktım. Hisse oranını kendilerine bıraktım, yüzde 5 verdiler, bir şey diyemedim. Sıra konunun seçimine gelmişti. Tunç Okan'a birkaç hikâye anlattım. SÜRÜ bunlardan biriydi. İlginç bulundu ve üzerinde karar kıldık. Ancak, o haliyle SÜRÜ oldukça ham, cılız ve bugünkünden farklı bir yapıya sahipti. Hikâye üzerine biraz konuştuk. Düşüncelerini anlattı Tunç Okan, anladım ki o biraz daha ticari kaygılarla doluydu. Soruna biraz da dar açıdan bakıyordu. Bu beni rahatsız etti. Çünkü, önerdiği ünlü bir kadın oyuncu benim hiç düşünmediğim biriydi ve hikâyem içinde yeri yoktu. Başka filmlerde, başka senaryolarda ona uygun roller çıkabilirdi, ama SÜRÜ için hiç düşünemezdim. Öte yanda, filmin adı konusunda daha «ilginç» şeyler tasarlıyordu. SÜRÜ adı pek etkili değildi onun için. KARA TREN olmalıydı örneğin. Böylesi bir koşullandırma ile senaryoyu yazamazdım. Beni özgür bırakması, oyuncularla, ısmarlama önerilerle beni koşullandırmaması konusunda onu ikna ettim. Çalışma sürecinde, senaryo üzerinde tartışacaktık. Filmi Temmuz ortalarıyla Ağustos başlarında çekmeyi düşünüyordu. Buna göre, senaryoyu hazırlamam için üç-üç buçuk aylık bir zaman kalıyordu bana, ki bu, benim için oldukça az bir zamandı. İçinde bulunduğum koşullar sağlıklı bir senaryo yazmama pek uygun değildi çünkü. O sıralar bütün Türkiye cezaevleri bir kaynaşma içersindeydi; açlık grevleri, direnişler, isyanlar birbirini kovalıyordu. Bulunduğum cezaevi de tedirginliklerle doluydu.

Uzun bir süredir cezaevindeydim. 1972 Martı'nda Selimiye'ye düşmüş, 1974 affıyla dışarı çıkmıştım. Fakat, üç buçuk ay sonra, hiç aklımızda yokken beklenmedik bir olay sonucu yeniden cezaevine düşmüştüm. SÜRÜ'nün insanlarını esas olarak tanıyordum, o ilişkileri biliyordum. Dayılarım hayvancılıkla uğraşıyorlardı. Fakat, yine de bilgilerimin tazelenmesi, onları görmediğim zaman içersinde meydana gelen değişiklikleri kavramam gerekiyordu. O insanları daha sağlıklı yaşayabilmem, yazabilmem ve anlatabilmem için taze, sıcak belgelere, canlı gözlemlere ihtiyacım vardı. Bu konuda araştırma yapması için o bölgeyi iyi bilen bir arkadaşımı görevlendirdim. Bu arkadaş, uzun süre o bölgelerde gazetecilik yapmıştı. Kendisine, koyun fiyatları, günlük ihtiyaçlar, pazar ilişkileri, doktor, tarikat, rüşvet, sağlık, evlilik, düğün, töre, hovardalık vb. konularını içeren uzun bir soru listesi verdim. Ne anlatmak istediğim konusunda da uzun uzun konuştum. Ona nasıl bir film yapmayı tasarladığımı anlattım. Sorularımın cevapları verildiğinde, bölge ile ilgili ekonomik, toplumsal, insani, töresel, dinsel, yöresel birçok sorun daha da aydınlığa kavuşacaktı. Fotoğraflar çekecekti, sesler alacaktı teybe. Görebildiği her şey hakkında not tutacaktı. Arkadaş, çekim yeri olarak düşündüğüm Siirt ve çevresine gitti ve on beş gün sonra döndü. İlk deneme pek doyurucu değildi. Kendisine, uzun uzun, ne istediğimi, istediklerimi nasıl elde edebileceğini, nasıl bir yöntem izlemesi gerektiğini yeniden ve yeniden örnekleriyle anlattım. Onu, işinde başarılı kılmak için etkilemeye çalıştım. Bu kez, Tunç Okan ve asistanı Ali ile birlikte gittiler. Geniş bir gezi yapıp döndüler; çağrışımlar uyandıran yeni bilgiler getirdiler. Bu zaman içinde ben, senaryoyu yeniden kaba hatlarıyla çizdim, tipleri geliştirdim, hikâye kahramanlarımı daha yakından kavramaya çalıştım, cezaevinde bulunan Siirtli, Mardinli, Karslı, yani koyunculuktan anlayan, göçerlerle yakın ilişkisi bulunan mahkûmlarla konuştum, bir arkadaşımı, Ankara'ya, koyun alım satım işiyle uğraşan bir arkadaşıma gönderdim, ondan bilgiler edindim. Bir senaryo yazabilmemin önkoşulları aşağı yukarı hazırdı artık. Sürü otlatan çobanların ıslıkları, özgün sesleri, göçerlerin durumlarıyla ilgili soluk, iyi basılmamış kahverengi suratlı resimler, notlar elimin altındaydı.

Günlerce o cızırtılı sesleri dinledim, resimleri, notları inceledim; kendimi, cezaevinin havasından kurtarmaya, o dar ilişkilerden sıyrılmaya çalıştım ama beceremedim. Kendimi, olabildiğince etkilemeye çalıştım, o yörenin türkülerini dinliyorum, o yöreyle ilgili resimlerle, müziklerle kendimi doldurmaya koşuyorum. İşte çobanlar, koyunlar... işte çadırlar, çocuklar ve yüzlerini utanarak örtmüş kadınlar... Onları ne denli kavrayabilirsem, hatta onlarla ne denli özdeşleşebilirsem, o denli iyi yazabilirdim; doğal, sıcak, etkili ve inandırıcı olabilirdim. Yazarken, kolaylıkla anlattığım kişinin ruh haline adapte olabilmeliydim. Alabildiğine yumuşak olmalıydım ki, düşüncelerim, duygularım, onların duyguları, düşünceleri ve dili olarak kâğıda aksın. Bunun için de, onların bilinçlerini, tutumlarını, özlemlerini, ruh hallerini belirleyen, biçimleyen toplumsal ilişkileri iyi kavramalıydım. Acıları acım, sevinçler sevincim olmalıydı. Onları kuşatan maddi koşulları soluyabilmeliydim. Çünkü, bir insanın ruh hali, onun toplumsal ilişkilerine, yaptığı işe, çevre ilişkilerine sıkı sıkıya bağlıdır.

Bir senaryocu, kesintisiz düşünebilme olanaklarına, rahat, sakıncasız hareket edebilme olanaklarına, yaratıcı yeteneğini alabildiğince özgür kullanabilme koşullarına sahip olmalıdır. Ama ben, hiçbir zaman bu olanaklara sahip olamadım. Sansürün ve yasaların baskı ve sınırlamaları dışında, düşüncelerim, tasarılarım arasına her zaman birileri girmiştir; düşüncelerim, düşlerim kesintilere uğramıştır. Her şeyi koşarak, sıkıntı içinde, yarım-yamalak, telaş içinde yapmak zorunda kalmışım. Senaryo yazmak için özel bir yerim yoktu; olamazdı da... koğuşta çalışmak zorundaydım. İzmit Cezaevi birinci koğuşundayım; çeşitli suçlardan yetmiş iki kişiyiz. Ranzalar, iki sıra halinde, karşılıklı dizili. İki sıra arasında, bir buçuk metrelik bir aralık var. Duvardan yana olan ranzalar üç katlı. Pencerelerden yana olan ranzalar iki katlı. Ben, yine de avantajlıyım. Ranzam pencere yanında. Arkadaşlar bana ayrıcalık tanıyorlar. İki ranzayı birbirinden ayırmışız, iki ranza arasında, bir masa bir sandalye sığacak büyüklükte bir boşluk yaratmışız. Bir masa, bir sandalye yerleştirmişim oraya. Gürültü patırtı içinde yazmaya, senaryomu kurmaya, kahramanlarımı yaşamaya çalışıyorum. Hem de, ranzalarının üzerine tünemiş, merakla beni izleyenlerin eşliğinde. Bir ortaoyuncu durumundayım denilebilir. Çünkü, yazarken, filmin kahramanlarının ruh hallerine, tutum ve davranışlarına göre yüzüm biçimleniyor. Kimi zaman yüzüm geriliyor, öfkeyle doluyorum.... kimi zaman yumuşak, hüzünlü ve acılıyım. Berivan'la ilgili bölümleri yazarken, onun ruh haline bürünüyor, onun acılı sessizliğini yaşıyorum. Şıvan'ı anlatırken, konuştururken, onun ezikliği, çaresizliği, çözüm arayışının sancılarını yaşıyorum. Hamo'yu yazarken, onu konuştururken, onun katılığını yansıtıyor yüzüm; renkten renge, biçimden biçime giriyorum. Yazarken her oyuncuyu, her değişik atmosferi ayrıntılarıyla etimde kemiğimde duyuyorum. Arkadaşlar, merakla, çok yakından ilgileniyorlar benimle. Yazarken, öfkeli olduğum bir an biri geliyor ve soruyor: «Hayrola abi, bir durum mu var?» diyor. «Ne durumu, bir şey mi olmuş?» diyorsun merakla. «Yok abi, çok sinirli bir halin var da...» diyor. Bir başkası, bir başka zaman, hüzünlerle dolu olduğun bir an, hikâyenin kahramanlarına üzüldüğün, acılarını yüreğinin derinlerinde duyduğun bir an geliyor, «Boşver be abi, üzme kendini, bugünler de geçer,» diyor. Anlıyorsun ne için dediğini. Öte yandan cezaevinin bir yığın sorunu var başında. Bu ve benzeri olaylarla uğraşarak, bir yandan yazıyorum, bir yandan da gelen gidene laf yetiştiriyorum. Hem senaryo yazacaksın, hem de onların sorunlarıyla ilgileneceksin. Cezaevidir, derdi çoktur. Her an bir sorun çıkar karşına. Üstelik ben, hem koğuşumun, hem de cezaevindeki bütün mahkûmların temsilcisiyim. Kimisi gelir genel sorunlara değinir, kimisi kendisiyle ilgili özel bir sorunu açar; o gider, bir başkası gelir; dikilir başına; suskun, meraklı, durur da durur. Öğrenmek için bir şey isteyip istemediğini sorarsın. «Sen çalış abi, bakıyorum ben der...» Sinirden gülersin, bu kez anlatır: «Ben de çok meraklıyım abi roman yazmaya, çok güzel şiir de yazarım,» der. Yine gülersin... «Kaç tane roman yazdın,» dersin... «Daha yazmadım ama, çok meraklıyım» der... Bu kez anlatırsın: «Başımda dikilme, çalışıyorum, git otur» dersin; söz dinler, gider oturur. Bir başkası gelir az sonra, sen, inatla çalışmaya çalışırsın, ama adam senin kafanın içinde bir ünlem gibi durur. Rahatsız olduğunu, çalışman gerektiğini anlatırsın, gider. Aslında hiçbiri kötü niyetli değildir, seni seven-sayan insanlardır. Ama senin yaptığın işin içeriğini, oluşumunu kavrayamadıkları için bilmeden rahatsızlık kaynağı olurlar. Kulaklarımda pamuk tıkalıdır; gürültüleri en aza indirmek için. Ya beş dakika, ya on dakika çalışmışsındır ki bir başkası gelir. «N'apıyorsun abi, çalışıor musun?» der. «Hayır» dersin, «çalışmıyorum, çamaşır yıkıyorum.» Anlar, mahcup olur, seni rahatsız ettiği için üzülür ve gider. Bu arada, cezaevini ilgilendiren sorunlar da çıkar karşına. Kavga olmuştur örneğin. Gider halledersin. Binbir sıkıntı içinde kıvranarak işini bitirmeye uğraşırsın. Bu durumları gören «anlayışlı» biri gelir yanına. «Senin işin de çok zor be abi, bakıyorum da, seni hiç rahat bırakmıyorlar,» der, dikilir. Dilin döndüğünce çevrendeki arkadaşlara, işin önemini, nasıl çalışman gerektiğini, içinde bulunduğun zorlukları, kesintisiz düşünme zorunluluğunu, anlayışa ihtiyacın olduğunu anlatırsın. Dinlerler... dinlerler ya, yakınmaları hep kendi dışındaki arkadaşlar için sanırlar. Kendi üstlerine almazlar hiç. «Ayıp ediyorlar vallahi abi!» derler.

Onlara bir hikâye anlattım bir akşam. Ranzalardan birinin üzerine çıktım ve anlattım. Hikâyenin adı «Kerimlik hastalığı» idi.

«Bir zamanlar İstanbul'da, Levent'te oturuyordum. Bir komşum vardı, adı Kerim'di. Ben ona Kerim abi derdim. Kırk beş elli yaşlarında, hoşsohbet bir adamdı. O günler işlerim çok sıkıydı. Art arda film çekiyordum. Bir yandan senaryo yazıyorum, bir yandan yönetmenlik, oyunculuk, prodüksiyon işleri, hepsi benim başımda. Oldukça zordayım ve sıkıntıdayım. Üç beş kişinin işini omuzlamak zorundayım. Akşamları, yorgun-argın, turşu gibi dönüyorum eve. Ertesi gün yapacağım işleri planlamalıyım, çekilecek sahneleri yeniden gözden geçirmeliyim. Senaryoyu kaba hatlarıyla yazdığım için, çekim için daha ayrıntılı hale getirmeliyim. Yorgunluktan sıyrılmak için, ilk iş banyo yaparım. Sonra, acele ile yemeğimi yerim; vakit geçirmeden çalışmaya oturmak için kendimi hazırlarım. Tam çalışacağım, kâğıtlarım notlarım önünde, kapı çalınır, açarım kapıyı. Kerim abi gelmiştir, daha benim konuşmama fırsat kalmadan Kerim abi paldır küldür dalar içeriye... «N'apıyorsun Yılmazcığım» der. Ben de, «Çalışıyordum Kerim abi, yarına çok sıkı işlerim var, bu gece geç vakte kadar çalışacağım, yarına da çok erkenden, saat altı, altı buçukta kalkacağım» derim. Kerim abi çok üzülür. Ama oturmuştur bile. «Yahu Yılmazcığım, senin bu işlerin gerçekten çok zor. Ara ver biraz,» der. İçecek bir şey ister. İçkisini veririm. Havadan sudan bir şeyler anlatır. Bense, kafamda tasarladığım şeyleri dağıtmamak için pek dinleyemem onu, sadece kafa sallarım.

İçkisini bitirince kalkar herhalde diye de hayal kurarım. Ama kalkmaz Kerim abi. Ben yeniden çalışma zorunluluğumu anlatırım, erken kalkacağımı hatırlatırım. «Senaryo yazmak zorundayım, yarın çekilecek sahneleri planlamalıyım, kırk kişilik ekip, hepsi de benim çalışmama bağlı,» derim. Kerim abi, o saf haliyle üzüntüyle başını sallar. «Vallahi Yılmazcığım, senin bu halin beni çok üzüyor,» der, bir içki daha ister. Bir içki daha veririm. «Rahatsız etmiyorum değil mi Yılmazcığım» der. Dilim varmaz «Kalk git, ben çalışacağım,» demeye. Dolaylı yollardan anlatmaya çalışırım durumumu. Oralı değildir Kerim abi, kendi havasındadır. Ben, «Şimdi kalkar, biraz sonra kalkar» derken, saat on ikiyi bulmuştur. Yorgunum zaten, gözlerimden uyku süzülür. Ve nihayet Kerim abi kalkar. «Rahatsız etmedim inşallah Yılmazcığım» der ve gider. O gece ölmüştür benim için. Ertesi gün yapacağım işler aksamıştır. Kerim abi, farkına varmadan bana kötülük etmiştir, zamanımı havadan sudan şeylerle yemiştir.»

Maksadımı anlayan arkadaşlar gülerler. «Bizde de Kerim abiler çok,» derler. Hikâyenin ne için anlatıldığını çoğu anlamıştır. Sen, yine de, her ihtimale karşı, anlattığın hikâyeyi bir kâğıda yazar ve çelik dolaplardan birinin üzerine, arkadaşların en iyi görebilecekleri bir yere yapıştırırsın. Artık, arkadaşların, eskisi gibi seni rahatsız etmeyeceklerini düşünürsün. Sabah kalkar, kaybettiğin zamanı telafi için çalışmaya koyulursun. Arkadaşların bir kısmı, çelik dolabın önünde yazdığın hikâyeyi okumaktadırlar. Bir süre sonra biri gelir. Güleçtir. «N'aber abi... Kerim abiler geliyor mu yine?» der. «Yok, sağolsunlar, akşam konuştuktan sonra gelmiyorlar,» dersin. «Tabii ya, rahatsız etmemek gerekli,» der ve yarım saat çene çalar. O gider, bir başkası gelir az sonra. «Eh, inşallah bugün iyi çalışıyorsundur,» der. «Bu bizim mahkûm milleti anlayışsızdır abi, aldırmayacaksın, olur böyle şeyler, yak bir cıgara» der. Bilir cıgara içmediğini ama alışkanlıkla sunar, kıramazsın, alırsın cıgarayı. O gider, yine biri gelir. «İşler nasıl abi,» der. Sen üstüne basa basa «Sayenizde çok iyidir Kerim abi» dersin. Güler ve «Hikâyeni okudum» der, «Sen Kerim abilerden kurtulamazsın.»

Cezaevinde senaryo çalışmaları, yazı çalışmaları, kitap okuma durumları, genellikle bu hava içinde geçer. Toptaşı'nda da İmralı-da'da, biçimsel farklılıkların dışında böyle oldu. Kendi başına kalman zordur. Kerim abilerin yakın ilgisinden kurtulamazsın.

SÜRÜ'yü birkaç kez yazdım. Çoğunlukla gece, herkes uyuduktan sonra çalıştım. Acılarıyla, sevinçleriyle, o insanları, bütün ruh halleriyle yeniden yaşadım. Senaryo yazarken, hem senaryo yazmayı öğreniyorum,hem de kendimi yenilediğimi duyuyorum. Anlattığım insanların acıları, içinde bulundukları durumlar beni etkiliyor, duygulandırıyor, düşündürüyor. Senaryoyu bitirdiğim zaman, yüreğimi yakan bir ayrılık acısı sarıyor içimi. Üç-dört ayımı birlikte paylaştığım Şıvan ile Berivan'ın ve Hamo'nun acılı hikâyeleri bitmiştir. Ayrılık zamanı gelmiştir. Berivan ölmüştür. Şıvan cezaevine düşmüştür. Silo kaçmıştır. Hamo, Ankara'nın uğultulu kalabalığı içinde yalnız kalmıştır. Hamo'nun çaresizliğini haykıran, tarihi olarak çöktüğünü duyuran sesi kulağımdadır. «Silo... Silo...» Ama Silo yoktur ve kendisine yeni bir hayat aramaya gitmiştir.

Üç buçuk aylık çalışmamın sonunda, uzun zamandır senaryo yazmamamın getirdiği paslanma, korkular silinmişti. Her senaryo bitirişten sonra, bir daha senaryo yazamayacağım, bu işi artık beceremeyeceğim korkuları yüreğimi sarardı. SÜRÜ için anlaştığımız ilk günler bu korkuları bütün derinliği ile yaşamıştım. İşte senaryo bitmişti; ancak, yeni bir durum çıkmıştı ortaya. SÜRÜ'nün çekilmeme tehlikesi vardı. Oysa benim için çekim oldukça önemliydi ve gerekliydi. Uzun bir suskunluktan sonra sesim yeniden duyulacaktı, öyle düşünmüştüm. Görülen oydu ki, çekim ertelenecekti. Kimbilir ne zamana kadar... param da ilk aldığım avansın dışında ödenemiyordu. Senaryoyu teslim etmiştim fakat param ödenemiyordu, böylece anlaşmamız suya düştü. Üç buçuk aylık çalışmamla baş başa kaldım. Yeni durumda, yeni ve cesur bir karar almam gerekiyordu. SÜRÜ mutlaka çekilmeliydi. Senaryoya verdiğim emek, çekim çalışmasıyla taçlanmalıydı. Peki kim çekecek bu filmi? Karar veriyoruz. Güney Film çekecektir SÜRÜ'yü. Fakat paramız yoktur. Çekim için gerekli parayı mutlaka bulmalıydım; sonunda, buldum da...

SÜRÜ'nün çekimi ayrı bir hikâyedir. Filmi çekmeye karar verdikten sonra yeni bir süreç başlamıştır. Parayı nasıl denkleştireceğiz, filme başlasak bile nasıl bitireceğiz? Hesaplar yapıyoruz, hesabımız bir filmi perdeye getirecek düzeyde değil. Fakat, akıllı hesap yapana kadar deli ırmağı geçermiş örneği biz filme karar kılıyoruz.

Zeki Ökten'i buluruz, ona hikâyeyi anlatırız; yeni bir heyecan dalgasının rüzgârı hepimizi sarmıştır. Tarık Akan, Melike Demirağ, Tuncel Kurtiz'le konuşuruz, anlaşırız. SÜRÜ'nün yönetmenine, oyuncularına, kameramanına düşüncelerimi ayrıntıları ile kavratmaya çalışırım. Zorluklarımızı, önümüzdeki engelleri anlatırım. Senaryoyu, başından sonuna, en ince ayrıntılarına kadar, oynayarak anlatırım. Trenin hareketinden rüzgârın sesine, Berivan'ın acılı bakışından trendeki orospucuğa kadar, filmde var olan her şeyi bir bir, usanmadan. Ayrıca, çekim için önerilerimi yazarım. Amacım, arkadaşlarıma düşüncelerimin içeriğini kavratmaktır. Onlar da bunun bilincinde olarak beni cankulağı ile dinlediler, beni kavramaya çalıştılar. Ben, SÜRÜ'den, bir senarist olarak, bu işin önericisi olarak sorumluyum ve başarıdaki payım budur; gerçekte, filmin esas başarısı, başta Zeki Ökten olmak üzere, oyuncusundan asistanına, set teknisyenlerinden figüranına kadar, onu gerçekleştiren arkadaşlarımındır. Özetle SÜRÜ bir dayanışmanın, kolektif çalışmanın ürünüdür.

Uzun ve zorlu bir çalışmadan sonra borç-harç çekim bitti; filmin kaba kurgulu halini Toptaşı Cezaevi'nde, seyyar bir gösterici aracılığı ile izledim, beyaz bir çarşafın üzerinde. Kurgu için düşüncelerimi ayrıntıları ile Zeki'ye anlattım. Film birçok arkadaşın fedakârlığı, çabası ile, olabildiğince iyi seslendirilmeye, müziklendirilmeye çalışıldı. Bu sıra ben, Toptaşı'nda isyan çıkartacağım gerekçesiyle bir başka cezaevine sürgün edildim; Sağmalcılar Cezaevine. Gittiğim gün, Sağmalcılar'da da isyan vardı. Yöneticiler, sakıncalı olduğum gerekçesi ile beni cezaevine kabul etmediler. Bu kez, hasta olduğumu ileri sürerek beni cezaevi hastanesine yatırdılar. Oysa ben hasta değildim, hastanede kalmak da istemiyordum. Ne yazık ki, kırk beş gün hastanede tutuldum. O sıralar, kapalı cezaevleri gerçekten çok karışıktı. Bu süre içinde bana bir cezaevi arandı ve sonunda İmralı yarı-açık cezaevine gönderildim. SÜRÜ'yü de, ilk kez burada izleme olanağı buldum...

DÜŞMAN benim için birçok yönüyle önemli ve sinemamıza katkıda bulunan bir filmdir. Bununla beraber, açık söylemek gerekirse, senaryoda anlatmak istediğim duygu incelikleri, birikim sağlayacağına inandığım küçük, fakat önemli ayrıntılar, senaryoyu yazarken duyduğum o buruk, hüzünlü tat, kafamda tasarladığım çarpıcı atmosfer çekim süreci içersinde oldukça fire vermiştir. Bazı sahneler de, kanımca yönetmenin ürkekliği yüzünden çekilememiştir. Başka türlüsü de olamazdı zaten. Her çalışmanın ardından olduğu gibi, yine eksiklikleriyle, hatalarıyla kabulleneceğimiz bir filmle karşılaşmıştık. Daha önce belirttiğim gibi, senaryoyu yazan ben, filmi çeken başkası olduğu müddetçe bu durumlar kaçınılmazdı. Ama, yine de bütün bunlara karşın DÜŞMAN sanat hayatımın önemli taşlarından biri olarak anılacaktır. İnsan ruhunun derinliklerinde kopan fırtınalar, yaşanan koşullara tepkiyi ifade eden özlemler, insani acılar, kaybedilmiş şeylere duyulan çaresizlik duyguları, yenilginin getirdiği sarsıntılar, bu filmde, senaryoda anlatmaya çalıştığım incelik ve etkinlikte yansımamıştır. Birçok eleştirmen arkadaş, filmde gördükleri aksaklıkları senaryoya bağlamaya özel bir özen gösterdiler. Bu tutumlarının nedenine çok ilerilerde değineceğim. Senaryo kusursuzdur demiyorum. Zeki Ökten bütün gücüyle çalıştı. Ama senaryoda anlatılmak istenilenin ruhuna uygun bir çalışma yapılmış olsaydı, sonuç, elimizdekinden farklı olacaktı. Az-çok izlediği filme kafa yoran, el ucuyla değinilip geçilmiş yönleri sezgileriyle bulan ve eksikliğini duyan izleyiciler, anlatılmak istenen, fakat eksik kalmış duyguları yakalamışlardır, dünyanın neresinde olurlarsa olsunlar, bu tip izleyiciler yakalayacaklardır da. Bu nedenledir ki DÜŞMAN bütün eksiklerine, hatalarına karşın, ucuza düşmeyen, kolayı seçmeyen cesur bir filmdir; koşullarına meydan okuyan ve

SÜRÜ'nün koşullanmasına düşmeyen bir filmdir, mutlaka sahip çıkılması gereken bir filmdir...

DÜŞMAN çalışmasından ve sonuçlarından çıkarttığım dersler, son çalışmam BAYRAM'a kanımca olumsuz etki yapmıştır. Bir bakıma, sanatsal gelişmem açısından geri atılmış bir adım olarak, aynı zamanda da daha sonra atacağım adımın soluklandırıcısı olarak değerlendiriyorum. Ülkemde ve bütün dünyada, sinema izleyicileri, küçük bir azınlığın dışında, zihni tembellik içindedirler. Kolaycıdır ve koşullandırılmışlardır. TV bu duygu ve alışkanlıkları beslemektedir. Bu nedenle, ayrıntılarla, ince oyunlarla, başlangıçta dikkati çekmeyen doğal kıpırtılarla anlatmak istediklerimizi gereği gibi algılayamamakta ve anlatılanlar arasındaki ince bağlantıyı gözden kaçırmaktadırlar. Bu nedenledir ki, BAYRAM, DÜŞMANa oranla daha kaba, daha kolay anlaşılır bir anlatım yolunu seçmiştir. Ancak, bu demek değildir ki BAYRAM kaba bir filmdir.

Çoğu kez, konu ararken uzaklara bakarız da burnumuzun ucundakini görmeyiz. Çünkü sanatçı da bir insan olarak, yaşadığı, yakınen yaşadığı şeylerle özdeşleştiği için onların farkına varamaz. Bu anlamda sanatçıların bir kısmı yakınını görememe hastalığına tutulmuşlardır. Yeni bir çalışma düşlerken «Bu kez, çok yakınlarına bak» dedim kendime. «Ve eski hikâyeleri karıştırmadan yeni bir şey yaz.» Böyle diyerek içinde yaşadığım cezaevine ve çevremdeki arkadaşlarıma bir sinemacı olarak baktım. İşte yüzlerce sorun gözler önünde; acı yüklü yüzlerce insan... arkalarında bir yığın ölü bırakmış, dul bırakmış, yetim bırakmış yüzlerce insan... Ağrı'dan İzmir'e, Edirne'den Van'a kadar yüzlerce insan, sıkıntıları içlerine sığmayan yüzlerce insan, gelgelelim bunları anlatmak o kadar zor ki... bir yanında sansürün kılıcı; diğer yanında, filmi çekecek arkadaşların bu insanları gereği gibi tanımıyor olmaları, bir yanıyla da maddi olanaklarımız, ama yine de kararımı vermiştim; cezaevinden yola çıkarak yakın arkadaşlarımı, onların hikâyelerini anlatacaktım. Hem de, bu işin ne denli zor ve rizikolarla dolu olduğunu bile bile, sonunda hayal kırıklıklarını göze alarak. Bir senaryocu için en acı, en kahredici olan şey, senaryonun filmleşmesi sırasında uğradığı değer kaybıdır. Bunu, taa başından göze almak gerekiyordu. Aldım da...

Her ülkenin cezaevleri, bir açıdan o ülkenin aynasıdır da. Oralarda, toplumsal, ekonomik, siyasal, ruhsal nedenlerin biraraya getirdiği insanlar, iradelerinden bağımsız olarak birarada yaşarlar. Cezaevi gerçeği, her ülkenin kendi gerçeğinin acı bir parçasıdır. Objektif bir gözle bu gerçeğe yaklaşmak, bu gerçeği sinemalaştırmak, sansür koşullarımızı, elimizdeki sanatsal-tekniksel insan malzemesini, mali olanaklarımızı hesaba katınca mümkün değildi. Yapamazdık, yazdıklarımız kâğıt üzerinde kalmaya mahkûmdu. O halde akılcı bir seçme yapmak, olabilirliği seçerek, sansür duvarına takılmayacak bir tasarıdan yola çıkmak gerekiyordu. Böylesi bir tutum, özgürce yaratıcı çalışmayı bir bakıma rafa kaldırmak, ödün vermekti. Gelgelelim başka çaremiz de yoktu.

BAYRAM arkadaşlarımın hikâyesidir. Şimdiye dek yazdığım en ayrıntılı, en uzun, Türkiye panoraması açısından en kapsamlı senaryom idi. Ne yazık ki, hayata daha ilk adımlarını atarken, değişik yönlerden, farklı amaçlar taşıyan kişilerden gelen darbeler onu sarsaladı. Bir insanın öldürülmesi olayına «cinayet», öldürene de «katil» diyoruz. Peki, bir senaryonun öldürülmesi olayına ve bu öldürme işlemine katılanlara ne ad vereceğiz? Yargı organları cinayet olayını yargılıyorlar ve suçlularını cezalandırıyorlar. Peki bir senaryonun katledilmesi olayını hangi kurumlar yargılayacaktır?

BAYRAM'ın birçok açıdan ve değişik ellerden yediği darbeleri, bunların yol açtığı sonuçları, sorumlularını ve bunların asıl amaçlarını açıklamayı ve bu konuda kişisel yargımı daha sonra kamuoyuna sunacağım.

BAYRAM, yarı-açık cezaevinden izine çıkan on bir mahkûmun bir haftalık izinlerini, bu zaman içindeki başlarından geçen olayları anlatıyordu. Hesabıma göre, dört-beş saatlik bir film olacaktı. Fakat, daha ilk adımlarda yediği darbeler sonucu sakatlandı. On beş gün süren bir çalışma sonunda filmi durdurmak zorunda kaldım. Filmin yönetmeni Erden Kral ile aramızda anlaşmazlık çıkmıştı. Bana göre Erden Kral, filmi kavramamıştı. Aldığım bilgilere göre, oyuncuların yönetimi başarısızdı, sette otoritesi zayıftı ve daha birçok neden... 1952 yılından bu yana, dağıtımcı, aktör, senarist, yönetmen ve yapımcı olarak sinema ilişkileri içersindeydim. Bu zaman içersinde yüzden fazla filmin pratik çalışmasına katılmıştım. BAYRAM'ın çekimini durdurma kararım bu kadar yılın bana kazandırdığı deneyimlere dayanarak, ilk çalışmaların raporlarına, ilk çalışma resimlerine, bazı oyuncuların bilgilerine bağlıdır. Durdurma kararım birçok arkadaşça değişik biçimlerde yorumlandı. Şimdilik, yalnızca şunları belirtmekle yetineceğim. BAYRAM, yapımcı Yılmaz Güney'in ticari kaygıları nedeniyle durdurulmadı; BAYRAM, senaryosunun onurunu, Türk sinemasının onurunu, SÜRÜ ve DÜŞMAN'ın yarattığı prestiji korumayı amaçlayan sanatçı Yılmaz Güney'in sanatçı kaygıları nedeniyle durduruldu.

BAYRAM'ı durdurduktan sonra düşüncem, bu filmin çekimini önümüzdeki yıla bırakmaktı. Niyetim, DAĞ adlı senaryomun Zeki Ökten tarafından çekilmesiydi. Başarısız bir film çekmektense, çekmemek daha iyiydi. Önümüzdeki yıl, yeni baştan çekecektik BAYRAM'ı. Fakat, sansür, DAĞ senaryomu, «ırkçılık» ve «bölücülük» gerekçeleriyle reddedince, BAYRAM'ın çekimini yeniden gündeme almak zorunda kaldık. Erden ile yenibaştan çalışmamız olanaksızdı; Şerif Gören ile konuştum. Sinema emekçileri sendikası ile ilgili bir soruşturma nedeni ile uzun bir zamandan beri gözaltında bulunduğu cezaevinden daha o gün çıkmıştı. Kendisine düşüncelerimi, BAYRAM ile anlatmak istediklerimi anlattım. O, kendisine heyecan veren bir film olursa çekebileceğini söyledi ve senaryoyu okumayı istedi; okuduktan sonra konuşacaktık. Okudu ve çekimde anlaştık. Şerif, uzun bir dönem benimle birlikte çalışmıştı; diğerlerine oranla, düşüncelerimi daha kolayca kavrayabilirdi. Böyle düşünüyordum. Yalnız, bazı kaygıları vardı. Bir başkasının bıraktığı bir filmi çekmek onun için bazı sakıncalar taşıyordu. Bu konuda da düşüncelerimi anlattım. Sorun kişi sorunu değil, sinemamız sorunu idi. Duygusal davranmamak gerekiyordu. Nitekim, Erden ve birkaç arkadaşının BAYRAM'ın yeniden çekimi gündeme geldiğinde ortaya koydukları tavır, onların kişiliğini bir kez daha gözler önüne seriyordu. Filmi engellemeyi amaçlayan bir kampanya başlatmışlardı. Sözde onlar, emeği temsil ediyorlardı, ben de sermayeyi. Onlara göre ben emekçilere karşı idim. Bir söz vardır, biz kırk kişiyiz, birbirimizi biliriz, diye. Biz de birbirimizi bildiğimiz için bu kampanya bazılarını etkilemesine karşın hedefine ulaşamadı. Ama, zaman açısından çok sıkışık olduğumuz bir döneme gelmesi bakımından zararlı oldu. Onların kampanyaları, içeriği bakımından gerici bir kampanya idi. Güney Film ve Yılmaz Güney olarak, nasıl bir kuşatmanın içinde olduğum düşünülürse, bu arkadaşların kampanyasının kime hizmet ettiği daha berrak bir biçimde görünür. Çünkü filmi engellemek isteyen, sadece onlar değildi. Başkaları da vardı. Çok farklı amaçlardan, çok farklı düşüncelerden yola çıkan, fakat Yılmaz Güney düşmanlığında birleşen herkes, bu noktada biraraya geldi. Hatta işi o denli ileri götürdüler ki, «Güney Filmden hesap sorulmalıdır» noktasına kadar vardılar. Güney Filmden kimlerin hesap sormak istedikleri ise o kadar açık ve ortada ki... Biz, Güney Filmi, binbir renkli zorluklara karşı ayakta tutmaya çalışırken, bu arkadaşların gerici çabaları özellikle beni daha akılcı davranmaya zorladı, o kadar! Bu konuya, daha ilerde geniş yer vereceğim...

BAYRAM, başlangıçta on bir arkadaşımın hikâyesi idi. Filmi Şerif'in çekmesi sözkonusu olduktan sonra, bazı nedenlerle, altı kişinin hikâyesi ile yetinmek zorunda kaldık. Kararımızda en belirleyici olan zaman sorunu idi. Filme Ocak'ta başlamıştık. Filmin durdurulması ve yeniden başlaması arasına, bir buçuk aylık bir kayıp girmişti. Şerif Mayıs sonlarında bir filme başlamak zorundaydı ve en önemlisi, bir haftalık zaman içinde geçen bir hikâye için, mevsim farklılıkları büyük bir sakınca doğuracaktı. Bu nedenle, beş arkadaşın hikâyesini çıkarttık. İzin, bayrama denk düştüğü için, filmin adını BAYRAM koymuştuk. Biz de bir söz vardır: «Mahkûmun arifesi olur da bayramı olmaz» denir. Bayram motifleri hikâyemize oldukça etkili görünümler ve duygular kazandıracaktı. Fakat, yine zamanlama nedeni ile bayram motiflerini de kullanamadık. Bu, filmin bir boyutunu olduğu gibi yok ediyordu. Bayram izni değil de, normal bir izne dönüştürdük hikâyeyi. İçimiz yanarak. İçimiz ezilerek... Ve biz de arifeyi gördük, bayramı göremedik.

BAYRAM'da anlatılan arkadaşlar benim arkadaşlarımdır. Hepsini yakinen tanıyorum. Filmde geçen olaylar da gerçek olaylardır. Ancak, ufak tefek değişiklikler yapmak zorunda kaldım. Örneğin Seyit Ali Fırat'ın hikâyesi...

İmralı'ya ilk gittiğim günlerdi. Köyde kalıyordum. Bahçemizde kırmızı turplar vardı. Adını vermeyeceğim bir arkadaşım geldi, oturduk, giderken ona bir demet kırmızı turp verdim. Arkadaşım turplara baktı, baktı... «Valla ben bu turpları merkeze kadar götüremem» dedi. «Neden» dedim. «Bursa'*ya gitmeye hiç niyetli değilim,» dedi. Anladım ki, o günler, mahkûmların kendi yetiştirdikleri bazı şeylere bile el sürmeleri yasaktı. Bu nasıl bir korkuydu ki, insanları bu denli sarsıyordu. Oysa bu arkadaş, bildiğim kadarıyla İran-Türkiye sınırında kaçakçılık yapan biriydi. Uzun bir süre dağlarda kaçak gezmişti. Ölümü göze alarak sınırları geçen adam, şimdi, bir demet kırmızı turpu merkeze kadar götüremiyordu. İşte bu, insanın içine kadar işlemiş baskının ifadesiydi. Daha sonra uzun uzun konuştum bu arkadaşla. Bir demet kırmızı turp götürmekten korkan arkadaş benim için bir hikâye hazinesiydi. Seyit Ali Fırat'a temel olan hikâyeleri bu arkadaştan derledim.

Mehmet Salih de, adı bir başka olan bir arkadaşım. Bir izin dönüşü, izinde başından geçenleri kendisine yazdırttım. Hikâyemde, Mehmet Salih'in sonu dışında, esas olarak bu arkadaşın anlattıklarını işledim. Erden Kral'a, filme temel aldığım on bir kişiyi tek tek gösterdim, onlarla konuşturdum.

Oyuncu arkadaşlarla da canlandıracakları kişilikler üzerine konuştum; onlara kafamda tasarladığım oyun çizgisini, belli-başlı özellikleri ile, olabildiğince duyurmaya çalıştım. Nasıl bakacaklar, davranışlarını belirleyen özellikler nelerdir, duygularını biçimleyen koşullar nasıl ele alınmalıdır, oyunu kurarken nelere dikkat edilmelidir... gibi birçok konuda konuştum... bazı sahnelerdeki durumları kaba hatlarıyla oynadım da... ama bu demek değildir ki, arkadaşlar benim oyunumu taklit edip bu taklit üzerine oyunlarını kurdular. Her oyuncu kendi oyununu kendi kurar, fiziği ile oyunu arasındaki uyumu kendisi sağlar. Dıştan verilen her bilgi, öneri, yalnızca malzemedir oyuncu için. Belirleyici olan, oyuncunun kendi çalışmasıdır. Örneğin, BAYRAM'da Seyit Ali Fırat'ı canlandıran Tarık Akan ile, çekim öncesi, bu rol üzerinde uzun boylu konuştum. Düşüncelerimi, Seyit Ali'nin davranışlarına temel olacak özellikleri anlattım. Tarık, rolü üzerine düşünmüştü. Ancak, bir sahnede, oyunu nasıl kuracağı konusunda kararsızlığı vardı. Bu sahne, Seyit

---

(*) İmralı'da, disiplin suçu işleyenler, Bursa Kapalı Cezaevine gönderilir. Burada, arkadaşın «BURSA»dan söz etmesi, kapalı cezaevi anlamındadır.

Ali'nin izine çıkmadan önce, yol parası için yüzüğünü satışa çıkardığı sahneydi. Bu sahnede, nasıl bakacağı konusunda kararsızlıklar taşıyordu. Ben, Seyit Ali'yi bu sahnede nasıl gördüğümü oynayarak anlattım ona. Tarık için önemli bir noktaydı bu ve sorunun kafasında çözümlendiğini söyledi. Ancak Tarık ile çekim sonrası yaptığım konuşmada, benim tasarladığım oyundan farklı bir oyun kurduğunu anladım. O, Seyit Ali'nin benim tarafımdan çizilen oyununu sert bulduğunu, kendisi, oyunu biraz daha yumuşak bir tonda ele aldığını söyledi: «Filmi henüz görmedim, nasıl bir sonuç alındığını bilemiyorum. Ancak, düşüncem o ki, Seyit Ali'nin daha yumuşak bir tonda ele alınması, anlatmak istediklerimle çelişebilir. Yine de, bu konuda fikir yürütmenin erken olduğunu düşünüyorum. Filmi gördükten sonra konuşmak daha doğru olacaktır.»

Tarık ile film öncesi konuşma konularımızdan biri de Erden idi; Tarık'ın Erden'e kuşku ile baktığını anladım. O'na göre, Erden bu denli ağır ve deneyim isteyen bir işin altından kalkamayacaktı. Daha önce KANAL filminde beraber çalışmışlardı. O filmden edindiği izlenimler olumlu değildi. Böyle düşünen yalnızca Tarık değildi. Başka arkadaşlar da vardı. Onlar haklı çıktılar...

Daha önce de belirttiğim gibi, bir roman, bir hikâye ya da bir senaryo çalışmasını bitirişimin hemen ardından, yüreğimi, artık bir daha bir şey yazamayacağım sanısının yarattığı korkular ve yıpratıcı kaygılar doldurur. Uykularım bölünür, tedirgin ve kendime güvensiz olurum. Sanki, daha önce başarılı bulunan, milyonlarca insanı etkileyen birçok eserin yaratıcısı ben değilim, sanki onları benim dışımda, tanımadığım biri yazmıştır. Böyle zamanlarda, kendimi tükenmiş, içi boşaltılmış sanırım; sanki yaratıcı yeteneğimin pili artık bitmiştir ve bir daha iki satırı bile biraraya getirip yazamayacağım. Oysa, yeni şeyler yaratmak, yeniden ve yeniden üretmek ve yaratmak zorundayım; sürekli biçimde kendimi aşmak, kendimi yeniden üreterck yenilemek zorundayım. Çünkü yaratmak benim varlık nedenimdir; yeni bir şey üretemiyorsam, yaratamıyorsam artık yok sayılmalıyım. Yalnızca fiziki olarak varolmak, sanatsal varlığını yenileyememek bitkisel hayat yaşamak demektir. Eski başarılara güvenmek, onların yarattığı saygınlığa sığınmak benim işim değil. Eski başarıların gölgesinde kalmak, eski başarılarla yetinmek acizliğine düşmek onur kırıcı bir şey. Üstelik bir sanatçı için tükenmenin ifadesi; iflasın ifadesi benim için. Yeni ve güzel şeyler yazmalıyım; insanları özdeşleştikleri kabuklarına karşı sarsmalıyım, etkilemeliyim, onları yenileşmeye zorlamalıyım. Eski başarıların rehavetine kapılmamalıyım. Yeni bir çalışma, başarısızlıkla sonuçlansa bile, hiç yaratmamaktan, yeni bir şey üretmemekten daha iyi ve onurlandırıcıdır.

İmralı'ya geldiğim ilk günler, benim için oldukça değişik, acemisi olduğum duyguları yaşadım. Uzun bir süre –ki bu dört buçuk yıldır– kapalı cezaevlerinde kalmış olmanın verdiği yorgunluk, katılık, karşılaştığım her yeni şeyde kendini göstermekteydi. Sanki nasırlanmıştım birçok yönümle. Beni bir köye vermişlerdi. Kanımca, cezaevi yönetiminin amacı, beni mahkûmun büyük bir çoğunluğunun bulunduğu merkezden uzak tutmaktı. Onlarla ilişkimi sınırlamaktı. Çünkü, daha önce bulunduğum cezaevlerinde, mahkûmla kurduğum ilişkiler onlar için sakıncalı sonuçlar doğurmuştu.

İmralı güzel bir adaydı; Marmara denizinin kıyısında, İstanbul'a otuz iki mil uzaklıkta tamamen cezaevine ait bir adaydı. Burada, ilk dikkatimi çeken, cezaevinden çok, bir köye, küçük bir kasabaya benzeyen atmosfer oldu. Balıkçılığın yanısıra, küçük sanayi ve küçük ölçekli tarım üretimi yapılıyordu. Tarım üretimi köyler biçiminde örgütlenmişti. Her köy, üç-dört kişinin barındığı birer evden oluşuyordu ve her köyün işlemek zorunda olduğu bir toprak parçası vardı. Üretim esasına dayalı bir cezaevi oluşu nedeniyle de, buradaki mahkûmlar, gerek ruh halleri, gerekse yaşama biçimleri açısından, mahkûmdan çok gurbete çıkmış işçilere benziyorlardı. Hayata daha yakındılar. Kapalı cezaevlerinde egemen olan lümpenlik ve buna dayalı anlayış, yaşama biçimi burada egemen değildi. Ben de kendimi bir mahkûmdan çok bir emekçi gibi görüyordum. Sebze bahçelerinde çalışıyordum. Çapa yapıyordum, toprağı işliyordum ve yeni şeyler ekiyordum. Akşamları, uzun bir zamandır bedenimin yabancısı olduğu huzur verici bir yorgunlukla doluyordum. Çevre köylerden ziyaretime gelen mahkûmlar, gelirken ürettikleri şeylerden, örneğin mısır, kurutulmuş kırmızı biber, marul, mevsimlik sebzelerden getiriyorlardı bana. Bu, mutluluk veriyordu bana. Konuşma konularımızda genellikle üretimle, toprağın işlenişiyle, güncel üretim sorunlarıyla ilgiliydi. Yeni bir mahkûm tipi tanıyordum. Üretim onları eski alışkanlıklarından arındırıyordu.

İmralı, doğa güzellikleri açısından coşku verici bir yerdi. Her iki yanı çamlarla, erguvan ağaçlarıyla bezenmiş toprak yollar; baharın müjdecisi binbir renkli çiçekler, martılar ve mavi deniz. Uzaktan uzağa geçen, özgürlükleri çağrıştıran beyaz gemiler, balıkçı motorları ve leylekler. Yüreğimi coşkuyla dolduran güneşin batışı, güneşin doğuşu. Ve doğanın binbir güzelliği içeren doyumsuz kıpırtıları, değişimi... İlk günler, çalışma bitiminde deniz kıyısına iner, bıkmadan, usanmadan saatlerce taş toplardım. Binlerce renkle parıldıyan binlerce taş ve deniz kabukları toplardım ve düşünürdüm. Ah, nasıl da susamışım doğaya... adlarını ve kokularını unuttuğum otlar, kır çiçekleri; gördükçe yeniden anımsadığım ağaçlar ve kuşlar... Taş duvarlar, demir kapılar, demir parmaklıklar ve binbir tehlikeye gebe karanlık koridorlar yok artık. Kapalı cezaevlerinin insanın içini karartan o küflü duvarları, o duvarların biçimlediği karamsar, umutsuz, soluk insan yüzleri yok artık... İşte denizin serin kokularıyla, çiçek kokularıyla yüklü serin bir rüzgâr yüzümü okşuyor. Gökyüzüne bakmaya, akşamın binbir renkleriyle kızaran ve kızararak değişen, koyulaşan, akşamlaşan gökyüzüne bakmaya doyamıyorum. Sevinçten yüreğim coşkuyla doluyor, sevinç sığmıyor içime ve gözlerim yaşarıyor duygulanmaktan. Sabahları erkenden kalkıyorum, coşkuyla sabahın alacasını, güneşin doğuşunu izliyorum. Gerçekten ne denli güzel, ne denli duygulandırıcı; unutuyorum cezamı... Günden güne arınıyorum, tazeleniyorum sanki. Gökyüzüne bakıyorum, içimi dolduran çocuksu sıcaklıkla, doyumsuz bir coşkuyla bağırıyorum: «Yaşasın!» diyorum, «Yaşasın gökyüzü!», «Yaşasın deniz!» ve «Yaşasın hayat!» Erikler, bademler, kirazlar çiçeğe durmuş; beyazlarla donanmış ince, narin bir dal ve kelebekler; toprak uyanıyor. Ve içimde, günden güne filizlenen sinsi bir korku. «Beni bu güzelliklerle baş başa bırakmazlar, ben bu güzellikleri uzun bir süre yaşayamam, beni yeniden kapalı cezaevine gönderirler,» diyorum. Kapalı cezaevlerinin kaygısı, oraların insanın içini karartan koşulları bir karabasan gibi çöküyor üstüme. Oysa o dönem iktidarda bulunan CHP yönetiminin özel olarak bana yönelen bir tavrı da yok. Üstelik, bütün cezaevlerinde daha insani koşulları yaratmak için çaba harcıyorlar. Ama ben yine de kaygılanıyorum...

Kapalı cezaevlerine dönme korkusunun yanısıra, bu korkulara paralel bir başka korku da gelişiyor: Bir daha yeni bir şey yazamayacağım korkusu. Bu korkuyla uzun bir zaman birarada yaşayamam. Bu korkuyu kovmanın, yenmenin tek yolu var; yeni bir çalışmanın temellerini atmak. İster başarıyla sonuçlansın, ister başarısızlıkla. Ve DÜŞMAN bu korkuların içinde, korkulara karşı bir isyan bayrağı gibi yeşeriyor.

Her başarılı eser, yaratıcısı için bir tuzaktır aynı zamanda. Bu nedenle, SÜRÜ benzeri bir şey yazmamalıydım. Oysa izleyici, her yeni şeyi SÜRÜ ile kıyaslayacaktı. Nitekim öyle de oldu. DÜŞMAN ilk gösterildiğinde arkadaşlar SÜRÜ ile kıyasladılar onu. Olmamış, dediler... SÜRÜ şöyleydi, böyleydi, dediler. Bence, kesinlikle yanlış bir yargılama yöntemi.

Bütün çalışmalarım, aşağı-yukarı benzer bir süreç yaşar. Hikâye kendi içinde gelişir, dallanır budaklanır ve sürekli değişime uğrar. DÜŞMAN'ın ilk biçimi, ekrana gelen hikâyeye benzemeyecek denli farklıydı. Filmin kahramanı İsmail, ilk tasarımda, ikinci dereceden karakterlerden biriydi. Gelişim süreci içersinde, tasarımın temel taşları olarak ele aldığım kahramanlar birer birer silindiler ve yerlerini İsmail'e bıraktılar.

Nasıl oldu bu iş?

Tasarladığım hikâye temelinde, arkadaşlarımı belge toplamaya gönderdim Çanakkale'ye; on kadar kaset, yüzlerce resim ve sayfalar dolusu notla döndüler. Ve ben bu ara, İmralı'ya, Çanakkale-Eceabat'tan tanıdığım bazı arkadaşları çağırtıp bizzat konuştum. O kadar çok belge ve sinemalık hikâye toparlandı ki, ilk düşüncemi senaryolaştırman mümkün olmadı. İlk düşüncem temelinde film yapmaya kalkışsaydık, tahminim on saatlik bir film çıkacaktı ortaya. İsmail'in hikâyesinde karar kıldım... DÜŞMAN'da anlatılan insanlar, hâlâ Çanakkale-Eceabat'ta, başka isimler altında yaşıyorlar.

DÜŞMAN'ı da Zeki Ökten çekti. Senaryolaşma sürecini yakınen izledi. Senaryo bittiği zaman, senaryoyu oynayarak anlattım ona. Düşüncelerimi örnekler vererek açıkladım. Zeki kolektif çalışmaya inanan bir arkadaş olduğu için, benim, filmin çekimi konusunda anlattığım şeyleri hiçbir kaygıya düşmeden dinledi. Ve çekim süreci içersinde, gücü yettiği oranda anlattıklarımı geliştirmeye çalıştı.

Filmin çekimi bittikten sonra kurgu üzerine konuştuk. Filmi sessiz olarak, kaba hali ile İmralı'da izledim. Kesilmesi gereken noktalar üzerinde, kurgudaki mantık üzerinde uzun uzun konuştuk. Film uzundu, kurgu mekanikti. Kısaltmak gerekliydi. Birçok plan, gereğinden uzun tutulmuştu, birçok yerde oyun zamanlama olarak uzun oynanmıştı, sarkmıştı. Filmde tempo düşüklüğü, bir ağırlık, bir hantallık vardı. Bir süre sonra film seslendirildi; İmralı'da izledim yine. Daha önce sözünü ettiğim birçok nokta kesilmiş olmasına karşın fimde yine ağırlık vardı. Yeniden kurgu üzerine konuştuk ve yeniden kesime gidildi. Zeki filmi keserken kıyamıyordu, acıyordu emeğine. Oysa film cesur bir makasa ihtiyaç duyuyordu. Sonunda bu işi dışarda, İsviçre'de yeniden yapmak zorunda kaldık ve film iki saat altı dakikaya indirildi.

Bir senarist ve senaryoyu yazarken filmi teorik olarak çeken bir yönetmen olarak yazdıklarım ve buna dayalı olarak tasarladığım resimler, oyun, planlama ve genel atmosfer ile ekrana gelen film arasında her zaman ayrıcalık gördüm. Ve bu bence doğal bir şeydi. Yazar ile gerçekleştiren ayrı iki kişi ise, ayrılık kaçınılmazdır. Hele benim gibi senaryoyu çekim süreci içersinde daha da geliştiren, hayatın gösterdiği yolda çoğu kez senaryodan ayrılan biri için bu daha da farklı olacaktır. Zaman zaman düşündüklerime yakın şeyler de bulduğum olmuştur, fakat, esas olarak kavrayış, anlayış ve gerçekleştirme yöntemlerimizdeki farklılıklar nedeniyle, farklı sonuçlar çıkmıştır ortaya.

Diyebilirim ki, bir filmi ben çeksem, o filmde konuşma daha da az olacaktır. Birçok şeyi diyalog ile anlatma ihtiyacını duymamın nedeni, düşüncemi senaryolaştırırken kaygılara kapılmamdır. Çünkü, düşündüğümü anlatabilmek için gerekli oyun, zamanlama, planlama konularında, kuşkularım olmuştur. Bu, hem benim senaryoyu yazarken istenilen havayı yazıya dökemememden, hem de döktüğüm kadarının aktarılmasına duyduğum kaygıdan doğmaktadır. Öyle durumlar vardır ki, anlatılması, yazılması mümkün değildir; o, ancak yapılarak anlatılır, oynanarak anlatılır. Bu ve benzer nedenlerden ötürü, tasarılarım ekrana hep eksik gelmiştir, eksik gelmeye de devam edecektir...

Sinemacı yaşamınızı etkileyen, özel hayatınızın en önemli aşamaları hangileridir?

... Bir seyirci olarak sinema olayı ile karşılaşmak.

On beş yaşında bir film şirketinde, dağıtım görevlisi olarak çalışmak ve bu vesile ile sinema ile kitleler arasındaki canlı ilişkileri yakınen görmek.

1958'de ustam Atıf Yılmaz ve yazar Yaşar Kemal ile karşılaşmak ve sinema hayatına doğrudan doğruya katılmak.

Sinemacı olabilmek, sinema bilgisinin, tekniğinin yanı sıra, sosyal, kültürel, sanatsal birikimleri de gerektirir. Ancak ben, bu birikimlere tam olarak hiçbir zaman sahip olamadım. Ezilen bir ulusa mensup olmam, ezilen bir sınıfa mensup olmam, egemen sınıfların baskı, terör ve yasağı altındaki bir ideoloji ve dünya görüşüne sahip olmam yanında, belki de en avantajlı yanım, toplumsal hayatın gerçeklerini, acılarını, bizzat kendi deneylerimle yaşamış olmamdır. Bir sanatçı olarak, sürekli zor içinde bulundum ve bu zorluklara karşı savaşmasını öğrendim.

On iki yıllık cezaevi hayatım, son dönemimin en önemli olayıdır.

Cezaevinden ayrılmak ve yurtdışına çıkmak zorunda kalmam ise, bundan sonra sürecek sinema yaşamımın ilk adımıdır. Cannes, bu adımın ilk durağı oldu.

YOL'un çekimi sırasında karşılaşılan maddi, sanatsal ve siyasal zorluklardan bahsedebilir misiniz?

... YOL bir meydan okumanın sembolüdür. İçinde bulunduğum siyasi ekonomik, insani koşullara, cezaevi zorluklarına, sansüre, çevremi saran gerici-faşist kuşatmaya meydan okumanın sembolüdür.

Açık söylemek gerekirse, YOL ne kadar zorlukla karşılaşmışsa, ondan daha da çok destekle, dayanışmayla karşılaşmıştır. Parasal zorluklar, yakın arkadaşlarımın desteğiyle çözülmüştür. Çekim süreci içersindeki birçok zorluk, filmin yönetmeni Şerif Gören'den, oyuncularına, teknik elemanlarına kadar birçok arkadaşın fedakârlığı ile yenilmiştir. Çekim sırasında, sıkıyönetim komutanlıklarının, polisin çeşitli engellemeleri ve bürokratik tutumlarıyla birçok sahne çekilememiştir.

YOL, zorlukları yenen bir film olmasaydı, bugüne varamazdı. Bu nedenle, zor edebiyatı yapmak istemiyorum.

Filmlerinizden bahsedilirken sık sık Pasolini, Reisz, Vittorio De Sica, Jean Renoir'in isimleri geçiyor karşılaştırmalarda. Bu doğru mudur?

... Filmlerim, UMUT'tan bu yana, birçok yönetmenin filmiyle karşılaştırıldı. Bu, benim için güzel ve onurlandırıcı bir şey. Ancak, üzülerek söylemeliyim ki, Pasolini'nin, Reisz'in, Jean Renoir'in hiçbir filmini görmedim. Sica'nın, sadece «Bisiklet Hırsızları»nı gördüm ve hayran oldum. Keşke, mümkün olsa da, Sica'nın anlattıklarını derinleştirebilsem.

Çağımız, sanatçıların birbirlerini etkilemelerine olanak tanıyan bir çağ. Ve bence, sanatçılar, birbirlerinden etkilenmeye açık olmalıdırlar. Etkilenmekten korkmuyorum; üstelik istiyorum da. Çünkü, kişiliği olan her sanatçı, gerek hayattan, gerekse sanat çevrelerinden gelen etkilenmeleri, kendi kişiliği içinde eritir. Etkilenmeye ihtiyacımız var. Etkilenmenin sıcaklığı yaratıcıyı güçlü kılar, zenginleştirir.

On üç yaşlarındaydım. Bir Macar romanı okumuştum. Adı «Pal Sokağının Çocukları» idi. Nasıl etkilenmiştim, unutamam. Örneğin, romanın kahramanlarından terzinin oğlu «Nemeçek» hâlâ aklımdadır. Çocukların sokak kavgası, beyaz buharlar çıkartan hızar makinesi ve NEMEÇEK'in ölümü...

Siyasi görüşleriniz sinema çalışmalarınızı ne ölçüde ve nasıl belirliyor?

... İşçi sınıfının ideolojisine, bilimsel sosyalizme, Marks'a, Lenin'e inanıyorum. Ancak Marksizm bir dogma değil, hayatın, sınıf mücadelesinin devrimci kılavuzudur. Sanatın, özellikle sinema sanatının, kitlelerin sosyal kurtuluşunda, sosyal-siyasal uyanışında büyük rol oynayacağına inanıyorum. Ve benim filmlerim, ülkemde, kitlelerin uyanışına büyük katkılarda bulunmuş ve onların bilinç değişimlerine bağlı olarak kendisini de değiştirmiştir. Ben, halkımla sürekli alışveriş içinde bulunan, karşılıklı etkileşim içinde bulunan bir sanatçıyım. Ancak, şunu belirtmeliyim ki, sanatta slogana, kuru propagandaya yer yoktur.

Siyasi bakış açısı, her zaman benim için temel olmuştur. Sinemam, siyasi kavgamın bir silahıdır.

Değişik bir ortamda sürdüreceğiniz sinema çalışmalarında geleceği nasıl görüyorsunuz?

İnanıyorum ki, değişik bir kültür ve sosyal ortam, kendi zorluk ve problemlerini karşıma dikerken, aynı zamanda, bunların çözümü için gerekli olanaklarını da beraberinde getirir. Her sorunun çözümü, bizzat o sorunun içindedir. Ben de, içinde bulunduğum yeni ortamı inceleyerek, zorlukları için olanaklar yaratarak geleceğin yolunu açmaya çalışacağım. Yeni hayatın filmini yapacak duruma gelinceye kadar, eski birikimlerimi değerlendirmeye çalışacağım. Daha kısa zamanda kendimi uydurabileceğim halkların filmini çekeceğim. Önümdeki günlerin, gerek sanatsal, gerek siyasal açılardan olsun, farklı bir kültür ortamı açısından olsun, birçok zorluklara gebe olduğunu biliyorum. Ancak, iyimserim ve geleceğe güvenle bakıyorum. Başım, bedenimin üzerinde kaldığı müddetçe, karşılaşacağım zorlukları yeneceğime inanıyorum. Ama kahpe bir kurşuna yenik düşersem, kavgam bıraktığım yerde durmayacak, onu ileriye götürecek insanların elinde hedefine ulaşacaktır.

HORVATCH SZOLT
Budapeşte Radyosu 15.06.1982

Hayat, yalnızca kendi doğasından taşan müziği tanır. Bu, hayatın kendi sesidir ve doğaldır. Hayata katılmış şarkılar, rüzgâr, şehir gürültüsü, kuşlar ve yürek atışları gibi. Filme eklenen her yapma müzik, filmde anlatılan hayatın gerçekliğini bozar. **DUVAR**'*da, bazı sahnelere, subjektif anlamda müzik koydum. İyi mi yaptım, tam bilemiyorum. Ancak, ister iyi olsun ister kötü, onlar hayata atıldılar ve hayatın seslerine katıldılar; tıpkı, doğumu istenmeyen, fakat engellenemeyen çocuklar gibi...*

Sanatçı ve Sanatçı Sorumluluğu

– Gerek Altın Palmiye gerek bugüne kadar aldığım ödüller, benim için birer sonuçtur. Bütün sorun bu sonucu yaratacak çalışmanın varlığıdır. Bu sonucu yaratacak kararlılığın, araştırmanın, inancın varlığıdır. Bu anlamda Altın Palmiye bir sonuç olarak hayatımda birtakım olumlu gelişmelere yol açmıştır. Bundan sonra da açacaktır. Ancak bunun benim sanat hayatımda, yaratıcılığım üzerinde belki sorumluluğumu artırması açısından bir önemi vardır. Yoksa ben Altın Palmiye almış olsam da olmasam da, sorumluluğunu duyduğum bir yığın gözlemi aktarmaya devam edecektim.

– İşte bu sorumluluğu öğrenmek istiyordum. Çünkü bir yerde seni sıkıştırmıyor mu, bir yöne doğru itmiyor mu? Çünkü arkanda oldukça önemli kariyerin var. Bugün dahi bir şeyler ispat etmek zorunda olmak seni sıkmayacak mı?

– İspat etmek derken şu anlaşılıyorsa yani ben dünya kamuoyuna, beni bugüne kadar izleyen insanlara; bakın ben sinemacıyım, sinemacılığımı ispatlamam diye bir kaygım yok, yazarlığımı da ispatlama diye bir kaygım yok. Böyle bir kaygı duymuyorum. Ancak kendimi aşmak gerektiği doğrultusunda belli sorumluluklarım var. Kendime karşı sorumluyum, bir sanatçı olarak kendimi aşmalıyım. Bunun dışında bir başkasını aşmak, başka biriyle yarışmak, bir başkasından da daha iyi film yapmak diye bir sorunum yok. İkincisi; sorumluluğum içinden geldiğim topluma oradaki insanlara karşı bir sorumluluktur. O da çeşitli acıları yaşayan halkımın bir tanığı olarak, o acıların bir tanığı olarak, halkın geçmişte ve bugün yaşadığı sonuçlara kayıtsız kalamayan bir insan olarak ve bugün bir yığın insanın cezaevlerinde ve çeşitli nitelikteki baskılar altında kaldığı bir dönemde onların durumunu gündeme getirecek bir şeyleri yapmak anlamında sorumluluğum var. Üçüncüsü; daha UMUT'tan bu yana bana umutla bakan, iyi niyetle bakan, «Bu adamda bir şeyler var diyen», -ki çok büyük yardımlarını gördüm.- UMUT sırasında Fransız basınında Martin'den tut da; Marcorel'e kadar birçok insana borcum var. Daha sonra SÜRÜ'de olsun DÜŞMAN'da olsun YOL'da olsun esas kritik anlarda «Bir şeyler yapıyor bu adam» diyenlere, onların duyduğu umuda, onların beslediği duyguya karşı saygım ve sorumluluğum var. Bunun dışında dünya seyircisine karşı özellikle YOL'la benimle bağ kuran seyirciye karşı bir sorumluluğum var. Bu sorumluluğu duyarken şöyle düşünmüyorum: İşte böyle film yaparsam tutar, böyle böyle yaparsam şu olur diye bir hesap yapmıyorum. Kendimi mümkün olduğu kadar arındırmaya, kendimi sinemacı duygumla yapacağım şey karşısında çıplak tutmaya çalışıyorum. Yani asıl fırtına benim içimde. Asıl sorumlulukların odağı, sorumlulukların çarpıştığı odak benim içimde. Ben o fırtınayı yaşıyorum hâlâ.

– Türk tabiyetinden çıkartılmam sadece buna bağlı bir olay değil. Esas olarak Türkiye'de yürüttüğüm mücadele ve ülkemden ayrılmak zorunda kalışım bunun esas etkeni. Bu anlamda Altın Palmiye'ye ödenen ücret, onun faturası mücadelenin bizzat kendisidir. Yani sinemacı olarak hayata atıldığım günden bu yana iyi, namuslu şeyler yapmak için gösterdiğim direnişin bir sonucudur – ki bu ücret değil bir ödül bence. Bu anlamda bu ödül benim için bir yanıyla da olumsuz yanları barındırıyor. Çünkü gerçekten Cannes dünyadaki en büyük sinema ödülü. Bu beraberinde şımarmayı getirebilirdi, bu beraberinde megolamani; büyüklük hastalığının belli verilerini getirebilirdi ve en azından kendi kendine «Ben sinemacıyım, ben bunları yaptım ya» gibi bir yetinme duygusunu getirebilirdi. Benim için en büyük tehlike bu idi ki hayatımda en çok çarpıştığım şeylerden biridir bu: Kendini önemsemeye karşı çarpışmak. Yaptığın iş önemliyse sen zaten önemlisin. Yani bu anlamda yaptığım işi önemsiyorum.

Cannes ile ilgili olarak ve bundan sonra yaptığım DUVAR'la da ilgili olarak. Ancak kendimi hiç önemsemiyorum. Ve daha önce de söylediğim gibi DUVAR'ı yaptım. Ancak şimdi DUVAR bana yabancılaştı, benim dışıma çıktı. Ben DUVAR'a baktığım zaman DUVAR'ı ben mi yaptım diye de düşünüyorum, bunu ben mi çektim diye de düşünüyorum. Benim dışımda bir şey gibi artık.

Bir İspanyol gazeteci ile mülakat'tan.

Sinema ve Ticari Yönü

– YOL'a iki açıdan bakıyorum.

Birinci olarak, ticari açıdan. Bugün dünya sineması ölçüleri içerisinde gerçekten gittiği her yerde çok iyi iş yapan filmlerden biri. Ancak beni asıl ilgilendiren şey bunun bir sonuç olduğudur. Yani YOL'un ilgi görmesi bir sonuçtur. Yani sanatsal, estetik açıdan getirilen doğru bir eser sonuç itibarıyla kitlelerin ilgisini topluyor. Örneğin YOL'a sıradan her insan gitmiyor. Burada beni düşündüren şey şu: Büyük paralarla, büyük tekniklerle birtakım oyunlar yapılarak ortaya çıkartılan kimi filmlerle YOL'u yanyana koyduğun zaman esas olarak dünyada sinema seyircisinin büyük bir çoğunluğunun iyiye yatkın olduğu, iyiye sahip çıktığı gerçeği ortaya çıkıyor. Bütün büyük prodüktörler aşağı yukarı şöyle düşünürler: Şu şu hesapları yaparsak film tutar. Gerçekten tutuyor. Ancak buna rağmen şu gerçeği görmüyorlar: Halkın içindeki saklı duyguları. Onun içindeki bu duygulara cevap verildiği zaman böyle yapılmış bir film o hesap yapılan filmden çok daha büyük iş yapar.

YOL'un yaptığı gişe beni esas olarak şu açıdan ilgilendiriyor. Gişe demek insan demek. Yani insan sayısı demek. Beni bu ilgilendiriyor. Çünkü öbür türlü, maddi olarak, bize gelecek pek bir şey yok.

Belki ikisini birbirinden ayırmıyorum. Mümkün olsa, dünyanın en iyi işini yapan filmini yapabilsem. Çünkü filmin gişesi demek çok insanın görmesi demek. Yaptığım filmi çok insan görüyor. Bu ilişki bir yığın yapımcıya Yılmaz Güney'le film yapmayı düşündürtecek. Ancak burada bir tuzak da saklı. Örneğin çok güçlü bir prodüktör birtakım taleplerle önümüze gelir. Film yapalım ama şu şartlarla diye. Burada benim özgürlüğümün satın alınması tehlikesi bile vardır.

– («Sizin gibi devrim idealine bağlılığını apaçık ilan eden birine prodüktörler film yapması için para verirler mi» mealindeki bir soru üzerine.)

«Kapitalistler kendilerini asacakları ipi bile satarlar» der Lenin. Büyük para kazanacağını kesin bilsin parayı verir ve şöyle düşünür; nasıl olsa filmle devrim olamayacağına göre...

– YOL bundan sonra yapacağım filmlere bir kapı araladı. Gerek izleyicilerin daha kolaylıkla filmimize girebilmesi gerekse daha rahat dağıtım olanaklarının bulunması açısından. Bu konuda çok büyük bir rahatlık getirdi, olanak getirdi. Ancak bu bizim sorumluluğumuzun özünü değiştirmez. Bu sorumluluğu eskiden olduğu gibi şimdi de duyuyorum. Ayrıca daha ciddi olmamız, meselenin üzerine daha sorumlu bir biçimde eğilmemiz, bugüne kadar bize gösterilen ilgiyi boşa çıkartmamamız gerekiyor. Yani bize gösterilen ilgiye gerçekten layık olmak gerek. Bunun için de mutlaka güçlü, gösteriye kaçmadan, hiçbir zaman sinema oyununa düşmeden, insani yanları her zaman koruyan ve biraz önce ifade ettiğim düşüncelerden, yani o sarsma yanımızdan da kopmadan. Çünkü filmimizi beğenen her insana tek tek teşekkür etme olanağımız yok. Bu nedenle bizim teşekkürümüzü filmler gösterecektir.

– Hiçbir zaman salt para olarak düşünmüyorum. Parayı film yapabilecek bir malzeme olarak düşünüyorum.

– Özellikle Kültür Bakanlığının bu filme yaptığı katkı, sadece maddi olarak ele alınmamalı. Bugün özellikle Fransa'nın sanata karşı gösterdiği eğilimin ifadesi olarak da değerlendirilmeli. Bu yardımı ben maddi yanının ötesinde çok büyük anlamlarla yüklü buluyorum.

– Aynı zamanda politik olarak oldukça büyük bir jest. Değil mi?

– Elbette çok önemli bir şey. Örnek tavır. Her şey sonucu tarafından belirlenecek. Çünkü böyle bir yardıma, böyle bir katkıya bir yığın insan tepkiyle bakmış olabilir. Böyle tepkiler olabilir. Yani şu anlamda, «siyasi niteliğinden dolayı bazı adamlara yardım edildi» denilebilir. Ancak burada belirleyici olan sadece siyasi nitelik değil, sanatsal yan aynı zamanda. Ama filmin sonucunda, film şunu söyleyecektir: Evet, böyle filmlere yardım edilmelidir.

Bir İspanyol gazeteci ile mülakat'tan

Sinema Ekolü, Teknik Sorunu ve Etkilenmeler

– Sinema gerçeklerden hareket eden bir sinema. Hangi sinema akımını yahut hangi yönetmeni kendine yakın görüyorsun?

– Benim gıdamı bugüne kadar seyrettiğim bütün sinema eserleri olarak adlandırabiliriz. Yani ben bir yönetmen olarak sinemayı belli bir okulda öğrenmedim. Sinemayı hayattan ve film seyrederek öğrendim. Yani benim sinemamla kesinkes bağlantı kurabileceğim bir akım ve bir yönetmen söyleyemem. Ancak benzerlikleri olan insanlar vardır. Yani Üçüncü Dünya Ülkelerinin yönetmenleri ile benim filmlerim birbirine benzeyebilirler. Toplumsal koşullardan, kültür yakınlığından dolayı bir benzerliktir bu.

– Bugüne kadar geldiğim sinema çizgisini biraz daha ileriye götürmek zorundayım. Sinemamın ve sanatımın değil de kişiliğimin ön plana çıkarılmasından dolayı önüme çıkarılan duvarı aşmak zorundayım. Çünkü ben bir sanatçıyım. Sanatımın özel hayatımın gölgesinde kalmasını istemiyorum. Bu duvarı aşmak zorundayım. Çeşitli nedenlerle çalışmamın önüne dikilebilecek engelleri aşmak zorundayım.

– Sanıyorum bu yılın sonunda ya da öbür yılın başında çekimine başlayacağım. Konusunu açıklamak istemiyorum. Ancak tamamen şiire dayalı, hayatın şiirine dayalı bir film yapacağımı söyleyebilirim.

– Tepkinin özünde benim siyasi niteliğim yatıyor. Ben Marksist olmaya çalışan bir insanım. Ülkemde gerçekten bir devrim savaşı veriyorum. Devrimciler sadece benim ülkemde değil, dünyanın her tarafında belli zorluklarla karşı karşıyadırlar. Ve biz bunun bilincindeyiz. Yola çıkarken böyle çıkıyoruz. Avrupa'da ben şunu düşünebilirdim. İşte Avrupalılar şu, şu, şu konularda hassastır, ben düşüncelerimi saklamalıyım. Ben gerçekten düşüncelerimi saklayacak idiysem neden yıllarca hapishanelerde kaldım? Neden ülkemi terk ettim? Neden Türkiye'de bir yığın imkânı bir kenara atıp mücadeleyi seçtim. Ben o zorluklara karşı düşüncelerimi savundum da Avrupa'da düşüncelerimi söyleyemeyecek miyim? Bu savaş burada da sürüyor.

– Yüzeyselliğini görebilmişsindir herhalde. Çünkü Avrupa ülkeleri bir moda sistemiyle çalışıyor. Yani her şeyin bir vakti, bir zamanı, modası var. Kanımca bu, konforlu evlerinde oturan Avrupalı'ların aslında bir boşluk yaşadığını gösteriyor değil mi?

– Bu kadar kişisel şeye girmek istemiyorum. Ben daha çok meseleyi siyasi açıdan ele alıyorum. Avrupalı kendisini hâlâ ötekilerden üstün olarak görüyor. Yani genel anlayış itibarı ile «Efendi» o. Her şey de kendisi işbölümünü, sosyal, siyasal, kültürel hayatta işbölümünü yapacak ve eğer onun kuralları içindeysen seni buyur edecek, kuralları dışındaysan sana kapıyı kapatacak. Bu anlamda bunun siyasi bir özü vardır. Ancak bunu tanımamak lazım. Bunu tanımak demek kendi ülkemdeki mücadele açısından zararlıdır, yararı yoktur.

– Türkiye'dekilere nazaran çok daha geniş imkânlarla çalışıyorsun. Işık, kamera bakımından. Bunlar gözlerini kamaştırmıyor mu?

– Şimdi çalıştığım kamera Türkiye'de çalıştığım kameradan pek farklı değil. Zaman zaman memesi aşağıya sarkan bir kamera. Işık konusunda da pek öyle farklı bir şey yok. Yani şu an çalıştığım teknik Türkiye'deki teknikten pek üstün bir teknik değil. Çok daha büyük teknik olanaklarla çalışmak mümkün olabilirdi belki. Ancak anlatacağım konu ile teknik birbirine bağımlı iki şey. Zaman zaman kameraya gereğinden çok hareket vermemek için özel bir gayret sarf ettik. Çünkü bir filmin biçimini belirleyecek şey onun özü. Eğer ben bu filmde gerçekten çok üstün teknik imkânlar falan kullansaydım izleyicinin, seyircinin dikkati tekniğe kayardı, gösteriye kayardı. Bu ise filmin içeriğiyle ters düşerdi. Bir örnek vereyim: Bir köy filmi yapıyorsun, köyü anlatıyorsun, köyde, görünen araçlar, izleyicinin gördüğü araçlar ile senin sinema açısından kullandığın teknik eğer birbirini yadsıyacak şeylerse orada bir sahtelik ortaya çıkar. Bu nedenle bu filmde de mümkün olduğu kadar gösteriye kaçmayan mizansen, hatta zaman zaman doğallığı yakalamak için düzlükler var, yani insanda bayağı iyi bir teknikle çalışmışlar duygusu olmayacak bir çalışma.

– Hollywood imkânlarıyla film yapmayı düşlüyorum dediniz mi?

– Eğer Hollywood imkânlarının kullanılabileceği bir hikâye olursa, mesela diyelim ki Amerika'da film çekiyorsan, Amerika'da kullanırsın onu. Ancak ben Türkiye'yi anlatırken sadeliği seçiyorum.

– Kendini Batı Avrupalı, bilhassa İtalyan sinemacılarının

neslinden sayıyor musun? İtalyan sinemacıları derken yani soğuk şeyler değil de yürekten birtakım şeyler yapan sinemacılar kastediliyor. Yoksa kendin için bir başka tanımlaman var mı sinema stili olarak?

– Ben şimdiye kadar şöyle bir şey yapmadım kendi adıma. «Ben, işte İtalyan sinemacılarına benzerim. Ya da falan ülkenin sinemacılarına benzerim,» diye bir tanımlama yapmadım. Düşünmedim daha doğrusu.

– Daha çok Amerikan sinemasından mı etkilendin, Avrupa, İtalyan sinemasından mı etkilendin?

– Çeşitli defalar söylediğim gibi etkilenmeye çok açık bir adamım. Ve bugüne kadar gördüğüm birçok şeyden etkilendiğimi söyleyebilirim. Hatta etkilendiklerimin arasında belki sinemasal değeri açısından çok kötü filmler de vardı. Fakat o filmlerin içerisinde anlatılan öyle insani yanlarla karşılaşmış olabilirim ki, onlar beni gerçekten sarsmış gerçekten etkilemiş olabilir. Mesela Sterling Hayden diye bir Amerikalı oyuncu vardı. Onun «Elmas Kaçakçıları» diye bir filminde küçük bir bitirim hayal kurar: Günün birinde banka falan soyacak, atlar, çiftlikler falan alacaktır. Bunları hayal eden küçük, aslında o şehrin artığı bir insan. Ve bu kişi barda çalışan bir kadınla ilişki kurar. Ve bir ayrılık sahnesinde o kadın boyalı yüzü, takma kirpikleri ile görünür. Gözünden yaşlar akarken boyaları falan da akar. Bu beni çok etkilemiş bir sahneydi. Mesela o adamın, çiftlik hayal eden adamın giderken; yine o çiftliğe giderkenki duygusu. Belki sıradan bir gangster filmiydi. Bilemiyorum. Belki de iyi bir filmdi. Ama beni etkilemiş bir filmdi. Gördüğüm bir yığın Arap filmi vardı mesela. Onların içinde öyle şeyler vardı ki belki iyi anlatılmamıştır ama sen ona baktığın zaman o insani tadı alabiliyorsun. Aynı şey İtalyan filmleri için geçerli. Mesela Amedeo Nazzari'nin filmleri. Bir zamanlar çok ünlüydü Nazzari'nin filmleri. Onun filmleri bizi etkiliyordu. Daha sonra işte Visconti'yi, Antonsoni'yi tanıdık, Rossi'yi tanıdık. Sicilyalı Juliano belki Rossi'nin en iyi filmlerinden biri değildir. Ama bizi etkileyen filmlerinden biridir. Yani bizde var olan değişme İngiliz, Brezilya filmleri de dahil birtakım yönetmenlerden belli şeyler almıştır. Yalnız şunu söylemekte yarar var. Bir Kazan'ın Zapata'sının bizi etkilemesiyle bir Sica'nın Bisiklet Hırsızları'nın etkilemesi, Juliana'nın bizi etkilemesine baktığımızda bu filmlerin birtakım ortak noktalar taşıdığını görüyoruz. Örneğin buradan bizi esas olarak halk kitlelerini anlatan filmlerin etkilediği ortaya çıkıyor. Neden beni bir Fred Astaire'in müzikal filmi etkilemedi? Neden aklımda kalmadı? İş hesaplarına bağlı, Happy End'li Amerikan filmleri aklımda kalmamış da neden bir James Gagney'in filmi, neden Humphrey Bogart beni etkilemiş, neden George Raft, neden Jack Palance? Bakıyorsun insan tiplerine bütün bunların ortak olarak gelip birleştiği bir nokta var. Onlar ve isyan filmleri beni etkilemiş. Bakıyorsun belli noktalarda şiir tadı olan filmler beni etkilemiş. Ortak noktalarını bulduğun zaman beni etkileyen filmlerin içerisinde şiiri, isyanın insaniliğini görebiliyorsun. Bazı filmler var erotik yanı ağır basmıştır. Brigitte Bardot beni etkilememiştir. Ben Brigitte Bardot'lu bir yığın film de gördüm. Bende hiçbir etki uyandırmadı. Alain Delon'un filmleri de öyle. Bir Troçki'nin öldürülüşünde belli şeyler vardı. Onun dışındakiler biz etkilememiştir. Ama öğrendiğimiz şeyler vardır. Belmando'nun filmlerine gelince Belmando bir yığın film yaptı. Ama bir Pietro Cermi ile yaptığı film, Claudia Cardinalle ile yaptığı film beni etkilemiştir.

– Diğerlerinin üstünde tuttuğu yönetmen var mı?

– Şunu özellikle belirteyim. Her yönetmen kendi yaşadığı hayatın bir bölümünü anlatıyor. Kendi duygularını, kendi deneyimlerini anlatıyor. Bu nedenle yönetmenler arasında şu ya da bu tercihi yapmak bence hayata tek açıdan bakmak demektir. Yani sanatçılar aslında teker teker bir bütünü işleyen, teker teker bir mozaiği yapan insanlar. Yani hayatı çeşitli açılardan anlatıyorlar. Örneğin benim yaptığım bir şeyi başka bir rejisörün yapması mümkün değil. Bir başka rejisörün duyduğu duyguları da benim anlatmam mümkün değil. Çünkü farklı ortamlarda farklı duygu birikimleri içinde oluşmuş insanlarız. Bu nedenle şu rejisör, bu rejisör ya da şu oyuncu, bu oyuncu tercihi yapmak bence doğru değil. Çünkü sanatçılar ne yarış atıdır ne de vitrinde o an içinde bulunduğu gerekliliğe göre seçilecek şeylerdir. Yani nasıl olur da bir Osman Semene'yi bir

Yusuf Şahin'le bir Elia Kazan'ı bir Solanas ile nasıl karşılaştırırım? Bir Fritz Lang'ı bugün yaşadığımız ortamı ele alan bir Visconti ile nasıl karşılaştırabilirim? Bunlar çok farklı dünyaları anlatan insanlar, çok farklı şeyler anlatan insanlar. Bu nedenle böyle bir seçiş bence sağlıklı bir seçiş olmaz.

– ... her filmin bir öğretmen yanı vardır. Bu yan yakalandığı zaman sanatçı kendisini genel sürecin içinde bir damla, bir nokta olarak görür ve kendisini megolamani hastalığına düşmekten korur. Ama bunun yanında her sanatçının «mutlaka iyi bir şey yapacağım» iddiasına sahip olması lazım. Bu megolamaniden ayrı bir şey.

– ... Herhangi bir yönetmenden daha iyi film yapamam. Ancak kendimden daha iyi film yapabilirim. Ben bir başkasını geçemem. Ancak kendimi geçebilirim.

Bir İspanyol gazeteci ile mülakat'tan

– Kendinizi kırsal kesimin bir insanı olarak mı görüyorsunuz? Bugünkü Türkiye sizce hâlâ bir göçebeler ve mevsimlik işçiler ülkesi midir?

Türkiye'nin, toplumsal ve ekonomik yapısını doğru kavramadan, Türkiye'de yapılan siyasal, sanatsal ve kültürel etkinliklerin özünü kavramak mümkün değildir. Bugün, Türkiye'de siyasal ve toplumsal çelişmelerin çözümü için mücadele verenler arasında var olan farklı değerlendirmeler, öz itibariyle mücadele hedeflerinin farklı kavranışlarının yanı sıra, bu noktadan da kaynaklanmaktadır. Türkiye, emperyalizme bağımlı kapitalist üretim ilişkilerinin hızla geliştiği, aynı zamanda, feodal kalıntıları bağrında taşıyan, yarı-sömürge bir ülkedir. Benim bilincimi ve konumumu belirleyen temel etken, ülkemin içinde bulunduğu sınıfsal yapı ve buna bağlı olan sınıfsal tutumumdur. Ben köylü kökenli olmakla birlikte, işçi sınıfının dünya görüşünü benimsemiş ve kendisini bu doğrultuda eğitmeye ve biçimlemeye çalışan bir aydın, bir sanatçıyım... Köylülüğün ve diğer emekçi kitlelerin kurtuluşu ancak, işçi sınıfının kurtuluşu, yani işçi sınıfının siyasal iktidarı ele geçirmesi ve kendi diktatörlüğünü kurması ile mümkün olacaktır. Bana yol gösteren ilkeler, kaynağını bu dünya görüşünden alır.

Beni tek başına kırsal kesimin temsilcisi olarak ele almak doğru bir değerlendirme olmaz. Ben, emekçi kitleler yanında saf tutan ve sanatını onların geleceği doğrultusunda kullanmaya çalışan bir sanat adamıyım. Pratiğimiz, sanat ürünlerimiz değerimizi belirleyecek tek ölçüttür.

Ben, bütün dünya işçilerinin, köylülerinin ve ezilen halklarının çıkarlarının birliğine ve mücadelelerinin ortaklığına inanıyorum.

Bütün dünyanın işçileri ve ezilen halkları birleşmelidir. Bu nedenle, özellikle çok yakınen tanıdığım insanları, yani göçerleri, köylüleri, kaçakçıları, yasadışına itilmiş insanları anlatmış olmam, yalnız başına kırsal kesimin temsilcisi olmam anlamına gelmez.

Bugüne kadar, filmlerim genellikle çöküşü konu edindi... UMUT, gelişen kapitalizmin çökerttiği bir arabacı esnaf ailesini anlatır. Köylü kökenli arabacı, arabasını kaybetmeye mahkûmdur. Çünkü araba ortadan kalkmaktadır.

ARKADAŞ, çürüyen burjuvazinin ahlaki çöküntüsünü anlatırken, gelişeni de beraberinde verir...

ENDİŞE, mevsimlik tarım işçiliği yapan köylüleri anlatır... topraktan kopuş, yarı-proleter bir nitelik kazanma... AĞIT, yasadışına itilmiş, kaçakçılığa itilmiş yoksul köylüleri anlatır... Lümpenleşme, çökme, çözülme... SÜRÜ, feodal kalıntıların çöküşünü ele alır.

Niçin bu şiddet? Şiddetin şiddet doğurduğu kanısında mısınız?

Öncelikle, şiddetin şiddet doğurduğu kanısında olup olmadığıma cevap vermek isterim. Doğrudur. Şiddet, her zaman şiddeti doğurur.

Ancak... Şiddetin sınıfsal kökeni ve tarihi araştırılmadan bu soru cevaplanamaz. Konumuz sınıfsal şiddettir. Sınıfsal şiddet, sınıfların ortaya çıkmasıyla birlikte değil, bir sınıfın egemen sınıf haline gelmesi ve devletin ortaya çıkmasıyla tarih sahnesine çıkmıştır. Köleci toplumları düşünelim: köleci devlet, köle sahiplerinin devletidir ve doğaldır ki, köle sahiplerinin şiddeti köleler üzerinde kendini göstermektedir. Öte yandan Spartaküs'ün, önderlik ettiği köle isyanı da, kölelerin şiddetini ifade eder. Şöyle denilebilir mi? Spartaküs'çüler isyan ettiler, şiddet kullandılar. Bundan dolayı da köle sahipleri şiddet kullanmak zorunda kaldılar. Oysa anlamak gereklidir ki, köle sahiplerinin şiddetine karşı, köleler şiddete, yani isyana başvurmak zorunda kalıyorlar... Burada şiddeti zorunlu kılan köleler değil, köle sahipleridir. Şurası günümüzde de doğrudur: kölelerin isyanı köle sahiplerinin, emekçi kitlelerin ve ezilen halkların isyanı burjuvazinin şiddetinin artmasına neden olmuştur. Ama burada yeni doğan bir şiddet değil, daha önce var olandan daha yoğun bir şiddet vardır. Dolayısıyla şiddetin kaynağı burjuvazidir, emperyalizmdir, sömürgeciliktir, ilhakçılıktır, işgalciliktir.

Şimdi, sözünü ettiğiniz noktalara gelelim.

Benim filmlerimde şiddet gösterisi yoktur, hayatın içinde var olan, ülkemde birçok insanın kanıksadığı şiddet olaylarının yansımaları vardır. Örneğin kan davası, feodal karakterli bir şiddettir. Binlerce insan bu nedenle cezaevlerinde yatmaktadır, binlerce insan ölmüştür. Faşistlerin sürdürdüğü şiddet, ev basmalar, otobüs kaçırmalar, gelişigüzel topluluklara ateş, hayatımızın olağan parçaları haline gelmiştir. Faşist çetelerin cinayet işlemedikleri gün yoktur. Filmimiz SÜRÜ, güncel Türkiye'nin bir kesitini anlatırken günlük hayatımıza girmiş şiddete dokunmadan geçemezdi... ARKADAŞ'ta görülen tanklara gelince, bu, Kıbrıs olayları sırasında çekilen bir filmdir; o günler, tanklar, savaşa giden askerler, savaş haberleri o günlerin Türkiye'sinin bir resmidir. Ben, genel ile özeli birbirine bağlı olarak ele alıyorum. Filmlerime konu ettiğim olaylar dizisi içinde görülen şiddet, hayatın kendi içinde taşıdığı şiddetin yansımasıdır.

Açıktır ki günümüz dünyasının kadını kölelikten henüz kurtulamamıştır. Türkiye ve benzeri yarı-sömürge ülkelerde kadının köleliği daha açık biçimiyle ortada iken, emperyalist ve kapitalist ülkelerde kadın, kendini ve işgücünü satma özgürlüğüne kavuşmuştur. Bu, kadının özgürlüğü değildir. Kadının özgürlüğü, gerçek anlamıyla, sınıfsal baskıdan kurtulmasıyla, üretim araçlarının gelişmesi sonucu, kadın-erkek arasındaki işbölümü farklarının kalkmasıyla mümkün olacaktır. Kapitalist toplumda kadın bir maldır. Batıda, yani emperyalist kapitalist ülkelerde kadının özgürlüğe kavuştuğu söylenir. Bu bir aldatmacadır. Kadın özgürlüğü, kadının erkeklerce kullanılması, kadınların değişimi, kendi ellerinde olan bir şey değildir. İşlevinin değişimi...

Her insan, yaptığı iş kadar değerlidir. Gerek Türkiye'de, gerekse bütün dünyada kadınların durumunu belirleyen de işleridir.

Oldukça genel DUVAR'la ilgili. Türkiye'de yönetebildiğin filmlere göre oldukça değişik; hem yabancı bir ülkedesin, hem kullanılan olanaklar değişik. Türkiye'ye nazaran çok daha geniş olanaklarla iş yaptın. Bundan aldığın sonuçlar nedir? Yani hem DUVAR'ın yaratılış hikâyesi hem de senin bundan çıkardığın dersler nedir?

– Teknik olarak Türkiye'de çalıştığım zaman elimde olan imkânlardan çok farklı imkânlar yoktu. Şu anlamda yoktu; çok basit araçlarla çalıştım. Kamera, ışık ve şaryo. Bunlar bütün dünyada biraz farklı ama temel araçlardır. Bunun dışında gerçekten bugün sinema dünyasında kullanılan daha ileri araçlarla çalışmadım. Öyle araçlarım yoktu. Çok basit araçlarla çalıştım. Yine teknik ekip olarak ışıkçılar normal, Türkiye'de de usta ışıkçılar var. Bu anlamda da ekip olarak çok üst düzeyde bir ekiple çalışmadım. Yani şu anlamda söylüyorum. Türkiye'de de gerçekten iyi ışıkçılar var, iyi set amirleri var.

Finansman meselesine gelince. Bunun da Türkiye'deki imkânlara göre çok üst düzeyde olduğuna inanmıyorum. Şu anlamda, aynı şey belki Türkiye'de daha ucuza yapılabilirdi. Orada ona göre para harcardım. Burada harcanan paranın büyüklüğü, emeğin yüksek ücretli olmasından dolayı. Çok iyi imkânlarla çalıştığımı söyleyemem. Birinci nokta bu; ben kendimi çok iyi imkânlarla karşı karşıya gelmiş bir yönetmen olarak görmedim. DUVAR'ın maliyeti çok yüksek değil. Az da değil, orta derecede. Ancak şunu söyleyeyim. Biz gerek kendi imkânlarımızı tutumlu kullandığımızdan, gerekse filme katılan arkadaşların sorunu bir ticari olay değil, bir siyasi olay olarak görmelerinden dolayı, birtakım meseleleri hiçbir Fransız prodüktörünün yapamayacağı kadar daha kolay, daha ucuza hallettik. Bunu açıklayacak bir tek nedeni var: Arkadaşlar meseleye siyasi bir mesele olarak yaklaştılar. Ve fedakârlık gösterdiler. Çünkü arkadaşlar esas olarak siyasi niteliği olan kişilerdi. Filme asıldıkları zaman ne gece durdular ne gündüz durdular. Yaşama şartlarının iyi mi kötü mü olduğunu düşünmediler. Amaçları mesai saati hesabı yapmadan işi bitirmekti. Bu konuda gösterilen gayret olağanüstü bir şeydir. Ve bunu da ancak biz yapabilirdik. Parayla yapılabilecek bir şey değildi. Yani bizim buradaki büyüklüğümüzden söz edilecekse, bizim bunu para karşılığı yapmadığımız, esas olarak siyasi inançtan dolayı yaptığımız açık bir şekilde belirtilmelidir.

– Fransız ekibi gerçekten kendi alışkanlıklarını aşmak için ilk günden beri çaba gösterdi. Özellikle filmin son haftalarına girdiğimiz zamanda da aynı fedakârlıkla, gayret göstererek çalıştılar. Bunu şöyle yorumluyorum: O arkadaşlar da filmi sevmişlerdi. Çevrede koşturan insanlarla aynı duyguları paylaşma yönünde bir eğilimleri vardı. Esas itibarıyla şunu söyleyebilirim. Başlangıçta bazı sorunlar olmuştur. Örneğin çalışma saatleri meselesinden dolayı sürtüşmeler olmuştur ki bu da normaldir. Çalışan insanların mutlaka belli hakları vardır. Onları korumak zorundadırlar. Bu konuda herhangi bir şey söylemiyorum. Ancak daha sonra gösterdikleri gayret her zaman olumlu bir şekilde hatırlanacak bir gayrettir.

Biraz evvelki cevabınızı tekrar hatırlatayım. Yani para karşılığı yapılmayacak şeyleri yaptı onlar, dediniz. Ama parayla daha çok şey yapılabilirdi.

Sadece para meselesi değil. Birincisi şu: oyuncular açısından söylüyorum; ben birtakım oyunculara, o insanları oynatmakta zorluk çekerdim. Şunun için; özellikle çocukları seçerken bu çocukların özel hayatlarına çok dikkat ettim. Onların özel hayatları ile benim anlattığım insanların hayatı arasındaki uyum ve benzerlik benim için önemliydi. Ayrıca ben gerçekten farklı bir yöntemle çalışmalıydım. Eğer gerçekten profesyonel insanlarla çalışmış olsaydım ve meseleyi profesyonellik açısından ele almış olsaydım ben onların koşullanmışlıklarını kırardım. Mutlaka kırardım fakat çok daha uzun zamanda. Bu durumda benim elimde koşullanmış malzeme olacaktı ve ben o koşullanmış malzeme ile film yapacaktım. Birincisi bu. İkincisi gerçekten profesyonel ve gerçekten yüzü bilinen birtakım insanlar benim filmimde oynadığı zaman bir başka şey hatırlatacaklardı. Aa, bu falan roldeki adam, bu bilmem kim gibi. Fakat şimdi genel olarak sinemaya yepyeni insan yüzleri çıkıyor. Yepyeni insanlarla karşılaşılıyor. Bu ise gerçeklik duygusunu artıran bir unsur.

Gerçekten profesyonel bir dekorcu grubu ile anlaşmış olsaydım; ben bu filmin sahnesini hâlâ kuramamış olurdum. Çünkü sadece filmin duvarları için bana verilen tarih o kadar geç bir tarihti ki. Oysa duvarın inşası için ben hakiki malzeme kullandım. Ekibime güvendim. Dekor bitmeden filme başladım. Halbuki öbür türlü bütün bir kış bitecekti, ben ondan sonra filme başlayacaktım. O günün koşullarında bekleyemezdim.

– Yine burada şu noktaya değinmek istiyorum. Filmin yapımında alışkanlığı bozan ve başkaları için başlangıçta tehlikeli gelebilecek bir noktayı belirtmek lazım. Elimizde sağlıklı, profesyonellerin alıştığı türden bir program olmadı. Ayrıca işe giriştiğimiz zaman elimde kesin bir senaryo da yoktu. Burada onları inandıran, belki benim tecrübeli biri oluşum.

Daha sonra yapacağım şeylere gelince; kendisi ile yarışan bir insan olarak kendimi aşabileceğim belli konular arıyorum. Temeller arıyorum. Elimde belli veriler var. Bunların farkındayım. Niyetim her yıl bir film yapmaya çalışmak. Gücüm olsa daha çok yaparım.

Sanıyorum bu filmi mayısta falan çıkartacağım. Öbür filmi de mayıs sonrasında düşüneceğim.

Şöyle bir programım yok: Yani ille Yılmaz Güney ile çalışılır diye bir katı kuralım yok. Genel olarak yapmak istediğim sinemaya uygun insanlarla ilişkilerimi kurduğum zaman bu insanlarla film yapabilirim. Bunun dışında gerçekten genç birtakım sinemacılarla, dünyanın çeşitli ülkelerindeki o insanlarla belli ilişkiler kurup onların hem gelişmelerine, hem kendi ülkelerinin sinemalarının gelişmesine katkıda bulunmak istiyorum. Ancak bütün bunları yapabilmem için ayağımın biraz daha yere sağlam basması gerekiyor. Çünkü ben klasik anlamda bir yapımcı değilim. Gerçekten savaşan bir insan olduğum için savaşan sinemaya da olanaklarım ölçüsünde katkıda bulunmak isterim.

– Üçüncü Dünya sinemacıları mı bu genç sinemacılar?

– Yo. Genç Amerikan sineması olur, Genç Fransız sineması olur.

Düşün, genç bir sinemacı var. Bir şeyler düşünüyor. Fakat alışılmış prodüksiyon kalıplarına göre o film bile olmaz. Eğer ben onda ışık görüyorsam; gerçekten Fransa'da bugüne kadar yapılmamış, değinilmemiş ya da değinilmiş olup da başka bir açıdan bakılması gereken bir konu varsa desteklerim onu. Elbette bu bir savaştır; sanatçı olarak sinemacı olarak bunun savaşını veririm.

– Senin gibi ülkelerini terk etmiş başka ülkelere göç etmiş sanatçılar var. Bilhassa doğu ülkelerinden. Bunların hepsi Fransa'da kısa bir dönem kaldıktan sonra Amerika'ya göç ettiler ve Amerikan prodüksiyon sistemi içine girdiler. Senin de böyle şeyin olacak mı?

– İlke olarak reddetmem. Benim düşüncelerime sınır getirmeyen, bana bağımlılık ilişkisi getirmeyen, özellikle siyasi anlamda bağımlılık getirmeyecek belli ilişkilere girerim. Ancak şunu da belirteyim: O çarkın içinde kolum kalacaksa tırnağımı vermem.

Sanat Üzerine Gelişigüzel Düşünceler

Değerli arkadaşlarım, konuşmama başlamadan önce, sizleri sevgiyle selamlarım. Sizlerle konuşma olanağı sağladıkları için, arkadaşım Patris Cherou ve Piyer Roman'a teşekkür ederim. Daha önce, sinema, yönetim, senaryo, oyunculuk, kurgu üzerine kişisel görüş ve deneyimlerimi içeren bir çalışma yapmayı düşünmüştük. Yaklaşık iki aylık bir program düşünüyorduk. Ancak, benim kişisel konumumda meydana gelen bazı önemli değişiklikler, düşündüğümüz çalışma programını engelledi. Bu konuda üzgün olduğumu belirtmeliyim. Umarım ki, önümüzdeki yıllarda, böylesi bir çalışmayı yapabilecek ortam ve olanaklara kavuşuruz.

«Sanat, Sinema, Oyunculuk ve Yönetmenlik Üzerine Gelişigüzel Düşünceler» diyeceğim konuşmalarıma. Çünkü, hiçbir konuda, tam anlamıyla sistemleşmiş sonuçlara varmış değilim. Çünkü hayat ve onun çeşitli ürünleri, hiçbir teorik kalıp ve şemanın içine sığmayacak kadar geniş, hareketli ve değişkendir. Ancak, genel olarak sanata, özel olarak sinemaya nasıl yaklaştığım, oyuncu-yönetmen, yönetmen-çevre, çevre-oyuncu ilişkilerini nasıl ele aldığım, yöntem anlayışım tartışılabilir. Bugüne kadar yaptıklarım, esas olarak kendi deneyimlerime, kişisel teorik-pratik tespitlerime dayanıyor. Deneylerin ve bilgilerin başkalarına aktarımı, çalışma ve kavrayış ufkumuzu genişletir. Bu anlamda, umarım ki, konuşmalarım sizlere yararlı olur.

«Sanat, bir çeşit yabancılaştırma eylemidir. Kökünü hayattan, gücünü ve etkinliğini ise hayata hesap sormaktan, meydan okumaktan alır...

Bana göre sanat, insanın, kendi dışındaki nesnel ve öznel şeylerle, kavrayabildiği oranda başkalarınca yaratılmış, duygular, düşünceler, tutkular ve değişik ilişkiler bütünüyle, arasındaki ilişkinin özel bir biçimidir. Ayrıca sanat ve sanatçılık toplumsal işbölümünün bir biçimidir. Bir doktor, bir mühendis, bir işçi gibi.

İnsan, doğayla ilişkisinde, onu değiştirmeye çalışarak işe başlamıştır. İnsanın, doğaya egemen olmasının gizi burada saklıdır:

Değiştirmek için bilinçli müdahale. Sanat için de aynı şeyleri söyleyebiliriz. Değiştirilmeden kullanılan, yani, insan emeğinin katılmadığı hiçbir şey nasıl meta değilse, hayattan aktarılan ve fakat değiştirilmeden sunulan hiçbir «sanatsal» eylem de sanat ve sanat eseri değildir. Sanat, başkalarınca yaşanmış, yaratılmış duyguların, tutkuların, acı ve sevinçlerin, bir başkasınca, yani sanatçı aracılığı ile yeniden yaratılarak, kendi öz gerçeğinden ve kimliğinden kopartılması ve yeni bir kimliğe, yeni bir gerçekliğe kavuşturulması yani yabancılaştırılması eylemidir.

Örneğin, doğal yaşam içinde, yağmur, rüzgâr, toprak kayması, erime vb. etkenlerle biçim değiştirmiş doğa harikaları vardır. Heykele benzeyen kayalar, yataklarını değiştiren ve hayranlık yaratan görünümler çizen ırmaklar, çağlayanlar, yıllarca uğradığı değişikliklerle çarpıcı özelliklere sahip ağaç kökleri vardır. Bunların hiçbiri sanat eseri değildir...

Tesadüflerin yarattığı sanat olmaz; sanat, bilinçli müdahalenin, yeniden yaratmanın, heyecanın, tutkunun sonucu vardır. En etkin toplumsal ya da bireysel olayları kendi gerçekliği ve kendi bütünlüğü içinde aktarmak da, onun sanat eseri olması için yeterli değildir. Belgesel çalışma ile sanatsal çalışma ayrı iki şeydir. Sanatçıya, «sanatçı» sıfatını kazandıran şey, onun bilinçli sanatsal eylemi ve yarattığı şeye kattığı büyüdür. Bir anlamda, hayatın sihrini, gizini, hayatın içinde saklı olup da herkesin göremediği şeyi yakalamadan ve onu yeni bir biçimde yaratmadan sanatçı olunamaz. Çünkü sanatçılık bir teknik sorun değildir.

Sanatçılık, bir tutku, delice heyecan, bilinçli eylem, kararlı çalışma ve toplumun resmi anlayışlarına, ideolojik kalıplarına, geleneksel tanımlarına meydan okuma işidir. Her sanatın ve her sanatçının kendine özgü teknik ve çalışma yöntemi, onun yaratıcılığının sadece araçlarıdırlar.

Sanatçı bir yaratıcıdır ve ürünlerini yaratırken, bir yanıyla tükenir, bir yanıyla da kendini yeniden yaratır. Kendini yeniden yaratmak, kendini aşmak, kendini boyutlandırmak demektir. Kendisiyle, toplumla özdeşleşen bir sanatçı kendisini yeniden yaratamaz, tükenir. Sanatçı, aynı zamanda, toplumdaki çeşitli sorunların, arayışların da sözcüsüdür. Bu anlamda, cesaret ve kararlılık, sanatçının kişiliğini belirleyen belli başlı ögelerden ikisidir.

Bazı sanatçılar, kendilerini yeniden ve yeniden yaratamazlar. Kendilerini belli sınırlar içinde tekrarlarlar. Kendini aşamayan bir sanatçıyı bekleyen tehlike esnaflıktır.

Kendini, insanı, toplumu ve bir bütün olarak dünyayı tanımanın ve değiştirmenin bir aracı olarak sanat...

Sanatın ve sanatçının kaynağı yaşadığımız hayattır. Ancak sanatçı, yalnızca kendi yaşamı ile yaratıcılığını sınırlayamaz. O, hayatı gözlemeli, ona tanıklık etmelidir. Kitap, sinema, gezi, insan ilişkileri ile dolaylı bilgiler edinmelidir. Toplumsal, siyasal hayatın çalkantıları, ahlaki sarsıntılar, umutsuzluk, hayal kırıklığı, özlem vb. onun için hammaddelerdir. Bu hammaddelerin sanatsal bir değere kavuşması için, sanatsal eylemin ateşinden geçmesi, özüne uygun biçimi bulması gerekir.

Sanatçı, kendi içindeki ve kendi dışındaki ilişkiler, duygular bütününü yeniden üreten insandır, dedik.

İşte bu noktada, bilinçli seçim, bilinçli eylem, siyasal-ideolojik doğruluk, sanatçının hem kişiliğini belirler, hem de onun kişiliğine ve sanatına damgasını vurur. Sanatçıların ilgi alanları ile, onların özel sosyal-siyasal konumları, yetişme koşulları arasında kopmaz bir bağ vardır. Bu anlamda, her bireysel eylem, aynı zamanda, siyasal ve ideolojik bir tavırdır. Her sanatsal eylem de siyasal ve ideolojik bir tavırdır. Bu anlamda sanat, içeriği ne olursa olsun, siyasal bir eylem aracıdır. Sanat eserine niteliğini veren öz, yaratıcısının taşıdığı ve eserine yansıttığı dünya görüşüdür. Burada, sanatın siyasal işlevini tartışmayacağımız için, bu konuyu geçiyorum.

Kendini tanımanın bir aracı olarak sanat.

Sanat geniş bir kavramdır ve birçok sanat dalını kapsamına

alır. Soruna geniş açıdan değil, sadece sinema sanatı açısından yaklaşacağım. Ve giderek, konuşmalarımı oyunculuk, oyuncu-yönetmen ilişkileri üzerinde yoğunlaştıracağım. Oyunun ve oyuncunun yararlanacağı kaynaklar ve malzemeler üzerinde duracağım.

Sinema sanatı, çağımızın en etkin ve en güçlü sanatıdır... Kitlelerle ilişkisinin gücü, onun üzerinde sermaye ve devlet denetimi olağanüstü boyutlara ulaştırmıştır. Diğer sanat dallarıyla kıyaslandığında, özgürlüğü en çok kısıtlanan, sermayeye en çok bağımlı olanıdır. Yine de, onunla çok etkili şeyler yapılabilir. Çünkü sermaye, kendisine kazanç sağlayacak her şeye kapılarını açar. Bir anlamda, sermayenin belirgin kuralları yoktur. Onun tek kuralı, daha çok kazanmaktır.

Yönetmen, hem tek başına yaratıcı, hem de, yaratıcıların yöneticisidir. O, bir çeşit orkestra şefidir aynı zamanda. Bu anlamda tasarılarını en ince noktasına kadar bilmek, yaratıcılarını iyi tanımak, onlarla kullanacağı malzemeler arasındaki ilişkiyi ayrıntılarıyla bilmek zorundadır. Kendini tanıma ve derinleştirme işlemi, yönetmenin kendi dışındakilerle ilişkilerinde önemli bir rol oynar. Kendini tanımayan yönetmen, çevresini tanımakta da zorluk çeker. Kendini tanımak kendi yeteneğini, sınırlarını, bilgilerini, deneyimlerini tanımak demektir. Kendini tanıma olgusunu, oyuncu üzerinde açıklamaya çalışırsak, belki düşüncelerim ve neyi anlatmak istediğim daha da açıklık kazanacaktır.

Bir oyuncu kendisini nasıl tanımalı ve kendi sınırlarını nasıl aşmalıdır?

a) Oyuncunun fiziği, onun kaba biçimidir.

Bir oyuncu, her şeyden önce fiziği ile sınırlıdır. Bu nedenle bir oyuncu, her şeyden önce fiziğini iyi tanımalı ve fiziğine egemen olmalı, onu denetim altında tutabilmelidir. Oyuncunun bedeni, yüzü, kolları oyuncunun silahlarıdır. Bu silahları, hem fiziki sağlığa, hem bilinçsel sağlığa kavuşturmalıdır. Bu anlamda, oyuncu genel olarak kendini eğitirken, organ ve duyumlarını da eğitmelidir. Birkaç basit örnek vereyim:

İnsanlar, hangi işte çalışıyorlarsa, bedenleri, duruşları, tavırları, bilinçleri esas olarak o iş tarafından belirlenir. Sürekli aynı işi yapmak, insanın yüzünü de biçimler. Bir gardiyan ile bir tezgâhtar birbirlerinden farklı biçimlere sahiptirler. Bir gangster ile bir papaz, hiçbir şeyleriyle birbirlerine benzemezler. Özel bir iş bölümünün bir unsuru olan oyuncu da, kendi işi tarafından biçimlenir. O, kendisini, hem gardiyan, hem tezgâhtar, hem gangster, hem papaz olabilecek yumuşaklık ve esneklikte tutmalıdır. Kendi fiziğini tanıyan oyuncu, karşılaştığı rolleri canlandırırken, ona yönetmeni rol gösterecektir. Ancak, yönetmen ne denli başarılı olursa olsun, ona yardımcı olmanın temel koşulu, canlandıracağı tipleri tanımak incelemek olacaktır...

Tipi incelemek, onu belirleyen, diğerlerinden ayıran ana noktaları bulmak ve bu temelde ayrıntılara inmek demektir. Duruş, oturuş, el ve kolların hareket biçimi, gözlerin durumu ve yüzün aldığı biçimler, konuşma ile diğer organlar arasındaki ilişki, sesin ve sessizliğin kullanılışı vb. bütün bunlar dış görünümlerdir. Ancak, oyunda bütünlük sağlamak için, bu biçime can veren özü bulmak ve yaşamak gerekir. Bir oyuncunun, oyunu aşabilmesi, ancak oyunu yaşama düzeyine yükseltmesi ile mümkündür. Yaşayabilmek zordur ve fakat başarı için zorunludur. Oyunun sürekliliğini sağlamak için oyuncu, özel hayatını silmeli ve rolünü hayatında yaşamalıdır. Oyuncunun fiziki davranışlarıyla psikolojik konumu uyum içinde olmalıdır.

b) Oyuncunun organlarına egemen olması ve dilediği gibi kullanması.

Oyuncu, organlarına egemen olmalıdır ki, onu değişen durumlara göre yönlendirebilsin. Değişik duyguları tanımadan, onların organlara nasıl yansıdığını bilmeden, organlarımızı kullanamayız. Örneğin, korku, sevinç, endişe, heyecan çeşitli dozları olan kavramlardır. Ölüm korkusu ile polise yakalanma korkusu, ikisi de korkudur. Ama aralarında farklar vardır. Bu ikisi arasındaki farkı bilmek, fiziğimizi farklı biçimde yönlendirmeyi emreder. Duyguları tanımak, o ruh haline girmeyi ve fiziğimizi etkilemeyi kolaylaştırır. Tanımadığımız duyguları teorik arayışlarla bulmaya çalışırız. Teorik arayış, bilimsel araştırmayı gerekli kılar.

Hayatında hiç genelev kadını görmemiş bir kadın oyuncu, hayatında hiç psikopat görmemiş bir erkek oyuncu, bu tipleri nasıl oynar? İşte burada yönetmen devreye girer ve duyguları, davranışları, somut davranışlarla almasının yolunu bulur. Ki o, gerçekliği tanıyorsa.

Bir yaratıcı olarak yönetmen:

Her şeyin bir biçimi olduğu gibi, duyguların, heyecanların da insan bedenine, organlarına yansıyışının biçimleri vardır. Yönetmen, hayata tanıklığı sürecinde, değişik acılar, sevinçler, kaygılar, korkular görmüşse, gördüğü değişik duyguların yüze, ele, bedene nasıl yansıdığını ve biçimlendiğini kavramışsa, günün birinde, bu duyguları yeniden üretebilir ve biçimlenmelerini sağlar. Oyuncunun en önemli bölgesi yüzüdür ve özellikle gözleriyle ağzıdır. Duyguları ifade de iki temel araç... Ağız ile göz arasında mantıklı bir ilişki vardır.

Yönetmenin oyuncu ile ilişkisinde, oyuncunun niteliği, yeteneği, deneyimi önemli bir rol oynar. Eğer oyuncu, profesyonel bir oyuncu ise, yönetmenin onunla ilişkileri, profesyonel olmayan, ya da deneyimli olmayan oyuncu ilişkilerinden farklıdır. Yönetmenin oyuncusundan başarılı bir sonuç alabilmesi için, onu çok iyi ayrıntıları ile tanıması gerekir. Oyuncusunu derinliğine tanımayan bir yönetmen ondan iyi sonuçlar alamaz. Oyuncuyu tanıma, onun zayıf, aksayan yanlarını da tanımaktır. Oyuncuyu iyi tanımak, onu nasıl yöneteceğini bilmesine yardım eder.

Yönetmen, oyuncusunu yönlendirirken, ikili bir yol izlemelidir.

Birincisi, onu sürekli rolüne yatkın bir atmosfer içinde tutma. İkincisi, sette, ayrıntılı yönetim.

Eğer yönetmen, oyuncusunu, hayatın gerçekliğinden koparamazsa, onu, rolünü yaşar hale sokamazsa, başarılı sonuç alamaz. Oyuncu, kendi hayatını, kişiliğini unutmalı, rolünün kişiliğini yaşamalıdır.

Burada belirleyici rol yönetmene, onun oluşturacağı ilişkilere, yaratacağı atmosfere düşer. Bu anlamda, otoritesi olmayan, bürokrat karakterli, kişiliği silik bir yönetmen bu işleri başaramaz. Gerçek bir yönetmen, otoriter, güçlü ve deli olmalıdır... O bir çılgındır, o bir tutku simgesidir, o bir güven ve inanç anahtarıdır. O, kendine sonsuz bir güven duyan ve gerektiğinde, hayatın, oyuncuların, yeni ilişkilerin getirdiği gelişmeleri hesaba katarak, her şeyi yeniden ele alabilen ve biçimleyen biri olmalıdır. Yönetmen, bir yaratıcı olarak, eserinin tanrısıdır.

Nanterre Tiyatro Okulu'ndaki
Konuşma

Şili Halkına...

İster romancı, ister şair, isterse sinemacı olsun bir sanatçının kültürü, içinde yaşadığı insani çevre ve tarih tarafından biçimlenir. Bu anlamda onun doğuş süreci içerisinde bölgesel sunumları çizilmiştir.

Bu anlamda bölgeciliği aşmak ya da aşmamak sorunu sanatçının o an içinde bulunduğu özgül koşullarla ele alınmalıdır.

Genel olarak bir sanatçı kendi ülkesinde, kendi halkının filmini yapmaya kalktığı zaman, başta devlet sansürüyle daha sonra ticari pazarlamaların getirdiği dağıtım sansürüyle ve uzun bir dönem yabancı filmlerle, Amerikan filmleriyle, Fransız filmleriyle ve değişik filmlerle koşullanmış seyirciyle onun duvarını aşmayla karşı karşıya geldiği zaman, bu duvarı aşmayı bir değer biliyor. Çünkü o sadece toprağıyla işgal edilmiş bir ülkenin çocuğu değil, o aynı zamanda halkının bilincinin de işgal edildiği bir ülkenin çocuğu oluyor. Evrensel olmanın bir tek yolu var. O da milli olmaktan yola çıkmak zorundasın. Milli olmadan, milli değerleri anlatmadan, halkın içinde bulunduğu özgül durumları anlatmadan evrensel olmanın olanağı yoktur.

Bu anlamda bizi, Luis ile masada birleştiren şey tesadüf değil. Şili ile Türkiye'nin de bugünkü durumu tesadüf değil. Eğer Luis kavgayı değil, direnişi değil, kendi ülkesinde boyun eğmeyi seçmiş olsaydı bugün bölgesel bir sinemacı da olamayacaktı. Çünkü kendi ülkesinde bölgesel filmler yapmaya da olanak tanımayacaklardı. Bugün burada olmamız, bir şeyi seçmiş olmamızdan dolayıdır, yani bölgemizde var olan baskılara, bir sanatçı olarak kayıtsız kalmamamızın sonucudur.

Genellikle konuşmalarımda değindiğim bazı konular, benim bazı şemaları kullandığım doğrultusunda suçlamalar getiriyor. Bunlara biraz sonra cevap vereceğim.

Kurumların şemaları değil de, hayata bakış, hayattaki olayları inceleme yöntemleri vardır. Herkesin kendine göre bir yöntemi yoktur, genel olarak yöntemler vardır. Bu anlamda ben milli kültür meselesine ve buna bağlı olarak da kültürün gelişimine kısaca değinmek istiyorum. Bilindiği gibi kültür insanların oluşumundan, insanın insan haline gelmesinden bugüne kadar edindiği tecrübelerin bütünüdür. Yani üretim alanında; sanat alanında, bilim alanında, yaşama biçimi alanında, yani o bütün hayatı içerisinde edindiği bilgilerin tümüne biz kültür diyoruz. Örneğin insanların ilkel döneminde ilkel komünal toplum diye adlandırdığımız dönemindeki kültürleriyle, daha sonraki köleci toplum dönemindeki kültürleri, feodal toplum dönemindeki kültürleri, burjuva toplum dönemindeki kültürleri tamamen farklıdır; yani kültür sürekli üretim ilişkilerinin değişimine ve bunun sosyal hayata yansımasına bağlı olarak sürekli değişir. Bu nedenle eğer bir kültürü ayakta tutacak sosyal ekonomik koşullar varsa, o kültür ayakta kalır. Eğer o kültür ayakta tutacak ilişkiler yoksa o kültür ölür.

Milli kültür kavramı benim için bir yanıyla savunulamayacak bir kültürdür. Kendi adıma konuşuyorum çünkü milli kültür bir toplumda bulunan bütün kültürlerin hepsini içerir. Hem ezenlerin kültürüdür, hem ezilenlerin kültürüdür ve ezenlerin insanlığın hazinesine kattığı, insanlığın ortak malı haline gelmiş kültür özetlerini kabul ederken, bir yanıyla ezenlerin bütün kültürünü kabul edemeyiz, etmemeliyiz de.

Kendi ülkemizden somut örnekler vererek açıklamak istiyorum. Bugün ülkemdeki burjuvazinin özel bir kültürü yoktur. Ülkemdeki büyük burjuvazi Amerikan Emperyalizminin, genel olarak emperyalizmin kültürüyle beslenmektedir. Yaşam biçimini buna göre düzenlemektedir. O kültürün ülkeme adaptasyonu söz konusudur.

Öte yandan ülkemdeki işçilerin, köylülerin yeni bir dünya için verdikleri kavgada oluşturmaya çalıştıkları yeni bir kültür vardır. Biz bu oluşturulmaya çalışılan kültürden yana tavır almak zorundayız. Ben Kürt orijinaliyim. Kürt kökenli olmaktan dolayı Kürt beylerinin kültürünü savunabilir miyim? Kürt beylerinin kültürü Kürt köylüsünü ezenlerin kültürüdür. Bu anlamda milli kültürün bu yanını bu anlamda reddederken, uluslararası planda hangi ülkenin olursa olsun, Latin Amerika'dan Asya'ya, Asya'dan Afrika'ya, Avrupa'ya ve Amerika'nın kuzeyine kadar biz halkın demokratik kültürüne sahip çıkmak ve halkın demokrat kültür temsilcileri olmak zorundayız. Bugün yapılan şey de esas olarak budur.

Türkiye'de sinema doğuşundan bugüne kadar yoğun sansür baskısı altındadır ve bu nedenle de bugüne kadar, halkın içinde bulunduğu durum tüm boyutlarıyla açıklığa kavuşturulamamıştır. Bir örnek verilirse SU filmiyle biz esas olarak bir Kürt ailesinden yola çıkarak, Kürt halkının içinde bulunduğu acıları anlatma yolunu seçtik. Fakat Kürt halkını kendi dilini konuşturamadık. Kürt halkını, halkının niteliğini filmde belirleyemedik. Yani bu insanların Kürtler olduğunu söyleyemedik, bu anlamda karşı karşıya kaldığımız siyasi iktidar baskısı, devlet baskısı hayatın gerçekliğinin sinemaya yansımasını büyük bir oranda, yüzde doksan oranında engelledi. 74'te yeniden cezaevine düştüğümde, çok uzun bir süre içerde kalacağım aşağı yukarı belliydi. İlk olarak direnmenin bir biçimi olarak roman yazmaya koyuldum. Dışarıdaki arkadaşlarıma da yazacağım romanlardan film yapmalarını önerdim. İlk iki deneme başarısız oldu. Çünkü ne senaryonun üzerinde egemenlik kurabildim, ne de gerçekten senaryomu istediğim gibi tamamlayabildim. Arkadaşlar hoşgörüme sığınarak kendilerine müsvedde olarak gönderdiğim bir senaryoyu, oyuncusunu, yönetmenini velhasıl her şeyini kendileri düzenleyerek çalışmaya koyuldular. İlk iki film böyle oldu ve filmler başarıya ulaşamadı. Bu nedenle 75'ten 79'a kadar 4 yıl film yapamadım. 79'da yeniden film yapmaya karar verdiğim zaman ilk işim pazarlama şirketinin başındaki arkadaşı değiştirmek oldu ve buna bağlı olarak da şirkette çalışan bütün personel içinde geniş bir tasfiye kararı aldım. Çok geniş ayrıntılı bir senaryo yazmakla işe koyuldum. Yalnız yaklaşık 4,5 yıl gibi bir süre içeride olmamdan dolayı, dışarıdaki olayları yeniden gözden geçirebilmek için filmin çekileceği bölgeye bir arkadaşı gönderdim. Bunlar fotoğraf çekeceklerdi, teybe sesler alıp getireceklerdi, orada var olan bilgileri toparlayacaklardı. Yaklaşık 100 soru sormuştum. Bu soruların cevapları getirilecekti. Bir süre sonra arkadaşlar bu senaryoda gerekli olan soruların cevaplarıyla birlikte geldiklerinde benim daha önce düşündüklerimle hâlâ var olan arasındaki ilişkiyi ve bazı noktalardaki ayrılıkları daha iyi görebildim. Senaryonun gelişim süreci içerisinde bu filmi kimin çekebileceğini tespit etmek gerekiyordu.

Öteden beri arkadaşım olan benim sinema anlayışımı kavrayan, bu konuda yatkınlığı olan Zeki Ökten arkadaşı seçtik ve Zeki Ökten ile o günün koşullarında, yeni cezaevi koşullarında görüşme olanakları yarattık.

Senaryoyu ben çeksem nasıl çekerdim. Bu tespitten yola çıkarak bütün düşüncelerimi aktardım. Senaryoyla birlikte kenar notları gönderdim. Ve onun çekim süreci içinde karşılaşabileceği zorlukları aşağı yukarı geçirdiğimiz tecrübelerden bildiğimizden bu konuda yardımcı olmaya çalıştık ve her çekim bölgesinde kimlerle ilişki kuracağının anahtarlarını verdik.

Bir noktaya değinmek gerekiyor. Genellikle benim cezaevinden film yönettiğim konusunda bir anlayış var. Bunun tamamen yanlış olduğunu vurgulamam gerekiyor. Bir filmin yöneticisi, onun rejisörüdür. Bizzat bu filmde çalışan insanlar o filmi yaratmışlardır. Benim için ancak şu söylenebilir: Cezaevinden bir filmin yaratılmasının koşullarını oluşturmuştur ya da yaratmıştır, buna katkıda bulunmuştur denebilir. Çünkü gerek SÜRÜ'nün gerekse YOL'un asıl başarısı, sahipleri bu filmi yapan arkadaşlardır. Bazı şeyleri anlatmak istemiyorum; çünkü bazı noktalar var ki, bazı arkadaşlar Türkiye'de kullanıyorlardır bu yöntemleri, onların deşifre olmaması gerekiyor.

Gerek SÜRÜ'nün yapıldığı, gerek YOL'un yapıldığı dönem, şu günkü durumdan farklı bir dönemdi, özellikle SÜRÜ'yü yaptığımız dönem CHP'nin hükümet olduğu bir dönemdi. Bu nedenle, cezaevlerinde ilişki kurma nispeten daha kolaydı, özellikle benim için daha kolaydı. Filmin montaj, kaba montaj sonrası, sessiz, cezaevinde, bir çarşaf üzerinde gösterildiğini, seyyar bir makine ile gösterildiğini anlatmalıyım. Bu gerçekten şu gün yapılamayacak, yapılması mümkün olmayan şeylerdir. Birinci kopyadan sonra montaj konusunda nasıl bir hat izlenmesi gerektiğini tartışmamız da ona ışık tutmuştur. Çekimi izleyen kuryeler vardı. Ancak onlarla nasıl ilişki kurulduğunu anlatmak istemiyorum.

Bugün Türkiye'deki bütün cezaevleriyle ilişkilerim var. İnsanın içinde yaşadığı toplumdan ve onun etkilerinden uzak kalması mümkün değildir, ancak eğer böyle bir tehlikenin farkındaysa, buna karşı uyanık duruyorsa kendisini en az zararla koruyabilir. Eğer böyle bir olguyu hesaba katmazsa günün birinde mücadelesinden de uzaklaşır, başka bir kişiliğe kavuşur. Benim için de böyle bir tehlike söz konusu.

Benim için de, benim durumumda olan arkadaşlar için de sorun Avrupa'da kaybolmak, Avrupa'da kaybolduğumuz zaman ne Avrupa'lıya yararlı olabiliriz ne de kendi ülkemizdeki insanlara. Kayba karşı olalım... Avrupa uygarlığın beşiği. Ama uygar olmamanın da en gelişkin olduğu yer. Bu nedenle biz Avrupa'dan olumlu yanı almak, olumsuzluğa karşı durmakla kendimizi koruyabiliriz. Yani sadece kendimizi korumak, ülkemizden getirdiğimiz şeyleri korumak biçiminde ele alınırsa, gelişmemizi de engelleyebiliriz.

Angaje sinema deyince akla devrimci sinema, halkın içinde bulunduğu sorunlara eğilen sinema gibi kavramlar geliyor. Benim için angaje sinema farklı.

Bugün, toplumun değişime ihtiyacı yoktur diyen kesimle, bugün toplumu uyutmaya çalışan kesimler de belli bir siyasal görüşe angaje olmuşlardır ve onun filmini yapıyorlardır. Biz de toplumların değişmesi gerekliliğini, varolan baskıların kalkması gerektiğini, kavganın gerekliliğini düşünüyoruz ve bu düşünceye angajeyiz ve bu anlamda çeşitli siyasal kaynaklardan angaje olmuş insanlar her yerde birbirleriyle çalışıyorlar. Ekonomik hayatta, sosyal hayatta, kültürel alanda. Devrimci anlamında sinemaya angaje olmayı düşünüyorsa, bu anlamda angaje sinemacıyı kavganın kendisi çıkartacaktır.

Eğer bir yerde kavga yoksa, eğer bir yerde siyasal ve sosyal kavga yükselmiyorsa, orada kavgaya angaje olmuş, kavgaya destek olan ne romancı çıkar ne sinemacı çıkar.

Eski filmlerimin burada şansı olabileceğini sanmıyorum. Bunlar bölgesel özellikleri olan filmlerdi, ancak son bir kararla hükümet benimle ilgili resim, yazı, film ve kitapların kendilerine teslim edilmesini istedi. Eğer bunlar kendilerine teslim edilmezse ceza verilecek. Benim filmlerimin bulunduğu kişilere hükümet ceza verecek, bu nedenle bir yanıyla iyi olacaktır, eğer yok etmezlerse bir gün döndüğümüzde hepsini toplu olarak hazır bulacağız.

Vurgulamak istediğim nokta şu, her hikâye kendi estetiğini de beraberinde getirir. Bu anlamda gerek SÜRÜ'nün gerek YOL'un genel olarak anlattığı hikâye ve insan ilişkileriyle, DUVAR'daki konu ve insan ilişkileri o kadar farklı ki. Hapishanede lirizm yok, gökyüzünde var. Birtakım küçük ilişkiler içinde var, onları mümkün olduğu kadar yansıtmaya çalıştım. Fakat esas olarak cezaevinde lirizm, cezaevinde şiir bulunabilir yani o noktaya yöneltebiliriz, ancak cezavinin getirdiği baskıyı, cezaevinin dayanılmazlığını anlatmak mümkün olmazdı ve sinemacı olarak yanlış bir iş yapmış olurduk.

DUVAR'ı düşünürken uzun yılları iki saat içerisine sığdırmayı düşündüm, uzun yıllarda elde edilen zorluk, baskı ve sıkışıklığı, iki saate sığdırmak istedim. İstedim ki seyirci iki saat içerisinde bu bunalımla karşı karşıya gelsin. Birçok kimse filmin iki saatlik şiddetine tahammül edemedi. Bugün yüz binlerce insan ve bu yüz binlerce insanla ilişkisi olan insanlar Türkiye'de ve Türkiye'ye benzer yerlerde milyonları bularak aynı hayatı yaşıyor.

**(Şili ile Dayanışma Komitesinin
düzenlediği toplantıda
yapılan konuşma-1984)**

SİYASAL MÜCADELEDE YILMAZ GÜNEY

Değerli Arkadaşlarım, Kardeşlerim!

Bugün 12 Eylül Askeri Faşist Darbesinin ikinci yıldönümüdür; Türkiye ve Kürdistan'ın emekçi halkı için, daha acılı, daha zor ve karanlık bir dönemin, ne kadar süreceği belli olmayan bir dönemin başlangıcıdır. Ve bizler, birçok acılı olayın ve yenilgi günlerinin yıldönümlerinde olduğu gibi yine toplanıyoruz. Yine yumruklarımız sıkılacak ve içimizdeki acıları haykıracağız. Ancak gerçekten kurtuluş istiyorsak, başarılarımızı, zaferlerimizi simgeleyecek günlerin yıldönümlerini kutlamak istiyorsak, acılardan, yenilgilerden, başarısızlıklardan sabır ve cesaretle dersler çıkartmamız gerekir.

Cesaretle kabul etmemiz gereken, bizim özeleştiri ve hatalarımız karşısındaki tutumumuzun pek olumlu olmadığıdır. Yenilgilerden, acı kayıplardan ders çıkartamadık. Özü aynı olan hatalar işledik.12 Mart'ta ve sonrasında büyük acılar yaşadık. Oysa 12 Eylül'ü daha farklı karşılayamadık. Ülkemiz, gerçekten doğru bir siyasete sahip, sağlıklı ilkelere ve örgütlenmeye sahip, kitle ilişkilerine ve desteğine sahip bir parti yaratamadı. Yaratabilseydik bugün devrimimizi başarmış olabilirdik; en azından bugünkünden farklı koşullara sahip olabilirdik. Ekim devrimini gerçekleştiren Lenin'in partisi genç bir partiydi. ÇKP on beşinci yılında kurtarılmış bölgelere sahipti. Ho Şimin'in partisi Fransız ve Amerikan emperyalizmini dize getirdi. Ama bugün dünyamıza bakarsak acılı bir manzara görürüz... Sadece bizde değil, esas olarak bütün dünyada, birkaç istisnayı dışlarsak, devrim yapma gücüne sahip, geniş kitle desteğine sahip devrimci partiler henüz yoktur. Demek ki devrimci parti sorunu, devrimci teori ve siyaset sorunu sadece bizim sorunumuz değil, bütün dünya proletaryasının gerçek ve güncel sorunudur. Öyleyse, bu soruna daha da derinden eğilmek gerekir.

Devrim bir ülkenin iç çelişmelerinin ürünüdür; bu nedenle devrimin asıl güçleri içtedir. Yalnızca dışarıdan mücadele ile devrimin gerçekleşemeyeceği bilinen bir gerçektir; ancak yine de, dışarıda verilen mücadeleye bakarak görevimizi yaptığımız duygusuna kapılmamalıyız. Türkiye ve Kürdistanlı devrimcilerin, demokrat ve yurtseverlerin yürüttükleri dış mücadele iç mücadele ile birleşebilirse başarılı olabiliriz. Sorun budur. Bağırmak, yumruk sallamak, «Yıkacağız, geldik, geliyoruz» demekle Askeri Faşist Diktatörlüğü yıkamayız. İspanya'da Franko, Portekiz'de Salazar onlarca yıl iktidarda kaldılar. Portekiz ve İspanya siyasi devrimlerinden sonra da durumlar ortadadır. On yıldır Pinoşe işbaşındadır ve daha kaç yıl kalacağı da belli değildir. Uzun süredir faşist diktatörlük altında yaşayan ülkelerin devrimci deneyimlerinden dersler çıkartmalıyız. Yoksa, bizler de onlarca yıl havanda su döveriz. Dünya demokrat kamuoyu sorunumuzu kayıtsızlıkla karşılamamalıdır. Bunun için de somut başarılara ihtiyacımız vardır. Sorun, Faşist Diktatörlüğü yıkacak özün içinde olmak, o özü savaşa hazırlamaktır. O öz ki hayatın candamarlarını elinde tutan, Türkiye-Kürdistan'ın çeşitli milliyetlerden sanayi proletaryası ve genel olarak proletaryası, yoksul köylüsü ve emekçi halkıdır.

Devrim yapmak için ihtiyacımız olan bu güç, ne yazık ki bugün parça parçadır, dağınıktır ve büyük bir çoğunluğu umutsuzdur. Kürt ulusal hareketi kendi başının çaresini aramaktadır. Çünkü devrim ve demokrasi güçleri, kitlelere arkasından gitmeyi gerektirecek kadar güven vermemiştir. Sundukları örnekler ve program güven verici olmamıştır. Bu güveni neden veremedik? Bu soruya doğru ve cesur cevaplar bulmalıyız.

Bugün ülkemiz faşizmin çizmeleri altındadır. Büyük birçoğunlukla, aydınlar, sanatçılar bu gerçeği henüz tam anlamıyla kavramış görünmüyorlar. İşçi önderleri, devrimci, yurtsever, demokrat örgüt mensupları cezaevlerindedir.

Ecevit gibi temkinli tutum takınanlar dahi içerdedir. İşkencelere, insan avlarına, faşist baskılara karşı şu ya da bu biçimde karşı çıkan, rahatsızlık belirten insanlar baskı altındadır. Cezaevleri, halkımızın yiğit evlatlarının onurlu çığlıklarıyla inliyor. Bizler dışarıdan bağırıyoruz... Polis, jandarma takibinde olan bir avuç genç insan

Türkiye-Kürdistan'da hayat savaşı veriyor. İşçilerin, köylülerin saflarında küçük çapta da olsa kıpırtılar var... Ya halkımızın büyük bir çoğunluğu? Onlar, büyük baskılara karşın neden susuyorlar? İşte faşist bir anayasa dayatılıyor onlara ve burjuva basınından izlediğimiz tartışmalar umut verici değil. Halk bir bakıma kaderine terk edilmiş. Bazı aydınlar ve gruplar anayasanın şu ya da bu maddesini tartışıyorlar. Bu tutum faşist anayasanın yararına bir tutumdur. Çünkü sorun anayasanın şu ya da bu maddesi sorunu değil, bütünü ve özü sorunudur. Askeri faşist diktatörlük, sivil faşist diktatörlüğün «yasal» kurumlarını ve organlarını hazırlıyor. Ve ne yazık ki, halkımız bu anayasaya hayır diyemeyecektir. Eğer halkımız, kendisini yumrukları altında ezecek bir anayasaya «Evet» diyecekse, diyorsa, bu bizim hatalarımız sonucudur. Çünkü bizler, emekçi halkımıza siyasi bilinç götürmeyi başarabilseydik, herhalde bugünkü durumumuz farklı olurdu. Bu soruya da doğru cevap bulmalıyız!

Ancak, durum gerçekten umutsuz mudur? HAYIR, değildir. ÇARE tükenmiş değildir. İşte, Askeri Faşist Diktatörlük üçüncü yılına girerken önümüze koyacağımız sorunların en önemlisi budur.

Bugün sizlerle beraber olmak isterdim. Ancak özel konumum buna uygun değil. Yüreğim sizlerle birlikte çarpıyor. Devrime, halkımıza ve proletaryanın geleceğine inanıyorum.

Kahrolsun Askeri Faşist Diktatörlük!
Faşist Anayasa'ya Hayır!
İdamlara Son Verilsin...
ZİNDANLAR BOŞALSIN, GENEL AF!..

(12 Eylül darbesinin 2'nci yıl vesilesiyle yayınlanan bildiri.)

... 1974'te cezaevinden çıktıktan sonra bir filme başladım. ARKADAŞ'tı. Filmi bitirdim ve Adana'ya gittim. Adana'da tarım işçilerinin özellikle Kürt işçilerin Çukurova'daki hayatını filme alacaktım. O ara bana el altından ulaştırılan haberlerde bu işe girmemem, başımı yeniden derde sokmamam bana önerildi. Bu esas olarak MİT'ten gelen bir çeşit tehdit idi. Ben bu filmi yapmakta kararlı bir tutum gösterdim. Ve bunun karşılığında belli şeyler bekliyordum. Yani filmin, durdurulması, komplolarla, birtakım tezgâhlarla yarıda bıraktırılması gibi şeyler bekliyordum. Bu konuda da çok tedbirliydim. Ve bunun için de şehirlerden biraz uzakta bir kıyı kasabasında ekibimle birlikte yerleşmeye karar verdim. Ve olay filme başladığım birinci günün akşamı oldu. Tesadüf değil. O günün akşamı ekibimle beraber bir lokantada – birçok gazete gazino falan diyor, gazino değil küçük bir lokanta – oranın hâkimi olduğunu daha sonra öğrendiğimiz adamın gelmesi, orada birtakım kışkırtıcı olaylara girmesi bir kavgaya yol açtı, bu kavga içerisinde hâkimin öldürülme olayı oldu. Gerek Türkiye'de gerek dünya kamuoyuna yansıdığı gibi Hâkim'i benim öldürdüğüm konusunda iddialar öne sürüldü. Orada bulunan benim arkadaşlarım dışındaki görgü tanıklarından kırk kişiden otuz dokuz kişinin söyledikleri ile bir kişinin söyledikleri arasında fark var. Hâkimin karısı bile esas itibarıyla daha sonra yaptığı açıklamada bu işi açıklamak gerektiğini fakat korktuğunu belirtti. Ve olay sırasında daha sonra öldürülen yeğenimin yaptığı olay bana mal edildi. Ve ben bundan 19 yıl hapse mahkûm oldum.

A.P.'nin iktidarı döneminde ben üç cezaevi gezdim: Adana Cezaevi, Ankara Cezaevi ve Kayseri Cezaevi. Adana Cezaevi'nde çok kısa kaldım. Sonra Ankara'ya gönderdiler. Ankara Cezaevi'nde isyan oldu. İsyanın sorumlusu olarak beni Kayseri Cezaevi'ne gönderdiler. Orada yaklaşık iki sene hücrede kaldım. Ancak hücrede kalmış olmama rağmen cezaevinde kimi zaman yürüttüğümüz eylemler onlar tarafından bizim isteklerimizin yerine getirilmesi biçiminde karşılandı ve benim hakkımda zabıt bile tutmadılar. Ancak CHP hükümetinin gelmesi ile birlikte genel olarak cezaevlerinde bir rahatlama oldu. Daha insani yöntemlere başvurarak yani mümkün olduğu kadar ikna yöntemlerini kullanarak idare etmek istediler. Bir süre sonra bu yöntem tutmadı. Ben yine bulunduğum yerden başka cezaevlerine, İzmit'e, oradan Toptaşı'na gönderildim. Toptaşı Cezaevi'nde beni isyan gerekçesi ile Sağmalcılar Cezaevi'ne gönderdiler. Sağmalcılar Cezaevi beni kabul etmedi ve bir hastaneye kapattılar ki ben hasta değildim. Ve bu ara beni kabul edecek cezaevi aradılar. Kolay bir mesele değil. Yani yok edebilirlerdi. Yok etmeyi öldürmeyi, göze almak kolay bir mesele değil, hele benim gibi bir insan sözkonusu olduğunda. Bu nedenle; cezaevlerinde sorumlu müdürler, «Ben bu adamı idare edemem» diyor. Bakanlık da ona, «Sorumluluk senindir, al» diyemiyor. Beni yarı-açık cezaevine gönderdiler. Bir çeşit uzlaşma, yani daha rahat olursa belki daha «uslu» olur diye. AP hükümeti geldiğinde beni yarı-açıktan aldılar, kapalı cezaevine gönderdiler. Gönderdikleri kapalı cezaevleri beni almadı, Bursa'ya gönderildim ve sonra da Isparta'ya sevkim çıktı. Hükümet ne kadar güçlü olursa olsun her zaman karşısındaki güçler dengesini hesap etmek zorundadır. Yani meseleyi sadece kısa zaman içerisinde ele almazlar. Düşünün bir yığın gardiyan var senin filmlerinde bulunmuş. 20 yaşında, 25-30 yaşlarında gardiyanlar senin filmlerinle büyümüş, sana müthiş sempatisi var. İlkokula giderken, ortaokula giderken ya da bilmem nerde, sana hayran. Seninle karşılaştığı zaman önce belli bir mesafe koyuyor. Bir süre sonra birtakım mücadele yöntemleri ile, sen mahkûm olarak onlarla karşı karşıya geldiğinde «Bu Yılmaz Güney kötü adam değil ağırlıklı, aklı başında, çevrenin sözünü dinlediği bir adam,» diye düşünüyor! Bir şey olduğu zaman gelip bize soruyorlar, yardım istiyorlar. Bu idareyle işbirliği değil. Mahkûmun çıkarı için cezaevi idaresinin benden yardım istemesi. Ben bu meseleleri yürütüyorum ve onlar şunu görüyorlar; yani Yılmaz Güney cezaevinde ayrı bir güç. Kendileri bir güç: gardiyanları, jandarmaları var. Ama mahkûmlar onlardan çok Yılmaz Güney'i dinliyorlar. Yılmaz Güney mahkûmların olduğu kadar onların da gelişimini istiyor. Körü körüne bir isyan yanlısı değil. Gelişigüzel taleplerde bulunmuyor. Bu nedenle; emniyet supabı. Benim bulunduğum cezaevlerinde kavga sayısı azdır. Benim bulunduğum yerde ölüm olayı falan olmaz. İmralı'da iki ölüm olayı oldu. Biri kaza, diğeri vurma olayı idi. O da beni köye sürgün ettikleri zaman, mahkûmlarla irtibatımı kopardıkları zaman. Onun için bizden korkuyorlardı. Filmlerde yaratılan korkuyla birleşen bir korkuydu bu. Neden iki yüz jandarmayla gelip beni aldılar? İmralı tarihinde böyle bir şey olmuş mudur?

Hayatın bana dayattığı, benden istediği şeyleri yaptığım süre içerisinde normal olarak aynı zamanda siyasi bir adam niteliğine büründüm. Yani «Ben siyasi bir adam olmalıyım» diye bir hedef koymadım. Ancak gerek karşılaştığım olaylar, gerek dışarıdaki olaylar karşısında takındığım tavır bir süre sonra beni gerçek bir siyasi insan niteliğine getirdi. Şu gün ben bir sanatçıyım. Ülkemdeki duruma yabancı kalmadığım için aynı zamanda siyasi bir adamım. Yani herhangi bir siyaset adamının önüne «Ben siyaset adamı olacağım» hedefini koyup kendisini bu yönde geliştirmesi ile benim doğal gelişme sonucu siyasi bir adam olmam iki ayrı şey. Hayatımda siyasi tutum ile sanatsal tutum birbirini dıştalıyan değil sürekli birbirini destekleyen iki boyut oldu. Mesela siyasi düşüncelerime karşı olan insanların çoğunluğu bile bana karşı bir sempati, belli bir yakınlık duyar, fakat «Ne yazık ki adam devrimci, ne yazık ki adam sosyalist, ne yazık ki adam solcu,» der. Bunu derken şundan dolayı yazık der: Ona göre bir devrimci farklı bir kavram. Oysa ben hayatın yetiştirdiği bir devrimciyim. Bana hasım olan bir yığın insan bile «Bu adama güvenebilirsin, fakat adam solcu kardeşim,» diyor. Aslında burada şu var; benim gösterdiğim direnmeye, benim inandığıma inanıyorlar, yani gerçekten sosyalizme inandığımı onlar biliyorlar, inanıyorlar ve bunu teslim ediyorlar. Oysa genel olarak birtakım insanlara «Kariyer hırsı var, belli bir menfaati var, şöhret olmak istiyor,» gibi ithamlar yöneltebiliyorlar. Bana bunların hiçbirini söyleyemiyorlar. Çünkü ben gerçekten sosyalizme sıvandığım zaman maddi durumum çok iyiydi. Kariyerim sağlamdı, her şeyim vardı. Bunlardan dolayı bana inanıyor insanlar. Ayrıca siyasi çevresi o kadar kirlilik içersinde ki!

Gerçekten sosyalizm ile gündemde bulunan sosyalizm birbiriyle taban tabana zıt. Yani bir Sovyetler Birliği'ndeki sosyalizm, Doğu Avrupa ülkelerindeki sosyalizm bunlar, esas itibarıyla benim düşündüğüm şeylerin dışında. Çin de dahil bu söylediklerime. Sovyetler Birliği, çok daha önce Çin ise Mao Zedung'un ölümünden sonra, çok belirgin bir biçimde sosyalizm yönünden ayrıldılar. Bu nedenle ben Türkiye için bu modellerin hiçbirini önüme koymuyorum, Türkiye için düşündüğüm şey yakın bir gelecekte gerçekten burjuva demokrasisi. Türkiye'nin esas itibarıyla yakın gelecekte burjuva demokrasisine ihtiyacı var, yani sınıf ve tabakaların rahatlıkla örgütlenebileceği, fikirlerini rahatlıkla söyleyebileceği, bütün siyasi partilerin rahatlıkla kurulabileceği, işçilerin kendi haklarını koruyabileceği ve yine buna bağlı olarak azınlıkların üzerinden milli baskının kalkacağı bir Türkiye.

Bülent Ecevit niyet olarak gerçekten burjuva demokrasisini düşledi. Fakat onun için gerekli adımları atmadı ve bunun için gereken mücadeleyi vermedi. Bugün askeri faşist diktatörlüğün oluşmasında temel suçlulardan biri Ecevit'tir. Şu anlamda Ecevit'tir: İçinde bulunduğu durumu doğru tahlil etmedi. Kişi olarak belli şeyler getirmiş olabilir. Benim bulunduğum durumdaki bir yığın insana yardımcı olma gibi. Kişisel anlamda yardımcı olma değil, cezaevi koşullarını iyileştirmeye çalışma açısından örneğin. Bunlardan yararlanmış olabiliriz. Amaçlanan kişilerin yararlanması değil toplumun yararlanması olmalı idi. Ecevit bu konuda gerekenleri yapmadı. Yani faşizme karşı mücadelede gerçekten pasif, gerçekten teslimiyetçi, uzlaşmacı bir tutum izledi. Ve halkın büyük çoğunluğunun umudu yerle bir oldu. Çünkü Ecevit eğer iktidar gücünü gerçekten kullanabilseydi bugün Türkiye çok daha farklı bir yerde olurdu. Onu kullanamadı.

Ecevit gerçek bir burjuva demokrasisi için mücadele etmeliydi. Bunun gereklerini yerine getirmeliydi. Zorunluktan dolayı kalkıp, «İşte şu yasalar gerekli, bu yasalar gerekli» gibi bu amaca ters düşen sözler etmemeliydi. Bunları niçin yaptı? Sonuç itibariyle bugün kendisini yargılayan maddeler bile esas itibariyle kendi zamanında gündeme geldi.

(«Sizi tamamen kıpırdayamaz hale getirmeye mi çalışıyorlardı?» mealindeki bir soru üzerine.)

Tam değilse de o doğrultuda. Hakkımdaki dosyalar o kadar çok ki. Son olarak bir 7,5 sene ceza daha verdiler. 60 küsur yıllık kesinleşmiş cezam var. Öbürleri de arka arkaya geliyor.

Bir yazıda bireysel terörizmin yanlışlığı ve doğru devrimci tavrın ne olduğunu ortaya koyuyoruz. Bundan dolayı «Komünizm propagandası yapıyorsun,» deniyor. İyi anlaşılması gereken nokta şu: Türkiye'de askeri faşist diktatörlükten sonra demokrasi ortadan kalktı diyorlar. Demokrasiyi askerler götürdü diye bir düşünce var.

Oysa Türkiye'de demokrasi hiçbir dönemde olmadı. 61'den sonra mücadeleyle insanlar belli haklar kazandılar. Söke söke belli haklar aldılar. Kâğıt üzerinde var olan yasakçı maddelerin işlerliği zayıflatıldı. Ama yine de 12 Eylül'den önce düşünce özgürlüğü aynı biçimde engellerle karşılaşıyordu. Baskılar vardı, cezalar vardı. Ben 61'de hapishaneye basit bir yazı yüzünden atıldım.

Kürt sorununu ortaya koyarken bir Türkiye'li olarak koyuyorum. Çünkü ben esas itibariyle sınıf mücadelesine inanan bir insanım. Orijinim Kürt, fakat ulusal bir Kürt hareketi değil istediğim. Kürt, Ermeni vs, ne kadar ezilenler yaşıyorsa ülkemde ben onların bayrağı olmak istiyorum, onların mücadelesini vermek istiyorum. Şurası inkâr edilemez bir nokta benim için: ulusların kendi kaderini tayin hakkı ilkesine saygı gösteriyorum. Eğer Kürt halkı gerçekten ayrı bir devlet kurmak istiyorsa bu hakkı kullanabilir. Ancak ben birlikten yanayım. Yani Türk işçisi, Kürt işçisi, Ermeni işçisi, Rum işçisiyle ezilenlerin ülke sınırları içerisinde birliğinden yanayım.

Hapishanelerdeki insanlarla çok yakın oldum. Özellikle hikâyelerini yazdıklarımın hepsini yaşadım.

1) Anlattığım insanlar gerçekten var olan insanlardı.

2) Sanatlaştırırken o insanların hepsinin yerine kendimi koydum. Ben olsam ne yapardım, nasıl davranırdım? diye sordum.

Aynı fırtınaları ben de yaşadım. Bu anlamda benim içimde var olan bazı yanlar oradaki insanlara yansımış olabilir. Muhafazakârlık konusunda olsun, devrimcilik konusunda olsun. Bendeki zıtlıklar oraya yansımış olabilir. Bu da normal bir şey. Ancak bazıları bana daha yakın görülebilinir. Seyirci açısından da. Örneğin Ömer; niye isyanı seçiyor? Benim içimde de isyanı seçen bir yan var. Benim içimde de kimi zaman gerçekleri saklayan yan var. Bütün bunlar orada filmin kahramanlarına dağılmış durumda.

Sorun bence birkaç açıdan ele alınmalı:

1) Bir yazar olarak, senaryonun yazarı olarak, diğer insanlar karşısında gerçekten objektif olabilme, duygusallığa kapılmama ve gerçek duyguyu ortaya koyabilme sorunu vardı. Bu gerçekten başarıldı ve bugün YOL'u başarılı kılan şeylerin biri de bu objektiflikte yatıyor.

2) Genellikle seyirciler kadınlara karşı acıma duyguları taşıyorlar da erkeklere acımıyorlar. Aslında bence asıl acınacak durumda olan erkekler. Mesela YOL'dakiler; fizik olarak güçlü ama altında ezildikleri baskıya karşı çıkamıyorlar. Onun karşısında çaresizler. Bence asıl çözülmesi gereken nokta bu. Yine filmin umutlu, ileriye dönük, umut verici olmasının unsurlarından biri bu pişmanlık duygusu. Buzu düşünün ve buzda birdenbire değil yavaş yavaş bir çözülme başlıyor. Anlatılmak istenen bu.

(«Yol'u Cannes Festivaline yetiştirmek için çok yoğun bir gayret gösterdiniz, niçin?» mealindeki bir soru üzerine.)

Çünkü Cannes dünyanın en önemli film festivali. Yani Oscar'dan da önemli bir festival benim için. Oscar'da da her ne kadar yabancı filmler seçiliyorsa da Cannes bütün dünya sinemasına açık bir festival. Oscar'ın bir milli yanı var. Amerikan yapımı, Amerikan sinemasının sınırları içinde. Cannes dünyanın en önemli enternasyonal sinema festivali. Bu anlamda böyle bir festivalde ödül almak benim önüme yeni olanaklar getiriyor. Eğer gücüm varsa ben bu olanakları çok daha üst noktalara götürürüm. Eğer gücüm yoksa yani gerçekten cesaret kırıcı bir film yaparsam eskiden iyi oynayan bir futbolcu gibi bir kenarda kalırım. Cannes'ın her sene hazırlanan bülteninde, bilmem kaç senesinde böyle bir sinemacı vardı diye geçer. Benim için önemi hem sanatsal, hem siyasal açıdan, hem de genel mücadelem açısından. Sorun bunu doğru değerlendirebilmekte. Cannes'daki başarıya verilecek cevap yeni bir başarıdır. Yani gerçekten güçlü bir filmle cevap vermek lazım.

Duvar isyanı anlatıyor. Ancak eğer isyan önüne doğru bir hedef koymazsa amacına ulaşamaz. Filmde çocuklar bir başka cezaevi için isyan ediyorlar. Bir başka dünya için değil. Bu anlamda isyana kalkışan bütün insanlar, bütün halklar önlerine gerçekten daha ileri bir hedef koymalıdırlar. Ve isyanın içinde boğulmamalıdırlar. İsyan yeni bir umutsuzluk kaynağı olmamalı. Birincisi bu.

Türkiye'de bir cezaevini anlattım ve cezaevinin odağına çocukları, ikinci derecede de kadınları koydum. Ve orada toplumun belli yansımalarını anlatmaya çalıştım. Şematizme düşmeden, sanatın dilini hiçbir zaman da elden bırakmadan. Hiçbir zaman tepkici olmadan. Örneğin; Türkiye cezaevlerini bütün gerçeği ile anlatmış olsaydım, kimse inanmazdı. Bu nedenle mesele, daha hikâyeleştirerek, sinemalaştırarak ele alındı.

Mücadelem açısından önüme koyduğum üç temel insan var: Engels, Marx, Lenin. Bunun dışında yaşanan pratik içerisinde her başarılı deneyden siyasal anlamda ders çıkarmak istiyorum. Ancak bir sanatçı olarak etkilenmeye çok açığım. Yani şu anda adını hatırlayamadığım bir yığın insandan etkilendiğimi dahi söyleyebilirim. Örneğin son olarak gördüğüm bir filmden söz etmek istiyorum. «San Lorenzo Gecesi»ni gördüm. Taviani Kardeşlerin bu çalışması karşısında kendi kendime, «Nasıl yapmışlar, nasıl başarmışlar ne kadar güzel!» diyorum. Yani başarılı şeye karşı ve onu yapan insanlara karşı hayranlık duyuyorum. Bu belki şöyle bir ilkeye sahip olduğum için çok belirginleşiyor. Hiçbir sanatçının hiçbir şeyi tam olarak yaptığına inanmıyorum. Biri diğerinden farklı dünyaya, farklı gözleme, farklı birikimlere sahip. Kendi potalarında öylesine bir şey üretiyorlar ki senin onu yapma imkânın yok. Dünyada çeşitli ülkelerin sanatçıları anlamında söylüyorum. Öylesine güzel şeyler yapıyorlar ki! Ve buna hayranlık duymamak için insanın ya çok kendini beğenmiş olması ya da gerçekten dünyaya kapalı olması gerekiyor. Bu anlamda sinema dünyasının, sanat dünyasının bir adamı olmaktan dolayı bu başarılı şeyleri görünce kendi adıma pay çıkartıyorum.

Günahımla, sevabımla geçmişimde ne varsa hepsine sahip çıkıyorum. Bugün sinemacı olarak kazandığım pratikte; en kötü diye nitelenen, en kalitesiz diye nitelenen yapımların bile bende payı vardır. Çünkü insanlar genellikle şöyle bir duyguya sahiptirler. Hayatlarının bir döneminde beyaz bir deftere, hiç bozulmamış bir deftere ev ödevlerini dikkatlice çekmek ister gibi yeni bir deftere başlamak isterler. Okul ödevinde böyle olabilir. Herhangi bir iş tasarımında böyle olabilir. Fakat hayat hiçbir zaman beyaz bir defter değil. Bu anlamda benim hayatım da karalanmış, çizilmiş, eksi konulmuş hatta kimi yerlerine yanlış diye yazılmış bir defter. Bundan sonra da benim defterim hiçbir zaman bembeyaz bir defter olmayacaktır. Yani gayet düzenli, düzgün, dört başı mamur bir defter olmayacaktır. Bundan sonraki hayatım içerisinde de yine zikzaklar olacaktır. Olmamasına gayret edeceğim fakat elde olan bir mesele değil. Yaşar Kemal sinemaya geçişimden önce de benim önümdeki örneklerden biriydi. Yani yazar olarak örneklerden biriydi. Benim sinemacı olmamda da payı olan bir insan. İlk senaryo çalışmam onun bir hikâyesi üzerinden oldu ve bu hikâyede üç kişinin imzası vardır. Atıf Yılmaz'ın, Yaşar Kemal'in ve benim. BU VATANIN ÇOCUKLARI idi ismi. Yine ondan sonra ALAGEYİK diye bir hikâyesinin senaryosunda beraber çalıştık. İlk filmde de oynadı, ikinci filmde de oynadı. Üçüncü film gene Yaşar Kemal'in bir hikâyesi. Senarist olarak çalıştım orada. Aynı zamanda filmin çekiminde asistan olarak bulundum. Kendisi gerçekten yetenekli, büyük bir yazar. Ancak bir noktaya değinmek gerekiyor. Bunu saklı tutuyorum. Yani kendisine kişisel olarak söylüyorum. Şu an yazılmasını uygun görmüyorum. Ayrıca polemiğe girmek istemediğimi de belirteyim. Ama şu dönemde esas olarak adına ve kitlelerin daha önce kendisine duyduğu sempatiye uygun davranmadı. Yani bugün faşist diktatörlüğe karşı teslimiyetçi, uzlaşmacı bir tutuma girdi. Onun gibi büyük bir yazar için bu, onu zedeleyen bir şey. Yaşar Kemal bugün Türkiye gerçeğini objektif olarak anlatmaya kalkmış olsaydı, dünya demokrasisine ve kendi sanatsal kişiliğine çok büyük şeyler katardı. Bu anlamdaki tavrı gericiliğin yanında. Gerici basın da onun bu yanına sahip çıkıyor. Romanlarını övüyor. Zaten romanlarında açıktan açığa bir mücadele ögesi yok. Fakat gerçekten derin bir romancı. Saygı duymamak, bu yanına sahip çıkmamak mümkün değil.

Filme başlarken şüphesiz elde eksiği gediği ile bir senaryo var. Fakat asıl belirleyici olan set. Setteki çalışma. Bir sorunu masa başında çözmek istesem de çözebileceğimi ben sanmıyorum. Masa başında nasıl yapılması gerekliliğini çıkartabilirim. Yani oturur bu plan şöyle şu plan böyle, belli şeyler yapabilirim. Ancak benim genel çalışma tarzıma tamamen ters bir yöntem bu. Benim yöntemim esas itibariyle canlı şeyi yakalamaya yönelik olduğu için improvize ya da yarı-improvize çalışma demek daha doğru olur. Çünkü elindeki malzeme hiçbir zaman kâğıt üzerinde, masa başında hazırladığın şeye uyacak bir malzeme değil. Sürekli değişen ve sürekli sana yeni şeyler veren. Eğer sen gözünün önünde olan ve gerçekten etkileyici olan bir yığın şeye kapalı kalıp, kafanda tasarladığın, masa başında tasarladığın şeyleri almak istersen burada kayba düşersin. Sorun esas çizgiyi yakalamak, esas yapacağın ilkede kararlı olmak, hayat için de yakaladığın şeyleri mümkün olduğu kadar biçimlemeye çalışmak. Kısa bir anda, çok kısa bir zaman içerisinde doğan şeyleri biçimlemek. Örneğin filmin içinde yaşarken o sahnenin nasıl biteceğini ve oynanacağını başlangıçta bilmiyordum. Filmin nasıl biteceğini de. Kafamda düşündüğüm film başka bir şeydi. Fakat filmin çekilmesinin son anında karşıma öylesine başka olgular çıktı ki, film başka şekilde bitti. Bunun yapıcısı olarak ben filmi bilmiyorsam, filmin nasıl akacağını bilmiyorsam seyircisi hiçbir zaman kurulu bir senaryonun ona empoze ettiği şeylere göre şartlanıp «İşte bundan sonra şöyle olabilir» dememeli.

SÜRÜ'den sonra yaptığım film DÜŞMAN. DÜŞMAN gerek bazı teknik aksaklıklardan senaryosunun gerçekten biraz derin ve daha karmaşık olmasından dolayı SÜRÜ'nün gösterdiği başarıyı özellikle yurtdışında pek gösteremedi. Yani bence değerli bir film, fakat SÜRÜ'nün arkasından belli bir hayal kırıklığı uyandırdı. Bu beni oldukça sarstı. Bütün sorunları yeniden düşündüğümde «Nasıl bir film yapmalıyım?» diye sordum. «Öyle bir film yapmalıyım ki bu DÜŞMAN'la ortaya çıkan hatayı gidersin, onu da onarsın. Ve zaten hedefim her zaman iyi film yapmak. Bu kez gerçekten çok daha boyutlu ele aldım konuyu. Yani hem sanatçı olarak, hem bir prodüktör olarak düşünmenin gerekleriyle, zorunluluklarıyla hareket ettim. Ve çok uzun, çok güçlü bir Türkiye panoramasını ve bunun içinde serpiştirilmiş bir insanın hikâyesini yapmaya karar verdim. Deneyimli bir insanla çeşitli yerlere gidilip gerçekten çok geniş bir Türkiye panoraması çizilecekti. Büyük bir destan yapacaktım. Hazırlıklarına giriştiğimde çok geçmeden 12 Eylül darbesi geldi. Bu benim için yeniden hesap edilmesi gereken bir şeydi. Ve filmin belli değişikliklere uğraması gerekiyordu. Senaryonun belli değişikliklere uğraması gerekiyordu. Ve burada sorun çekim zorluğu olarak çok daha yoğun bir biçimde karşıma çıkıyordu. İşin avantajı şu idi. Eğer elimi çabuk tutabilirsem faşist cunta henüz başka şeylerle uğraşırken, henüz sanatsal ilişkilere elini uzatacak durumda değilken ben bu filmi bitirebilirdim. İkincisi gerçekten güçlü bir ekip oluşturmalıydım. Ve bunun için de bazı arkadaşlar seçtim. Zeki Ökten bir başka filmin yönetmenliğini yapacaktı. Onun için onun dışında birini bulmam gerekliydi. Filmin çekimini üstlenen arkadaşla uzun bir hazırlıktan sonra, filme başladığımızda başarısız sonuçlar aldım. Ekibin değişmesi gerekiyordu. Ekip değişti. Bu büyük gürültü yarattı. Özellikle sinema çevresinde bana karşı belli ithamlar geliştirildi. Hatta filmin yeniden çekimine karar verdiğim zaman çekimini engelleme kampanyası yürütüldü. Ancak ben şurada şu noktayı açıkça belirtmeliyim. Ben her şeyden önce her şeyin iş tarafından belirlendiğine inanıyorum. Eğer ben birtakım insanların bireysel onurunu, bireysel anlamda durumunu düşünseydim YOL gibi filmi ne Türkiye, ne de dünya sinemasına kazandırabilirdim. Böyle bir film çıkmazdı. Bu nedenle benim için önemli olan şey sonuç. Bu nedenle bu meselenin üzerinde fazla durmak istemiyorum. Yine çekimde karşılaştığımız önemli zorluklardan biri maddi zorluklar oldu. Çünkü Türkiye koşullarına göre bizim hazırladığımız finansman olanakları çok yüksek olmasına rağmen çekim için yetmedi. Yani başlangıçta iki yüz bin Frank falan harcasak çekimi bitirirdik diye düşünüyorduk. Ama hesaplar tutmadı. Bunun üzerine CACTUS filmle ortaklığa girdik. Onların desteği ile filmi bitirdik.

Filmin babalığı konusu kaynağını benim kattığım emekten alıyor. Yani ben hiçbir zaman filmin yöneticisi, rejisörü anlamında, yani filmi cezaevinden yöneten bir adam olarak takdim etmedim kendimi. Filmi yaratan adam olarak tanımladım kendimi. Bu nedenle Türkiye'de verdiğim emeğin yanı sıra yurtdışına çıktıktan sonra da yaptıklarım var. Elimde bulunan hammaddeyi, negatifi, yani sadece imajları – buna «iş kopyası» deniliyor – iş kopyasını seyrettikten sonra; bu filmle nasıl bir film yapabileceğimi düşündüm. Ve bunun için de filmde bir ayıklamaya ve hangi malzemeyi nasıl kullanabileceğime karar verdim. Yeni bir senaryo gerekiyordu. Yani benim yazdığım senaryo temel olmak kaydıyla eldeki malzemeden yeni bir film nasıl yapılabilir ve nasıl bir senaryo kurulabilirdi? Senaryoyu yeniden yazdım. Birçok yerde diyalogları değiştirdim. Plan bağlantılarını doğru kurabilmek için plükaj yaptım. Daha geniş olan, bazı planları diğer planlarla daha dengeli kılabilmek için uğraştım. Örneğin geceye denk düşmüş bazı sahneler vardı. Bunları gündüze çevirttim. Yeni plan çekmedim. Eldeki malzeme ile çalıştım. Arkadaşlar esas itibariyle gerçekten iyi film yapacak malzemeyi çekmişlerdi. Ben o başarının esas itibariyle temelinde bu arkadaşların yattığını söylüyorum. Bize gerçekten iyi bir malzeme getirmemiş olsalardı biz iyi bir film çıkaramazdık. Yedi kez montaj yaptım. Birçok yerde bazı sahneleri kestiğim için orada anlatılması gereken şeyleri başka sahnede anlattım. Ağızlara bakarak, ağızlara uyacak diyalogları, filmin dublajını yaptım. Bundan sonra bütün işlemlerine katıldım. Seslendirilmesi, brütajı. Bana burada «Brütaja katılacak mısın?» diye sordular. Ben şaşırdım. Yani burada rejisörler brütaja katılmıyor mu? Çünkü ses, en küçük bir ses bile bir film için büyük önem taşır.

Çok daha önceleri cezaevinde basına istediğim zaman cezaevinden ayrılabileceğimi açıkladım. Bunun benim kararımla gerçekleşeceğini; yani benim irademle, benim kendi kararım olacağını belirttim. Bu o zaman büyük tartışmalara yol açtı. Ve birçok insan bu konuda benim biraz yüksekten konuştuğum düşüncesine kapıldı. Ancak ben o zaman gerçekten Türkiye'den ayrılmayı düşünmüyordum. Çünkü cezaevinde ve buna bağlı olarak dışarıda mücadelemi sürdürüyordum. Ancak 12 Eylül darbesinden sonra adım adım çevremdeki baskılar yoğunlaştı. Örneğin daha önce İmralı Cezaevi'ndeyken 350 jandarmayla beni alıp bir başka cezaevine götürdüler. Başlangıçta benim bir başka cezaevine gönderilmem bir anlamda hazırlanmış bir komplo ile bağlantılıydı. Çünkü gönderildiğim cezaevinde faşistler çoğunluklaydı. Gittiğim zaman aldığım istihbarat orada bir suikaste uğrayacağım biçimindeydi. Fakat orada gösterdiğim tavır ve kısa zamanda çevremde birtakım insanların oluşturulması bu planı suya düşürdü. Aynı şey bir süre sonra bir başka cezaevinde yapılabilirdi. Kapalı cezaevine gitme durumum vardı. Çünkü mahkemelerim sonuçlanmak üzereydi. Ve buna bağlı olarak yine sanatçı olarak ve insan olarak dışarı ile bağlarım alabildiğine kopartılıyordu. Ve dışarıda korkunç bir baskı dönemi başlamıştı. Bu koşullarda orada kalmak boyun eğmek, teslim olmak anlamına gelecekti. Onun için kararımı verdim fakat filmin bitimini beklemeyi, elimde bir filmle yurtdışına çıkmayı uygun gördüm. Filmim bittikten, gerekli hazırlıkları yaptıktan sonra kararımı gerçekleştirdim ve yurtdışına çıktım.

Türkiye'deki gerici basın aleyhimde çok yoğun bir kampanya yürütüyor. Türkiye'deki gerçekleri açıkladığım için beni vatan haini ilan ettiler. Ve gazetelerin bazıları İkinci Dünya Savaşından sonra Hitler'in yardımcıları Arjantin'den, şuradan buradan nasıl toparlandıysa benim için de öyle timler çıkartılmasını ve yakalanıp Türkiye'ye götürülmemi önerdiler. Ve aileme, çevreme sürekli baskı yapılıyor.

Bir İspanyol gazeteci ile görüşme'den

Türk generalleri seni vatandaşlıktan attılar. Hangi ruh hali içindesin ve Türkiye'ye dönme kavgana ne şekilde devam ediyorsun?

Türkiye'ye dönmemin bir tek yolu var; gerçek anlamıyla demokrasinin kurulması. Bu gökten inemeyeceğine göre bunun için mücadele yürütmek gerekiyor. Bugün sanat alanında verdiğimiz mücadelenin yanısıra Türkiye'de kitlelerle bağları derinleştirmek, onların gerçekten faşizme karşı siyasi eğitimini yapmak, örgütlenmek. Bu çalışmaları gücüm oranında yapmaya çalışıyorum.

– Biz tek başına mücadele veren bir güç değiliz. Bizim dışımızda da daha önce olduğu gibi birçok siyasi grup var. Anti faşist-devrimci, demokrat birçok grup var. Biz Türkiye'de faşizm karşı çok geniş bir cephenin kurulmasından yanayız. Ve faşizmi yenmenin temel koşullarından birinin de bu olduğuna inanıyoruz.

– Bunu en basit insani duygularla açıklamak gerekirse; ülkemdeki bir yemeği özlemekten, ülkemdeki ağacı özlemekten, ülkenin kokusunu özlemekten tutun da, halkımın türkülerini, onlarla doğrudan ilişkide olmayı özlemeye kadar bir yığın şey. Bu duyguların eksikliği. Bu bizim için eksikliktir. Özlenen bir şeydir. Ancak bunun yanında şunu da ifade etmek gerekir: Kendimizi yalnız hissetmiyoruz. Ülkeyle bağlarımız yüksek. Ancak mücadelenin çok daha yüksek olmasını istiyoruz. Mücadelenin çok daha yükselmesi gerekliliğini istiyoruz. Bu iki duygu yani hem özlem, hem dönmemizi sağlayacak mücadelenin gerektirdiği görevleri yapmak birbirine karışıyor.

Türkiye'de insan hakları yıllardır çiğneniyor. Bunun bir sonu yok mudur? Varsa nedir çözüm?

Bugüne kadar süren, insan haklarının çiğnenmesi, anti-demokratik kurumlar, bütün bunlar bu işi yapanların güçlülüğünden gelmiyor. Ona karşı olan insanların güçsüzlüğünden geliyor. Eğer biz Türkiye'de gerçekten devrimci muhalefeti örgütleyebilmiş olsaydık, demokratik muhalefeti örgütleyip devrimciler olarak kitlelere sağlıklı alternatifler götürebilmiş olsaydık bugün bu durum olmazdı. Bu nedenle öncelikle hatayı kendimizde arıyoruz. Ve bütün düşüncemizi ve çabamızı bu noktaya yoğunlaştırıyoruz. Bugün Türkiye'de var olan durumun bir an önce bitmesinin temel koşulu halkın bu baskıya karşı örgütlü bir biçimde ayaklanması, karşı durması ve bunları alaşağı etmesi ile mümkün olacaktır. Ancak bunun için şimdiden bir takvim vermek zor. Sadece şunu söyleyebilirim. Bugün silahların gölgesinde korunan bir iktidar ancak onu alaşağı edecek şiddetle mümkündür. Yani eğer o şiddeti halka dayalı olarak hayata geçirmiyorsan o şeyin yıkılması mümkün değildir. Ancak Yunanistan, Portekiz, İspanya örneğinde olduğu gibi kendi çürümeleriyle çökmeleri de mümkündür. Ancak İspanya'da otuz senede, Portekiz'de şu kadar senede oldu çöküş, Şili'de dokuz senedir sürüyor, Brezilya, Arjantin; Latin Amerika ülkelerinde sürekli olarak ayaktalar. Onun için yeni tipte bir örgütlenme, yeni tipte bir mücadele biçimi zorunlu. Bunu başarabilirsek bunları alaşağı edebiliriz. Yok sadece dışardan gazel okuyan, yakınan insanlar olursak bunlar otuz sene de gidebilirler.

Silahlı bir eylemden bahsediyorsun. Ancak Ermeniler yaptığında silahlı eylemi yermiştin.

Sadece Ermenilerin yaptığı silahlı eylemi değil, Türkiye'de yapılan silahlı eylemleri de yeriyorum. Bugün Avrupa'da bazı eylemler koyuyorlar, konsolosluk basıyorlar, sonra sığınmacı haline geliyorlar ya da bir uçak kaçırıp dört kelime söylüyorlar, ya da herhangi bir yerde bir suikast yapıyorlar. Bunları tasvip etmiyorum. Yani benim getirdiğim devrimci şiddet ile bireysel temelli şiddet birbirinden ayrı tutulmalı. Yani ben esas olarak halkın yüzde seksenine dayanan başkaldırıdan söz ediyorum. Yarın ülkede çalışan insanlar sadece grev yaptıklarında, işi durdurduklarında onların üzerine silahlarla gideceklerdir. Polonya örneği ortada, Polonya'da halk Jaruzelski'den güçlü. Fakat silahları yok. Silahlı örgütlenme temeline dayanmamışlar. Eğer silahlı örgütlenme temeline dayansalardı ordaki işçi sınıfı Polonya'nın Sovyetler'e bağlı ordusunu da, Sovyetler'i de dize getirirdi. Afganistan'da halk bugün silahlı mücadele veriyor. Biz şimdi Afganistan'daki silahlı mücadeleye şunu mu söyleyelim: İşte barışçı yolları bekleyin. Bir gün barışçı yollarla Sovyetler de oradan gider. Sovyetler ordan gider mi? Yine aynı şekilde ABD emperyalizmine karşı Vietnamlıların verdiği mücadele.Güney Vietnam'da halka şunu mu söylemeliydik; «Demokratik yolla seçimle günün birinde iktidarı alırsınız, bekleyin» demek mi lazım? Salvador'da bugün halk faşist diktatörlüğe karşı onların vereceği demokrasiyi mi beklemeli?

Türkiye'de siyasi durum ve demokrasi mücadelesi üzerine:

Bugün Türkiye'de daha önce devrim, demokrasi lafını eden aydınların, sanatçıların büyük bir bölümü bugün faşist cunta ile uzlaşma içine girmiş ve bir kısmı teslim olmuş durumda. İsimlerini vermek istemiyorum. Öyle insanlar vardır ki yıllar yılı devrimci geçinmiş, demokrat geçinmiştir. Fakat bugün faşist cuntanın çanağını yalamakta ve mücadeleden kaçmak için çeşitli kılıflar bulmaktadırlar. Asıl sorun işçi sınıfının kendisini kurtarmasıdır. İşçi sınıfı kendi sanatçılarını, kendi aydınlarını bu süreç içerisinde belli bir oranda yetiştirmiştir. Küçük bir azınlık bile olsa onlar vardır. Bunların bir kısmı cezaevlerindedir, bir kısmı Türkiye'de kendi can varlıklarını korumak için savaşmakta, bir kısmı da gerçekten koşulların elverdiği oranda mücadele yürütmektedir. Yine buna bağlı olarak şunu anlatmak istiyorum: Eğer bir ülkede açık konuşma, açık mücadele şartları yoksa orada yürütülecek mücadele illegal mücadeledir. Eğer bir ülkede açık biçimde sınıf mücadelesi yürütülmüyorsa, yapılan şeylerin sözün, yazının, demokratik eylemin karşısına, zor getiriliyorsa, burada yapılması gereken şey, zorun örgütlenmesidir. Ancak bugün örneğin bir Almanya'da Baader Meinhof'ların, İtalya'da Kızıl Tugaylar'ın şiddeti işçi sınıfından kopuk bir şiddettir. Bu nedenle şiddet kendi gelişmesini tamamlayacak, kendisini sonuç olarak ortaya koyacak evrimi yapamıyorsa sonunda Türkiye'de olduğu gibi yenilir.

– Gerçekten kısıtlı. Ancak belli bir şeyler yapmak için o yasaların çiğnenmesi lazım. Örneğin çok ünlü bir romancının oradaki rahatlığıyla, belli bir süre hapishaneye girme arasında yapması gereken bir tercih bu. Hapsedilmeyi göze alması halinde «Evet, burada faşizm vardır, evet burada halk eziliyor» demesi halinde, belki altı ay, belki bir yıl hapse girecektir. Belki ona işkence de yapılacaktır. Ancak o daha önce söylediği şeylere layık olma adına bile olsa, sadece bu açıdan bile ele alsa, bu adımı atması gerekir. Halkın umutsuzluğa kapılmaya, halkın inançlarını kaybetmeye başladığı bir dönemde bu ve benzeri şeyler halkta heyecan uyandırır. Meseleyi tekrar sahiplenme duygusunu beraberinde getirir. Ancak bir zamanlar halka «Devrim yapmak lazım, bunlara karşı direnmek lazım, şunları, şunları yapmak lazım,» diyen adamlar eğer köşeye saklanıyorsa siyasi bilinci gelişmemiş insanlar, «Bunlar bizi öne sürdüler, sonra kendileri kaçtılar,» diye konuşabilecektir. Önderlerine inanmayan bir halk önderlerine güvenini yitiren bir işçi sınıfı, neyle gidecektir? Onların önder kadroları eğer ihanet etmişse, onları umutsuzluğa sevketmişse, burada oturup iyi düşünmek lazım.

Senin gibi bir insanın bu durumda yurtdışına çıkması yani bağırması gereken bir durumda yurtdışına çıkması, Türkiye'de bazı kişiler tarafından bırakıp gitme olarak yorumlandı mı?

Özellikle faşist ve sağcı gazeteler bunu körüklemeye çalışıyorlar. «İşte Yılmaz Güney yıllarca konuştu, şimdi bırakıp gitti, kendisi orada rahat.» Hatta bir gazete, «Kral hayatı sürüyor, sefahat âlemleri içerisinde,» falan diye yazıyor, soruna şu açıdan bakmak lazım: Benim cezaevinde kalmam halinde yapacaklarımla şu gün yaptıklarımı teraziye koyup tartıldığında benim bugün burada yaptığım şeyler ağırlık kazanır. Orada ağzım bağlı kolum bağlı hücrede tıkanıp kalmaktansa, tıkanıp teslim olmaktansa biz her türlü tehlikeyi göze aldık. Namlunun ucunu seçtik. Yani onların boy hedefi olmayı daha açık biçimiyle seçtik. Orada belki el altından bir iki yazı gönderebilirdim. Senede üç dört defa birtakım şeyler yapabilirdim, özellikle son gelişmeleri kastediyorum. Çünkü son olarak verilen cezalar artık beni gerçekten eli kolu bağlı bir insan haline getirecekti. Orada herhangi bir şey yapmam mümkün değildi.

Hangi cezaevinde olursa olsun kaçmam daha önce de mümkündü. Bu işi yapabilirdim. Ama bekledim. Yani Türkiye'de yapabileceğim şeylerin son noktasına kadar bekledim. Eğer daha önce Türkiye'den ayrılsaydım doğru olmazdı. Son ana kadar beklesem gene doğru olmazdı.

Türkiye halkı yoğun bir şekilde yüzde doksan bir oyla anayasaya evet dedi. Ama o kadar yoğun ki biraz zorlanmış havası var. Ancak bu oylamadan sonra bu rejimden kurtulmanın daha da güçleştiğini sanıyoruz.

Şimdi yaklaşık 1.5 milyon insan red oyu veriyor. Bu yüzde dokuzu buluyor. Bu yüzde doksan biri tahlil ettiğimiz zaman bence şu noktalar öne çıkıyor:

1) Devrimciler ve demokratlar kısa vadede bir alternatif getiremediler. Hayır denilmesi halinde ne yapmak gerekir? Bu soruya berrak bir çözüm getiremediler. Daha önceki eylemleri, tavırlarıyla kitlelerde gerçekten bir güven kaynağı oluşturamadılar.

2) Anayasanın oylanması ile askeri rejimin gideceği, onun yerine sivil bir dönemin başlayacağı düşüncesi hâkim oldu.

Aslında bu yüzde doksan bir evet bir anlamda askeri rejimin gitmesine karşı kullanılmış oy anlamına da gelir. Ancak siyasi bilinç seviyesi düşük olduğu için halkın bu anayasa ile neler geleceği konusunda pek bilgisi yok. Bu konuda pek iyi çalışma yapılamadı. Çünkü kâğıt üzerinde herkes siyasi parti kurabilir, sendikalar kurabilir, düşünce ve söz özgürlüğü serbesttir diye birtakım maddeler var. Altında da çok ustaca kısıtlamalar var. Ancak çok yuvarlak «Devletin birliğine zarar verecek hallerde kısıtlanır.» Sendikalar siyasi partilerle ilişki kuramaz gibi çok yuvarlak ancak gerçekten siyasi uyanıklığı gerektiren birtakım kurallar var. İkincisi bu. Yani yüzde doksan bir içinde askeri rejime «hayır» demenin ifadesi de vardır. Birçok yakınımızı biliyoruz. Anayasaya «evet» dersek şimdikinden daha iyi bir duruma gidilecektir. Yüzde doksan bir esasında askerlere «evet» demek değil askerlere «hayır» demektir.

3) Çok yoğun bir biçimde «hayır» diyenler hakkında hangi işlemlerin yapılacağı açık bir biçimde bildirildi. Evren bunu kendisi söyledi, taraflarına söyledi ve «hayır» diyen birtakım insanlar tutuklandı. «Hayır» diyebileceği bilinen insanlar baskıya uğradı.

Askerler daha ne kadar iktidarda kalacak?

Askerler, iki üç yıla kadar üniformalarını çıkartabilirler ve sivil giyinebilirler. Bu, generallerin yeni yasa, kurum ve organlarla iyice yerleştirmeye çalıştıkları faşist diktatörlüğün değiştiği anlamına gelmez. Onlar, askerler sözde kışlaya dönseler de, kendi istedikleri siyasi ve ekonomik düzeni, biçimsel parlamenter bir görünüm altında sürdürmek istiyorlar.

Onlar, askeri faşist diktatörlükten, organ ve kurumlarını sağlamca yerleştirdikleri sivil faşist diktatörlüğe geçecekler.

7 Kasım'da yeni hazırladıkları faşist anayasayı halk oyuna sunacaklar. Namluların gölgesinde, tehdit ve baskı ile. Anayasa halk oyundan geçecek. Ve onlar diyecek ki, «halk bizi onaylıyor!» Anayasa, öyle bir ortamda hazırlandı ki, kimsenin anayasayı tartışma hakkı yok. 61 Anayasasında ne kadar ileri nokta varsa, Evren bunlara daha ilk gününde karşı çıktı. Demirel ile onun arasında bir fark yoktur. Demirel de 61 Anayasasına karşıydı, Evren de. 27 Mayıs Anayasa ve Özgürlük Bayramına Demirel de karşıydı, Evren de. Ancak Demirel güçsüzdü, Evren güçlüydü; anayasayı da kaldırdı, bayramı da, özgürlükleri de. Ve Demirel'in ekonomik programını aynen uyguladı.

Generaller çetesinin düzeni, ister sivil olsun, ister askeri, özü itibariyle faşist diktatörlük ile korunmak isteniyor. Onları iktidardan uzaklaştıracak geniş halk kitlelerinin örgütlü, birleşik demokrasi mücadelesi olacaktır. Hiçbir güç, dıştan mücadele ile yıkılmaz. Asıl mücadele güçleri Türkiye'dedir. Onların yani işçilerin, köylülerin, şehir küçük burjuvazisinin ve milli burjuvazinin örgütlenmesi ve faşizme karşı mücadelesi belirleyici olacaktır. Ne zaman ki, faşist dikta, halkın mücadelesiyle baş edemeyecektir, o zaman yerlerini terkedeceklerdir. Ancak, onların yerine kim geçecektir? Asıl sorun budur...

Dediğim gibi, Generaller ne zaman iktidardan ayrılır, gün veremem. Onu halkın mücadelesinin şiddeti, doğruluğu ve birleştiriciliği belirleyecektir.

Size göre Türkiye solunun hataları nelerdi?

Türkiye solu tarihin hiçbir döneminde, bir bütün olarak, doğru bir siyasi ve ideolojik temel üzerine oturtamadı mücadeleyi. Türkiye koşullarının gerektirdiği örgütlenmeler yaratılamadı. Mücadele esas olarak kitleleri kazanamadı; kitleler mücadeleye kazanılacağı yerde seyirci durumuna sokuldu. Teorik ve pratik sayısız hatalar işledi ve işlemeye devam ediyor.

«Siyasi organizasyonlar işçi köylü kitlelerinin, sosyal ve kültürel gelenekleri açısından, beklenimlerine gereken cevapları veremediklerinden kaybettiler,» yolundaki görüşüme katılıyor musunuz?

Genel olarak doğrudur. Devrimci ya da yurtsever demokrat karakterli örgütlenmeler, siyasi çalışmaları, eylemleri ve davranışlarıyla emekçi kitlelerin güvenini kazanamadılar. Küçük bir azınlığın dışında, büyük bir çoğunluk, hem devrimci hareketlerden, hem de faşistlerden yılgınlığa kapılmıştı. Gerçekten de, kitlelerin içinde bulunduğu ruh halini hesap etmeyen eylemler, kitlelerin sempatisini değil, olumsuz tepkilerini kazandı. Halk, devrimci demokratik güçler arasındaki ayrılık ve mücadeleden de ürküyordu. Öyle örgütlenmeler vardı ki, kendi taraftarını kurşuna diziyordu. Zoru sadece düşmana değil, halka karşı da kullanıyorlardı. Örgütlenmeler arasındaki rekabet gelişigüzel eylem yapmaya kadar ve hatta birbirlerinden adam öldürmeye kadar varmıştı. Bir kısım örgütlenmeler, «kamulaştırma» adına şoförleri, bakkalları soyuyor, kazanılması gereken küçük burjuva işletme sahiplerini karşılarına alıyordu. Ünlü zorla «kepenk kapatma» eylemi bunun bir ifadesi ve örneğidir. Faşistlerin kullandığı yöntemler ile kendilerine devrimci diyen... bazılarının yöntemleri birbirine karışmıştı. Provakasyon adı verilebilecek bazı eylemlerin ardından bazı devrimci örgütlenmeler çıkıyordu. Devrimci mücadele, faşistlerle düello düzeyine indirgenmişti, bazı örgütlenmeler tarafından... Sonuç olarak, burjuva partilerinden umudunu kesen halkı, devrim saflarında da güvenebileceği, ardından gidebileceği bir örgüt bulamayınca, umutsuzluğa kapıldı. 12 Eylül bu umutsuzluğu iyi değerlendirdi. Halk için, askerler ehven-i şer (kötünün iyisi) idi. Ancak, onları da kendi deneyimleri ile öğrendiler, öğreniyorlar. Geniş halk kitleleri gerçekten bir umutsuzluk içinde. Eğer devrimci hareket, önümüzdeki mücadele yıllarında, halkın güvenini kazanacak bir yol izleyemezse, tarihi bir fırsat daha kaçmış olacaktır.

Demokratik parlamenter rejime geçiş görünüyor mu veya sosyal adaleti ve eşitliği sağlayabilmek için devrimci bir değişim mi gerçeklik kazanıyor?

1984 ya da 1985'te Türkiye'de seçimler yapılabilir. Ama bu, özgür, demokratik kurallar içinde bir seçim olmayacaktır. Onların, yani Generaller Çetesinin izin verdiği partiler seçime girecektir ve halk, kendi cellatlarını seçmeye zorlanacaktır. Faşistlerden ve gericilerden oluşan bir parlamento kurulacaktır ve Generaller Çetesi, «İşte sözümüzü tuttuk, demokrasiye geçtik» diyeceklerdir. Onların demokrasi dedikleri şey, ezici çoğunluğu temsil eden halk için baskı, zulüm, soygun ve hapishane demektir. Bir avuç soyguncu zalim, istediği gibi hareket edebilecek ve fakat halk için bir şey yapmak isteyenler yine ezilecektir.

Yıllar yılı, 12 Eylül'den bu yana demokrat Avrupa ve dünya kamuoyu, askerlerin sözüne inandı. Fakat düşünemediler ki, kafalarında en küçük demokratik bir anlayışa sahip olmayanlar, nasıl bir demokrasi kurabilirler. Mustafa Kemal'i tanımadıkları için, Kemalizmi bilmedikleri için, bunların ideolojik yapısını da anlayamadılar ve esas olarak Türkiye'de olanlara ciddi biçimde eğilmediler. Generaller zaman kazanmak istiyorlardı ve kazandılar da.

Teröre karşı olduklarını söyleyen Generaller 12 Eylül öncesi sürdürülen sağ terörün bugün resmen devam ettiricileridir.

Türkiye'de, demokrasi yolu, ancak devrimci bir değişiklikle açılabilir. Bu da, uzun, sabırlı ve zorlu bir mücadeleyi, halk kitlelerini kazanabilecek ve kavgaya örgütleyebilecek doğru siyaseti ve taktikleri gerektiriyor. Bunu mutlaka başaracağız. Kürt, Türk ve çeşitli milliyetlerden emekçi halkı demokrasi bayrağı altında, ortak mücadele için seferber edeceğiz.

Sosyal demokratların rolü ne olacak?

Sosyal demokratlar, geçtiğimiz dönem çok kötü bir sınav verdiler. Halk kitleleriyle birleşeceklerine, faşistlerle, diğer gericilerle uzlaştılar ve onlara şirin görünmeye çalıştılar. Halka vaat ettiklerini yerine getirmedikleri gibi Demirel'in bile çıkartmaya çekindiği baskı yöntemlerini ve yasalarını oluşturdular. Hükümet olacağız diye, partiyi 11 kişiye teslim ettiler. Onların bir kısmının mahkemesi (kaçakçılık, rüşvet, yolsuzluk) sürmektedir. (Şerafettin Elçi'yi onlardan ayrı tutuyorum. Çünkü o Kürt olduğu için üzerinde oyunlar çeviriyorlar ve prestijini sarsmak istiyorlar.) Onlar, öylesine büyük tarihi fırsatlar kaçırdılar ki, halkı gerçekten umutsuzluğa ittiler. Sınıfsal ve siyasi yapıları gereği, başka türlü de davranamazlardı. Bundan sonraki mücadelede de, farklı bir hat izleyeceklerini sanmıyorum. Muhalefette iken gösterdikleri tutum ve davranış ile, hükümet olduktan sonra gösterdikleri tutum ve davranış tanınmayacak kadar farklıdır. Ancak, faşist diktatörlüğe karşı, yine de bir güçtürler ve onlarla dayanışma içinde olmak gerekir. Fakat halka onları bir umut ve geleceğin kurucuları olarak gösteremeyiz. Gerçek anlamda halk demokrasisini, ancak bizler kurabiliriz. Yani devrimciler. Ancak, kendilerine her devrimci diyen gerçekten devrimci midir? Bu da tartışma konusudur. Örneğin, bugün kendilerine biz «devrimciyiz» diyen bazı örgütlenmeler, faşist Evren'i destekliyorlar. Öte yanda, halk evlatlarının kanına elini bulamış bir sıkıyönetim komutanına kendisine sosyalist adı veren bir ülke, madalya takıyor. Halkın mücadelesi ile köşeye sıkışan Cuntanın Şeflerine, kendilerine sosyalist diyen ayrı iki ülke kucak açıyor ve madalyalar takıyorlar. Ve bu madalya halk adına takılıyor, kime takılıyor, işkencecilerin elebaşılarına. İşte sorun bu... Kendi ülkelerinde demokrasi uygulamayanların, başka ülkeler için demokrasi havarisi kesilmelerini anlamıyoruz, fakat niyetlerini anlıyoruz.

Bir sinemacı olarak, bu bilinç gelişimi sürecinde sizin rolünüz ne olabilir?

Sanat, devrimci demokratik mücadele sürecinde çok önemli ve

gerekli bir silahtır. Ben de, sanatçı yönümü ve sanatsal olanaklarımı bu mücadelenin vazgeçilmez bir parçası olarak görüyorum. Filmlerimle, yazılarımla, konferanslarımla, gizli ve açık birçok ilişki ve çalışma ile, kitlelerdeki bilinç değişimine katkıda bulunmak istiyorum. Ancak, her mücadele gibi, sanat alanında da bir programa ve hedeflerin tespitine gerek vardır. Sanat alanındaki mücadele siyasi mücadelenin hedeflerine bağlıdır. İnancım o ki, son yirmi yılda kitlelerin bilinçlendirme çabaları sağlıklı ve doğru bir gelişim göstermedi. Birçok yanlış akım, genç beyinleri felce uğrattı, yanlış anlayışlara ve hatalı kavrayışlara gebe bıraktı. Yeni bir toplum yaratma kavgamız, bugüne kadar varlığını sürdüren yanlış akımlara karşı mücadele ile birlikte yürümelidir. Geçmişten bugüne, yapılan hatalar, yanlış bilgilenmenin ve bilinçlenmenin kaynakları açığa çıkartılmalıdır. Yanlış odaklar, kişiler ve akımlar sergilenmelidir. Her şeyin yeniden düşünülmesi gerekiyor. Cesur olunmalıdır.

Bugüne kadar sürdürdüğüm mücadeleyi daha da derinleştirmek ve geliştirmek istiyorum... Bu bir görevdir.

Türk filmlerinde Kürt sorunu açıkça hiç ortaya koyulmamıştır. Bunu değiştirmek mi gerekli? Nasıl?

Türk filmlerinde değil yalnızca Kürt sorunu, hiçbir sorun gerçeğine uygun ortaya konulmamıştır... Konulamazdı da. Çünkü sansür ve düşünme özgürlüğünü kısıtlayan yasalar vardı. 61 Anayasası, düşünce özgürlüğüne yer vermişti, ancak o, kâğıt üzerinde kaldı. Hayata geçirilemedi. Bugün, Türkiye'de, çeşitli milliyetlerden emekçilerin sorunlarını anlatabilmenin yolu demokrasiden geçecektir. Bu nedenle devrim yapmamız gerekiyor. Halkın soyguncuların elinden kurtarılması, anti-demokratik bütün uygulamaların kaldırılması, bağımsız ve demokratik bir ülke yaratılması ancak devrimle çözülebilir.

Olanaklarınızla Avrupa'daki Kürt ve Türk muhalefetini destekleyecek misiniz?

Destekleme deyimi, daha çok mücadelenin dışındakiler için kullanılan bir deyimdir. Oysa ben mücadelenin içindeyim.

Avrupa'da, Türkiye ve Kürdistan devrimci ve demokratlarının sürdürdüğü mücadele, ülkemde sürdürülen mücadelenin parçasıdır. Ve bu mücadalenin zaferi, doğru bir siyasete sahip olmakla mümkündür. Önümüzdeki görev, geniş tabanlı bir demokratik cephe oluşturmaktır. Güçlerin ve enerjinin birleştirilmesi gereklidir. Gücüm oranında böylesi bir cephenin oluşturulmasına çalışacağım. Maddi ve manevi olanaklarım her zaman devrimci mücadelenin hizmetinde olacaktır.

Ezilen Türk ve Kürt halkları ile Avrupa kamuoyu arasındaki dayanışma niçin bu kadar zayıf?

Bu konuda henüz yeniyim. Nedenlerini araştırıyorum. Çalışmalarımı bitirdikten sonra, sorunuza cevap verebilirim.

Uzun bir zaman için Türkiye'ye dönememeyi bilmek sizde neler uyandırıyor?

Bir insanın, ülkesinin dışında yaşamak zorunda olması acıdır. Ben de ülkemden uzak olmanın çeşitli acılarını duyuyorum. Aynı zamanda, ülkemi hapishane ve kan gölü haline çevirenlere de nefret duyuyorum. Acı ve nefret, mücadele kararlılığımı güçlendiriyor. Biliyorum ki, ülkeye bir an önce dönebilmenin temel koşulu ülkemde devrimci demokratik bir değişimin sağlanmasıdır. Bunun bilincinde olmalı, her olanağı, her anı devrimi çin kullanmak gerekliliği demektir.

Bir gün acımız sevince, karanlık aydınlığa çevrilecektir...

Jurgen ROTH ile
görüşme-1983'den

BELGELER

İstanbul Birinci Sorgu Hâkimliğine Bilirkişi Raporu

Dosya No. 57/10

İstanbul'da münteşir (On Üç) adlı aylık sanat dergisinin Ekim 1956 tarihli nüshasının sahifelerinde Yılmaz Pütün imzası ile münteşir (Üç Bilinmeyenli Eşitsizlik Sistemleri) başlıklı makale komünistlik propagandası yapılıp yapılmadığının tespiti için, muhterem Hakimliğince bilirkişi tayin etmekle, sözü geçen yazıyı inceledim.

Tetkik mevzuu olan yazı, yarı piyes yarı hikâye üslubunda yazılmış olup, basit bir işçi kızı ile babasının parası ile geçinen bir delikanlı arasında geçen macerayı nakletmektedir. Kız iki lira mukabilinde cinsi münasebette bulunmayı delikanlıya teklif etmekte, delikanlı ise para mukabilinde yapılacak bir temastan tiksinti duyduğu cihetle bunun parasız olmasında ısrar etmekte, hatta kıza dayalı döşeli bir ev tutmayı bile teklif etmektedir. Kız ise bunu reddetmekte, bu şekilde geçindiğini söylemekte, nihayet delikanlıyı bırakıp, kendisine herhalde para mukabilinde cinsi münasebet teklifinde bulunan bir başka delikanlıya gitmektedir. İşte bunun üzerine zengin delikanlı ötekisinin basit bir işçi olduğunu söyleyince, kız bu tabire kızmakta, delikanlının mensup olduğu sınıfı kastederek «Ah domuzlar sizi, domuzlar. Bir gün hepinizin topunu attıracaklar ya, dur bakalım ne zaman!» demektedir. Hikâyenin bir başka yerinde de bir arada yaşamayı teklif eden delikanlıya, kız babasının ve delikanlının mensup olduğu muhitin bu birleşmeyi uygun görmeyeceklerini zira «herkesin bir tutulmadığını, insanların hep onun gibi olmadıklarını» söyleyerek şu sözleri ilave etmektedir: «Herkes bu ayrıntıları kaldıramaz ki ortadan. Kaldırsalardı cennet olurdu buraları, cennet.» Nihayet kız öteki delikanlı ile ayrılırken, zengin çocuk kendi kendisine şöyle düşünmektedir: «Ben kendimden utandım. İnsanlar ayrıntısız olmalıymış. Bunu orospu dediğim kadın söyledi. İnsanların hep bir olması gerekliymiş... Zengin bir çocuk rolü oynamak ne zor.»

Anlaşılacağı veçhile, yazıda işçi sınıfı ile zengin sınıf karşı karşıya konmuş, bu iki sınıf arasında devamlı bir aşk münasebetinin değil, ancak ufak bir bedel mukabilinde geçici temasların kurulabileceği fikri belirtilmiştir. Hikâyedeki zengin çocuğun devamlı bir münasebet hususundaki isteği bile samimi değildir, zira kıza karşı olan arzusu geçince bu münasebete son vermeyi düşünmektedir ve bu düşünmesi kız tarafından sezilmiştir. Yine yazıda zengin sınıfa mensup olanların bunu arzu etmedikleri, aradaki farkları kaldırmak isteyenlerin pek az olup, zengin sınıfı mensup olanları bunu arzu etmedikleri, fakat günün birinde bu sınıfın topunun attırılacağı bildirilmektedir.

Cemiyet sınıfları arasında bir müsavat kurulmasını istemek sosyalist bir düşünce mahsulüdür hatta kapitalist cemiyetlerde bile bu müsavat temin edici sosyal adalet tedbir ve mevzuatı yer almış bulunmaktadır. Komünistlik ise bu müsavattan ziyade, proletarya hâkimiyetini kurmayı hedef tutar: komünizme göre insanlar arasındaki tam müsavatı temin edebilmek için kapitalizmin bütün artıklarını ortadan silmek iktiza eder. Bu artıklar ise ancak proletarya diktatörlüğü sayesinde ortadan silinebilir. Onun için evvelemirde proletarya diktatörlüğü kurulacak, ondan sonra sosyalist cemiyetin son gayesi olan tam müsavat tesis olunacaktır. Kapitalistler de herhalde proletaryanın iktidara geçmesine gönül rızası ile muvafakat etmeyecekleri cihetle, proletaryanın ihtilal yapması zaruridir. Bu ihtilal kapitalist sınıfı ortadan kaldıracaktır. Demek oluyor ki; sosyalizm kendi kendine tahakkuk edeceğini kabul ettiği bir gayeye, komünizm zorla erişmek azmindedir ve esasen sosyalizmle komünizmi ayıran en mühim kıstas da kapitalist sınıfın bu şekilde zorla elimine edilmesinden ibarettir. Esasen kanunumuz da, bir sınıfın diğeri üzerine tahakkümünü tesis etmekten veya bir sınıfı ortadan kaldırmaktan bahsederken, cebir unsurunu istilzam ve tazammun etmektedir.

Bu esasların ışığı altında yazıyı inceleyecek olursak, insanlar arasında ve hassaten zengin sınıf ile işçi sınıfı arasında bir müsavata olan iştiyakın ve ancak böyle bir müsavatın tesisi neticesinde yeryüzünün cennete döneceği fikrinin yer aldığını görürüz. Maahaza sadece bu fikir komünistlik propagandasının yapıldığını kabule kifayet edemez. Zira kapitalist cemiyetler sinesinde dahi, sosyal adalet tedbir ve mevzuatı, hele aristokrasinin yerine demokrasi nizamının ikamesi, insanlar arasındaki eşitsizlikleri ortadan kaldırmaktan başka bir gaye gütmemektedirler. Bununla beraber, yazıda zengin sınıfın cebren ortadan kaldırılacağı bir günün geleceği fikri de yer almış bulunmaktadır. Filhakika hikâyenin sonlarına doğru, işçi kızı: «Ah domuzlar sizi. Domuzlar, bir gün hepinizin topunu attıracaklar ya, dur bakalım ne zaman» demektedir. Bu cümle proletarya ihtilalini zengin sınıfın cebren ortadan kaldırılmasını ifade edebileceği gibi, günün birinde insanlar arasında müsavatın kurulacağı ve o zaman zengin sınıfa mensup bir delikanlının işçi sınıfına mensup bir kız ile evlenmekten çekinmeyeceği ve bir işçiyi hor görmeyeceği fikrini de uyandırabilir. Görüleceği veçhile, yazıda komünistlik propagandasının mevcudiyetini ifade eden bu satır da, bizatihi müphem ve nakıs bir mahiyet arzetmektedir.

Keyfiyeti derin saygılarımla arzederim. 28.08.1957

Bilirkişi
Doç. Dr. Sahir Erman

İDDİANAME

957/779

İst. (1) inci Sorgu H.liğine

Komünizm propagandası yapmaktan maznun;

1 – 1937 doğumlu Hamit oğlu Yılmaz Pütün;

2 – 1936 doğumlu Abdurrahman oğlu Tanju Cılızoğlu;

Haklarında 15.01.1957 gün ve Basın 957/774 sayılı talepnameye istinaden yapılan ilk tahkikat sonunda:

Tahkikatın mevzuu;

Yılmaz Pütün tarafından kaleme alınıp İstanbul'da münteşir (On Üç) isimli aylık fikir ve sanat dergisinin Ekim/956 tarihli 10, 18'inci sahifesinde (Y.Pütün'ün Öyküsü - Üç Bilinmeyenli Eşitsizlik Sistemleri) başlıklı yazısıdır.

Yazının mevzuu;

Zengin bir delikanlı ile bir işçi kızı arasında geçen maceraya tealluk etmektedir. İşçi kız para mukabilinde cinsi münasebette bulunmayı meslek edindiği içindir ki kendisine dayalı döşeli bir ev tutmasını teklif eden delikanlı yerine para ile cinsi münasebette bulunmak teklifi yapan başka bir delikanlıyı tercih etmiştir.

Bu hal karşısında zengin delikanlının kıza karşı kullandığı (basit bir işçi) sözlerinden alınarak, «... ben de işçiyim; doğru değil mi söylediklerim, söyledikleri doğru idi birinci şahıs demiyordu, ah domuzlar, sizi domuzlar bir gün hepinizin topunu attıracaklar ya, dur bakalım ne zaman» diye hikâye tarzındaki yazı devam etmektedir.

1 – Bu kısa izahattan anlaşıldığına göre, muharrir yazısında işçi sınıfı ile zengin sınıfı karşılaştırmakta ve iki sınıf arasındaki duyuş ve görüş farklarını açıklamaya teşebbüs etmektedir.

Dosyada mevcut 28/08/957 tarihli ehlivukuf raporunda arz ve izah edildiği veçhile, muharrir zengin sınıfın zorla ortadan kaldırılacağı ve başka bir tabirle proletarya ihtilalinin yapılacağı bir günün geleceğini ve bu sayede insanlar arasında müsavatın kurulacağı, bir zenginin fakir bir işçiyi hor görme imkânlarının kalkacağı fikirlerini savunmaktadır.

Bundan da, bu yazı ile komünistlik propagandası yapıldığı kanaatı nasıl olmakta ve ehlivukuf raporu da bu görüşü te'yit eylemektedir.

2- Diğer taraftan, mecmuanın kapağında adı geçen mecmuanın sahip ve yazı işleri müdürü olarak Saffet İnselman ismine tesadüf edilmekte ise de;

Mecmuanın hakiki sahibi ve yazı işleri müdürlüğünü maznunlardan Tanju Cılızoğlu'nun deruhte ve ifa ettiği gerek kendisi ve gerekse Saffet İnselman tarafından açıklanmış bulunmasına göre, mumaileyle Basın Kanununun 16'ncı maddesine göre mesuliyet terettüp etmektedir.

3- Bu itibarla her iki maznunun hareketleri Basın Kanununun 16'ncı maddesi delaletiyle Türk Ceza Kanununun 142/1 ve 173/son maddelerine uygun görülmüştür.

Ceza Muhakemeleri Usulü Kanununun 196'ncı maddesine tevkifan İstanbul Ağır Ceza Mahkemelerinden birinde son tahkikatın açılmasına karar verilmesi talep ve iddia olunur. 07/10/1957

İstanbul S.C. Müddeiumumi M,
Hakkı Müftüoğlu 6574

İstanbul 2'nci Ağır Ceza Mahkemesi Kararı

Reis	Aza	Aza
Reşid Nomer	Nusret Bilgin	Bedia Söylemez
Sicil No: 4769	Sicil No: 5297	Sicil No: 6724

C.M.U. Muavini Faik Gözenman 11017
Z.K. Mukaddes Artunkal

İstanbul'da intişar eden (On Üç) isimli aylık fikir ve sanat dergisinin Ekim 956 tarihli nüshasında (Üç Bilinmeyenli Eşitsizlik Sistemleri) başlıklı yazı ile komünizm propagandası yapmaktan maznun, mezkur yazının muharriri, gayri mevkuf, Nişantaşı Kuyumcu İrfan Sokağı, 38 numarada oturur, İktisat Fakültesinde talebe, bekâr sabıkasız, Adana nüfusunda kayıtlı, Hamit oğlu, Güllü'den doğma, 01/04/1937 doğumlu Yılmaz Pütün ve sözü geçen derginin sahip ve fiilen yazı işleri müdürlüğünü yaptığı anlaşılan Karagümrük Zincirlikuyu yanı, 60 numarada oturur, Vefa Lisesi son sınıf talebesinden bekâr, sabıkasız, Tokat'ta nüfusa kayıtlı, Abdürrahman Sami oğlu Mediha'dan doğma, 16/01/1936 İstanbul doğumlu Haluk Tanju Cılızoğlu haklarında Basın Kanununun 16'ncı maddesi delaletiyle T.C.K'nun 142/1 ve 4 ve 173/son maddesine göre son tahkikat açılmasına dair İstanbul Birinci Sorgu Hâkimliğinin 10.10.1957 tarih 957/10 esas sayılı kararnamesine müsteniden İstanbul İkinci Ağır Ceza Mahkemesinde yapılan gizli duruşma sonunda maznunlardan Haluk Tanju Cılızoğlu'nun sahibi bulunduğu ve bilfiil yazı işleri müdürlüğünü yaptığı (On Üç) isimli aylık fikir ve sanat dergisinin Ekim 1956 tarihli nüshasının 10. ve 18'inci sahifelerinde (Üç Bilinmeyenli Eşitsizlik Sistemleri) başlığı altında ve maznunlardan Yılmaz Pütün imzası ile intişar eden dava mevzuu yazı aynen (Üç Bilinmeyenli Eşitsizlik Sistemleri):

Dedi. «Yok» dedim. «Olmaz» dedim. Sinekli parkın gölgeli karanlığı da «olmaz»lar, gölgelerin çengelli uçlarına asıldı, «olur» oldu. Soğuk soğuk eller uzandı karanlığa. «Kaybettin» dediler. «Bunu da kaybettin» Üçlü karanlık sekizleşti.

«Seni kaybetmek istemiyorum» dedim yavaşça. Küçük çıplak ayaklarını havuzun sularına bıraktı. Bilinçsiz çemberler türedi. Kınalı ellerini birbirine kavuşturdu. «Öyleyse iki lira ver,» dedi. Gözlerini yumdu. Kirpikleri göz boşluklarını gölgelendirdi. Dudaklarını büzüştürdü. Uzattı. Uzandım. Dokunmaya korktum sonra. Çekildim «yok» dedim, «olmaz». «Seni böyle düşünmek istemiyorum.» Gözlerini açtı, «Nasıl istersen peki. Sana. Namuslu orospu pozları mı takınayım yani.» Bir hoş oynattı kalçalarını. İçimde bir diklenme oldu - Hani beni olduğum gibi seviyordun. Sana yine söylüyorum. Ben orospuyum - Diklenmem yavaş yavaş eridi. Şu arabada gördüğüm kızla oğlan var ya, iki lira verirsen sen de onlar gibi yaparsın. Utandım...

Gerçekleri kabullenemiyorum. Beni, iki liram için öptüğüne de inanamıyordum bir türlü. İnanasım gelmiyordu. Onun, annemden, ablamdan farkı yoktu. Annem de babamla kırıştırırken aynı şekilde küçülüyordu. Yüzleri bir başka değildi onlarınkinden.

Kınalı ellerini tuttum. «Bak bana,» dedim. Baktı. «Benden para isteme,» dedim. «Para isteyince küçültüyorum gözlerimde - yüzüme değişik bir anlam verdim – yanlış anlama.»

Kalçasını eski yerine koydu. «Daha neler... başka ne yapıyorsun.» «Beni sevmiyorsun diyorum.»

«Paran oldukça severim seni. Hoş, parlak çocuksun. İyisin de ama; senin güzelliğin, iyiliğin benim işimi görmez. Ben; sennen; onnan yatmazsam aç kalırım. Sen, bennen yatmazsan da olur. Hizmetçi kız var evde. Onu sıkıştırırsın. Gördüm geçen gün. Kalçaları falan dolgun. Baban bulmuştur diye düşündüm. O da olmazsa ellerin var. Gençsin. Kimse ayıplamaz.»

İneklerine karpuz kabuğu toplayan ihtiyar kadının sepetinden bir kabuk çıkardı. Son kalan kırmızıları kemirdi. Bir tane daha çıkardı. «Yesene,» dedi. Elime sıkıştırdı. Alay edercesine güldü.

Islak bir soğukla ürperdim. «Verecek misin?» diye mırıldandım. – Bu arada başka neler düşündüm. Örneğin kalkıp gitmeyi. Kadına sövmeyi – kırıtarak güldü. «İki lira verirsen hemen,» dedi. Eliyle boş, eski bir yük arabasını gösterdi.

Kendime çok bilmiş bir insan süsü vererek, «Böyle yapmazsan olmaz mı?» dedim. «Ne güzel bir işin var. Çalışıyorsun.»

Bir an gözlerimin içine baktı. Sonra dudaklarını bükerek konuştu. «Ne verirler fabrikada bana biliyor musun. Bu parayla geçinilir mi diye düşündün mü hiç. Babanın iki günde aldığını ben bir ayda alıyorum. O da ne çabayla. Fabrikada oğlanlar ellemedik yerimi bırakmazlar. Helaya gidecek olurum, yakalarlar. İlle de isterim diye tuttururlar. Ben de insanım. Benim de canım çok şey ister. Ben de ev kadınları gibi giyinmek, süs yapmak isterim. Güzel güzel şeyler yemek ister canım. Ama yok işte. Yokluğun gözü kör olsun. Ne yapalım; bir kere fakir doğmuşuz anamızdan fakir doğmak suçunu işlemiş. Bunu yapan Allah. Ne zaman görecek bilmiyorum.

– Birinci şahıs rolünü oynayan oyuncu arkasını dönüp sümkürdü. O benim işte – söylediklerim yalan mı, yalansa yalan de.»

«Sana bir ev tutsam gelir misin benimle: Ne istersen alırım. Benimle kal yeter.»

«Çocuk... Ah... Benim aptal yavrum – Bu sözler bir anne gibi söylenmiştir – Şimdi ateşlisin – Şimdi de çok bilmiş gibi konuşuyor – Yaşın küçük diye kerhanaya dın, nasılsa param var dedin. Şu karıya bir ev tutar; ateşin sönene kadar koynunda kalırım dedin – Birinci şahıs; yani ben; bunları bildiğine hayret ettim – Bu anlamı yüzüme vermek için biraz zorluk çektin – Sonra kıçıma tekmeyi atar gidersin.»

«Böyle söyleme.»

Çocukça bir üzüntü kapladı yüzümü.

«Ne söyleyeyim ya – Tırnaklarını ışığa tuttu – Peki; sennen geliyorum mu deyim. Ben sizden değilim – Dudaklarının yanlarında çizgiler belirdi. – Sizin toplumunuzun insanları ayarında değilim. Bunu sen de biliyorsun. Bak; herkes bir tutulsaydı; söylediklerin olurdu. Ben de seve seve yapardım. Kimse de beni kınamazdı ama şimdi herkes ayıplar. En başta baban. Duyduğu gün paranı keser.»

Kalktı. Bakışlarımız çakıştı. Yüzünü buruşturdu. «İyi çocuksun,» dedi. «İnsanlar hep senin gibi olmazlar. Herkes, bu ayrıntıları kaldıramaz ki ortadan. Kaldırsalardı; Cennet olurdu buraları. Cennet.»

«Dur; nereye gidiyorsun?»

Parmağını karanlıkta bir sarıya uzattı. «Bak şu sarı oğlana,» dedi. «Beni çağırıyor.»

Ben de ayağa kalktım – oturmaktan yorulmuştum zaten – «Ona mı gidiyorsun. O basit bir işçi...»

İğrenerek baktı - iyice iğrenmişti - yüzü daha bir buruştu. Yapmacık bir sinirle, «Siz böylesiniz işte,» dedi. «En iyiniz bile böyle kendi çıkarlarınız için neler yapmazsınız, işçiymiş. Basit bir işçiymiş – Seyircilerin durumlarını da görmek istiyordu – Ben de işçiyim. Beni basit görmezsin değil mi? İşine yararım. Keyfini getiririm; doğru değil mi söylediklerim. – Söyledikleri doğruydu. Birinci şahıs doğru demiyordu – Ah domuzlar sizi. Domuzlar. Bir gün hepinizin topunu attıracaklar ya; dur bakalım ne zaman.»

Boş bir arabaya yöneldiler. Sarı oğlan kadının beline doladı kollarını. Ben kendimden utandım. İnsanlar ayrıntısız olmalıymış. Bunu orospu dediğim kadın söyledi. İnsanların hep bir olması gerekliymiş – birinci şahıs rolünü oynayan adam; rolünün çok zor olduğunu düşündü. Zengin bir çocuk rolü oynamak ne zor, dedi...

Seyircilerden kimse oyunu alkışlamadı. İkinci perdeyi beklediler... Işıklar sönünce perde açıldı...

(Yılmaz Pütün)

Tarzında yazılmış bulunmaktadır.

Suç mevzuu yazı muharriri maznunlardan Yılmaz Pütün duruşmada kendisi fuhuşun (cinsi münasebetin) aile çevresi içinde, meşru şekilde olmasını müdafaa ettiğini, (topunuzu attıracaklar) sözlerinden suç kastı çıkarıldığını, halbuki böyle bir kastı bulunmadığını ve diğer ifadelerinin de doğru olduğunu, diğer maznun Haluk Tanju Cılızoğlu da, (On Üç) ismini taşıyan derginin kanun nazarında tanzim edilip verilen beyannameye göre sahip ve mesulden de anlamamasından mecmuanın yazı işleri ile ve intişarına kadar geçen sefahatı ile bizzat kendisi meşgul olduğunu, diğer maznun Yılmaz Pütün'ü tanımadığını, Adanalı olan Abdullah isimli arkadaşına, çevresindeki sanatçılardan yazı yazanların dergisine yazı göndermelerini rica ettiğini, derginin çıkacağı sırada iki kere okuduğunu, yazıda bir kadının neden kötü olduğunun gayet güzel bir dil ile anlatıldığını, suç konusu diye vasıflandırılan cümlelerin komünistlik propagandası teşkil edeceğini hatırına getirmediğini ve o vasfı taşıdığını anlamadığını, komünistlik hakkında hiçbir malumatı bulunmadığı gibi bu mevzuuda kitap dahi okumadığını, hikâyeyi sırf üslubu güzel olduğu için mahzursuz bulduğunu, mecmuanın başındaki (Solculuk ve Dergimiz) başlığını taşıyan yazıyı bizzat kendisi kaleme aldığını, (On Üç) isimli kendi dergilerinin solcu olduğunu (Ocak) mecmuası tarafından ileri sürülmüş olmasından kendilerinin solculukla alakaları olmadığını, derginin maksat ve gayesinin ne olduğunu bildirerek bu yazı ile cevap verdiğini, dergiyi kendisi çıkardığını, suç mevzuu olduğu iddia edilen yazıyı mütalaa ettiği zaman, cemiyetin sosyal bir vasfı mevcut olduğunu, kötü yola düşmüş bir kadın ile bir erkeğin evlenmesi kanunen caiz olduğu halde cemiyetin buna karşı menfi baskıları bulunduğunu, böyle bir kadın bir aile yuvasına nail olsa bu kötülüklerin önlenebileceğini, bu suretle cemiyetin bir kadını kazanmış olacağını, kendisi mevzuu bu şekilde anladığını, yazıda suç unsuru görmediğini ve maznun Tanju 14/04/1958 tarihli yazılı müdafaasında da, derginin 1'inci sayısından itibaren dava mevzuu yazıyı ihtiva eden nüshaya kadar 22 nüshasını ibrazla, bu nüshaların hepsinin, bilhassa Atatürk ve milliyetçiliğe taalluk eden kısımlarının topyekûn tetkiki, derginin ne maksatlar takip ettiğini, karekterinin ne olduğunu göstermeye kifayet edeceğini, suç mevzuu olduğu iddia edilen yazıyı muhtevi nüshanın ilk sahifesindeki yazının komünizmi reddeder mahiyette bulunduğu gözönünde tutulunca komünistlik propagandası mahiyetini taşıyacak bir yazının, bilerek, tarafından dergiye konulmuş olmasına ihtimal tasavvur edilemeyeceğini, bu yazıyı her dergide çıkan ve daha tafsilatlısı roman halinde intişar eden mümasil yazılardan farklı görmediği için dergiye koyduğunu, kendisi gerek tahsil ve gerekse aldığı terbiye bakımından komünist olmasına ve komünist fikirleri neşretmesine imkân bulunmadığını, yazının umumi mefhumu itibariyle, T.C.K.'nun 142'nci maddesinde yazılı unsurların ihtiva etmediğini, bilirkişinin iki ihtimal ileri sürmüş bulunduğunu, aleyhe olan ihtimalin kabulü için ortada hiçbir makbul sebep bulunmadığını, bilirkişinin, yazıda, kati bir kanaat ile komünistlik propagandası bulunmadığına göre, kendisi gibi bir lise talebesinden, bilirkişiden fazla bir bilgi ve anlayışı aramak da suçun manevi unsuru bakımından hakkaniyete uymadığını, bu yazıda suç unsuru bulunsa dahi kendisi bunu anlamayarak bir hataya düşmüş olunca bu yazıdan dolayı kendisine suç kasdı isnad edilemeyeceğini, C.K.'nun 45'inci maddesinin de gözönünde bulundurulması lazım geldiğini, Basın Kanununun 16'ncı maddesinin 3'üncü bendi, kendi durumunda bulunanların cezalandırılmasını da emretmediğini ve maznunlar müdafii Ömer Batı da 12/04/1958 tarihli müdafaanamesinde ezcümle, dava evrakı meyanında bulunan emniyet müdürlüğünün cevabi tezkeresine nazaran maznunların, bu mevzularda son derece hassas olan zabıtanın nazarında dahi komünist bulunmadıklarını, ehlivukuf raporunda (yazıda komünistlik propagandasının mevcudiyetini ifade eden bu satırda bizatihi müphem ve nakıs bir mahiyet arz etmektedir) denilmekte olduğunu, bu bakımdan yazının umumi mefhumu itibariyle, maznunlar hakkında tatbik talep edilen T.C.K.'nun 142'nci maddesinde yazılı unsurları ihtiva etmediğini, ehlivukufun vardığı neticede böyle bir katiyyet bulunmadığını, ehlivukufun iki ihtimal mütalaa etmiş olduğunu, aleyhindeki ihtimalin kabulü için ortada hiçbir makul ve hukuki sebep mevcut olmadığını, raporda dava mevzuu yazının mahiyeti hakkında müphemiyet ifade eden bir mütalaa dermiyan edilmiş bulunduğu cihetle sadece bu rapora istinaden mahkûmiyet cihetine gidilemeyeceğini, bilakis beraatlerine karar verilmek iktiza ettiğini bildirmişlerdir.

Suç mevzuu yazı üzerinde tatbikat yapan Bilirkişi İstanbul Üniversitesi Ceza Hukuku Doçenti Doktor Sahir Erman tarafından verilen 28/08/1957 tarihli raporda; yazının, yarı piyes yarı hikâye üslubunda yazılmış olup, basit bir işçi kızı ile babasının parası ile geçinen bir delikanlı arasında geçen macerayı nakletmekte olduğu, kızın iki lira mukabilinde cinsi münasebette bulunmayı delikanlıya teklif etmekte, delikanlı ise para mukabilinde yapılacak bir temastan tiksinti duyduğu cihetle bunun parasız olmasında ısrar etmekte, hatta kıza dayalı döşeli bir ev tutmayı bile teklif etmekte bulunduğu, kız ise bunu reddetmekte, bu şekilde geçindiğini söylemekte, nihayet delikanlıyı bırakıp, kendisine herhalde para mukabilinde cinsi münasebet teklifinde bulunan bir başka delikanlıya gitmekte olduğu, bunun üzerine zengin delikanlı ötekisinin basit bir işçi olduğunu söyleyince bu tabire kızmakta, delikanlının mensup olduğu sınıfı kastederek (Ah domuzlar, sizi domuzlar. Bir gün hepinizin topunu attıracaklar ya dur bakalım ne zaman!) demekte bulunduğu hikâyenin bir başka yerinde de bir arada yaşamayı teklif eden delikanlıya, kız, babasının ve delikanlının mensup olduğu muhitin bu birleşmeyi uygun görmeyeceklerini, zira (Herkesin bir tutulmadığını), (İnsanların hep onun gibi olmadıklarını) söyleyerek şu sözleri ilave etmekte olduğu (Herkes bu ayrıntıları kaldıramaz ki ortadan. Kaldırsalardı cennet olurdu buraları, cennet!) Nihayet kız öteki delikanlı ile ayrılırken, zengin çocuk kendi kendine şöyle düşünmekte: (Ben kendimden utandım. İnsanlar ayrıntısız olmalıymış. Bunu orospu dediğim kadın söyledi. İnsanların hep bir olması gerekliymiş... Zengin bir çocuk rolü oynamak ne zor!)

Yazıda işçi sınıfı ile zengin sınıf karşı karşıya konmuş, bu iki sınıf arasında devamlı bir aşk münasebetinin değil, ancak ufak bir bedel mukabilinde geçici temasların kurulabileceği fikri belirtilmiş olduğu, hikâyedeki zengin çocuğun devamlı bir münasebet kurmak hususundaki isteği bile samimi bulunmadığı, zira kıza karşı olan arzusu geçince bu münasebete son vermeyi düşünmekte bulunduğu ve bu düşüncesi kız tarafından sezilmiş olduğu, yine yazıda zengin çocuğun dahil bulunduğu sınıf ile işçi sınıfı arasındaki farkları kaldırmak isteyenler pek az olup zengin sınıfa mensup olanların bunu arzu etmedikleri, fakat günün birinde bu sınıfın topunun attırılacağı bildirilmekte olduğu; cemiyet sınıfları arasında bir müsavat kurulmasını istemek sosyalist bir düşünce mahsulü bulunduğu, hatta kapitalist cemiyetlerde bile bu müsavatı temin edici sosyal adalet tedbir ve mevzuatı yer almış bulunmakta olduğu, komünistlik ise bir müsavattan ziyade, proletarya hâkimiyetini kurmayı hedef tuttuğu, komünizme göre insanlar arasındaki tam müsavatı temin edebilmek için kapitalizmin bütün artıklarını ortadan silmek iktiza ettiği, bu artıklar ise ancak proletarya diktatörlüğü sayesinde ortadan silinebileceği onun için evvelemirde proletarya diktatörlüğü kurulacağı, ondan sonra sosyalist cemiyetin son gayesi olan tam müsavat tesisi olunacağı, kapitalistlerde herhalde proletaryanın iktidara geçmesine gönül rızası ile muvafakat etmeyecekleri cihetle proletaryanın ihtilal yapması zaruri bulunduğu, bu ihtilalin kapitalist sınıfı ortadan kaldıracağı, demek oluyor ki; sosyalizmin kendi kendine tahakkuk edeceğini kabul ettiği bir gayeye, komünizm zorla erişmek azminde olduğu ve esasen sosyalizm ile komünizmi ayıran en mühim kıstası kapitalist sınıfın bu şekilde zorla elemine edilmesinden ibaret bulunduğu, esasen kanunumuz da bir sınıfın diğeri üzerinde tahakkümünü tesis etmekten veya bir sınıfı ortadan kaldırmaktan bahsederken cebir unsurunu istilzam ve tazammün etmekte olduğu bu esaslar altında yazı incelendiğinde, insanlar arasında ve hassaten zengin sınıf ile işçi sınıfı arasında bir musavata olan iştiyakin ve ancak böyle bir musavatın tesisi neticesinde yeryüzünün cennete döneceği fikrinin yer aldığının görüldüğü, mahaza sadece bu fikir komünist propagandası yapıldığını kabule kifayet edemeyeceği, zira kapitalist cemiyetler dahi, sosyal adalet tedbir ve mevzuatı, hele aristokrasinin yerine demokrasi nizamının ikamesi, insanlar arasındaki eşitsizlikleri ortadan kaldırmaktan başka bir gaye gütmemekte oldukları, bununla yazıda zengin sınıfın cebren ortadan kaldırmaktan başka bir günün geleceği fikri de yer almış bulunduğu, filhakika hikâyenin sonlarına doğru, işçi kızının (Ah domuzlar sizi domuzlar, bir gün hepinizin topunu attıracaklar ya, dur bakalım ne zaman) demekte olduğu, bu cümle proletarya ihtilalini ve zengin sınıfın cebren ortadan kaldırılmasını ifade edebileceği gibi, günün birinde insanlar arasında musavatın kurulacağı ve o zaman zengin sınıfa mensup delikanlının işçi sınıfına mensup bir kız ile evlenmekten çekinmeyeceği ve bir işçiyi hor görmeyeceği fikrini de uyandırabileceği, görüleceği veçhile, yazıda komünistlik propagandasının mevcudiyetini ifade eden bu satırda, bizatihi müphem ve nakıs bir mahiyet arz etmekte olduğu bildirilmiştir.

Filhakika suç mevzuu yazıda zengin bir delikanlı ile bir işçi kız arasındaki macera ele alınarak işçi kızın para mukabilinde cinsi münasebette bulunmayı meslek edindiği, bu sebeple kendisine bütün konforu haiz bir ev tutmayı teklif eden zengin delikanlı yerine para ile cinsi münasebette bulunmak teklifi yapan bir delikanlıyı tercih eylediği tebaruz ettirilmektedir.

Yazıda, kendisiyle birarada yaşamayı teklif eden zengin delikanlıya kızın, delikanlının mensup olduğu muhitin ve babasının bu birleşmeyi uygun görmeyeceklerini, zira herkesin bir tutulmadığını insanların hep onun gibi olmadığını söyleyerek (Herkes bu ayrıntıları kaldıramaz ki ortadan, kaldırsalardı cennet olurdu buraları. Cennet)... Aynı zamanda zengin delikanlının işçi kızın tercih ettiği delikanlıyı kastederek (Basit bir işçi) demesinden kızın atılganlıkla (... ben de işçiyim. Beni basit görmezsin değil mi? İşine yararım, keyfini getiririm, doğru değil mi söylediklerim. Söyledikleri doğru idi, birinci şahıs doğru demiyordu. Ah domuzlar, sizi domuzlar, bir gün hepinizin topunu attıracaklar ya; dur bakalım ne zaman) Yazı devamla... Zengin çocuk (Ben kendimden utandım. İnsanlar ayrıntısız olmalıymış. Bunu orospu dediğim kadın söyledi. İnsanların hep bir olması gerekliymiş, birinci şahıs rolünü oynayan adam; rolünün çok zor olduğunu düşündü. Zengin bir çocuk rolü oynamak ne zor dedi) tarzındaki ibare ve cümleler gözönünde tutulunca, suç mevzuu yazı zengin sınıf ile işçi sınıfı arasında müsavat temin edilmiş olduğu takdirde yeryüzünün cennete döneceği fakir ve işçi sınıfının tagallup ve tahakkümü ile zengin sınıfın ortadan kaldırılacağı bir günün geleceği, o zaman o delikanlının işçi kızla evlenmekten çekinmeyeceği ve bir işçiyi hor görmeyeceği fikrini telkin ve binnetice işçi sınıfı istilzam edilmek suretiyle sosyal bir sınıfı ortadan kaldırmak gayesi hedef tutularak komünizm propagandası yapmak kastiyle yazılmış ve mahkemece de bu suretle kabul edilmiştir.

Her ne kadar ehlivukuf, dava mevzuu yazının komünistlik propagandasının mevcudiyetini ifade eden satırlarının bizatihi müphem ve nakıs bir mahiyet ise de, bu yazının kül halinde delalet ettiği mana ve mefhum itibariyle ehlivukufun tereddüdünü izale edecek ve komünizm propagandası yapıldığını kati surette gösterecek vasıfta bulunmasına ve izah ve sureti kabule göre bilirkişinin kesin mahiyet arz etmeyen mütalaası kabule şayan bulunmadığı gibi maznunlar ile müdafilerinin aksi mülahazaya müstenid müdafaaları da varid görülmemiştir.

Gerçi suç mevzuu derginin sahibi ve yazı işlerini fiilen idare edenin Saffet İnselman olduğu ve mezkur derginin birinci sahifesinde münderiş bulunmuş ve çıkarılacak bu mecmuanın yazı işleri müdürlüğünün Saffet İnselman tarafından yapılacağı beyan edildiği ve Basın, Yayın ve Turizm Genel Müdürlüğü İstanbul il temsilcisi tarafından 27/09/1957 tarihli 3423 no.lu yazı ile bildirilmiş ise de, maznunlardan Haluk Tanju Cılızoğlu, dergide sahip ve yazı işleri müdürü olarak görülen Saffet İnselman'ın edebi mevzulardan anlamadığı için derginin yazı işleri ve intişarına kadar geçen safahatı ile bizzat kendisi meşgul olduğunu, dergiyi kendisi çıkardığını ve suç mevzuu yazıyı mütalaa ettikten sonra mahzur görmeyerek dergiye koyduğunu, Saffet'in sembolik mahiyette mecmuanın sahip ve yazı işleri müdürü olarak görüldüğünü tahkikatın her safhasında sarahaten beyan ve itiraf eylemesine, bu durum muvacehesinde intişar eden derginin yazı işlerini fiilen idare edenin maznun Haluk Tanju Cılızoğlu olduğu anlaşılmasına binaen yazı işleri müdürü sıfatıyla cezai bakımdan kendisinin de mesul olması iktiza eder.

Binaenaleyh, maznunlardan Yılmaz Pütün'ün (On Üç) isimli fikir ve sanat dergisinin 956 tarihli nüshasında «Üç Bilinmeyenli Eşitsizlik Sistemleri» başlıklı yazı ile sosyal bir sınıfı ortadan kaldırmak için neşren komünizm propagandası yapmaktan hareketine uyan 6733 sayılı Kanunla muaddel Basın Kanununun 16'ncı maddesi delaletiyle T.C.K.'nun 142/1'inci maddesi gereğince beş sene müddetle hapsine, suçun neşren işlenmiş olmasından mezkur maddenin 6'ncı bendi hükmünce cezasının yarısı artırılarak yedi sene altı ay müddetle ağır hapsine ve mezkur derginin yazı işleri müdürü olan diğer maznun Tanju Cılızoğlu'nun suç mevzuu yazıyı bilerek neşretmiş olmasından kezalik Basın Kanununun 16'ncı maddesi delaletiyle 142/1'inci maddesi mucibince beş sene müddetle ağır hapsine ve aynı maddenin 6'ncı bendi icabında cezasının yarısı arttırılarak yedi sene altı ay müddetle ağır hapsine ve 31 ve 33'üncü maddeler gereğince her iki maznunun müebbeden amme hizmetlerinden memnuiyetlerine ve ceza müddetleri zarfında kanuni mahcuriyet halinde bulundurulmalarına ve 173/3'üncü madde sarahatı dairesinde maznun Yılmaz Pütün ile diğer maznun Tanju Cılızoğlu'nun Konya'da ikişer sene altışar ay müddetlerle cemiyeti umumiye nezareti altında bulundurulmalarına, 36'ncı madde mucibince suç mevzuu derginin müsaderesine, harçlar kanununun 1 sayılı tarifesinin 48'inci bendince 2'şer yüz lira harcın maznunlardan ayrı ayrı tahsiline ve (3175) kuruş muhakeme masrafının her iki maznundan müştereken ve müteselsilen tahsiline temyizi kabil olmak üzere 24/05/1958 tarihinde ittifakla karar verilerek C.M.U. muavini Faik Gözenman hazır olduğu halde Maznunlar Müdafiileri Ömer Batu'nun yüzlerine karşı usulen ve alenen tefhim kılındı.

Reis	Aza	Aza
4769	5297	6724

SAVUNMALAR

1. AĞIR CEZA MAHKEMESİ
BAŞKANLIĞINA

İSTANBUL

Mahkemenizde, 142/1-6, 142/3-6, 173/3, 311/1-2-4, 71, 74, 31, 33. maddeleri gereğince cezaandırılmak isteğiyle yargılanmaktayım.

Savunmama, özellikle 142. madde açısından yardımcı olacağı ve savunmamı tamamlayacağı için, 6. Ağır Ceza Mahkemesi'nin 977/456 dosya gereği baktığı davamdaki savunmamı da ek olarak sunuyorum. Düşüncelerimin daha kapsamlı bir biçimde anlaşılabilmesi için, bu savunmamın, mahkemenize yaptığım savunma ile birlikte değerlendirilmesini saygılarımla bilgilerinize arz ederim.

Yılmaz Güney
28 Haziran 1979

Sayın Başkan,
Sayın Üyeler,
Sayın İddia Makamı...

Tarih, sınıflar mücadelesinin tarihidir. Tarihi materyalizmin bize öğrettiği bu gerçek ve bu gerçeğin yasaları kavranmadan, toplumsal-siyasal olayların içeriğini, bu olaylar içinde yer alan kişilerin niteliklerini, eğilimlerini anlamanın, olaylar ve kişiler karşısında doğru bir tutum izlemenin olanağı yoktur. Ezenlerle ezilenler arasındaki mücadele, sınıflı toplumlarda kaçınılmazdır ve eninde sonunda, ezme ve ezilmeye, sömürme ve sömürülmeye dayanan sistemin (yapının, düzenin) ortadan kaldırılması, yani ezilmeyi var eden maddi koşulların yok edilmesiyle son bulacaktır... Ezilen sınıfları ortadan kaldırmak mümkün değildir; çünkü ezen sınıfların varlık nedeni, ezilen sınıflardır, onların her konuda hayasızca sömürülmeleridir. Üstelik, ezenlerin ezilenleri ortadan kaldırmak gibi bir düşünceleri yoktur; yalnızca daha çok nasıl sömüreceklerini düşünürler. Onlar, ezilenleri değil, ezilenleri uyandırmak isteyenleri ortadan kaldırmak isterler ve bu çaba içindedirler.

Yargıcılar ve yargılananlar olarak bizler, objektif olarak, sınıflar arası mücadelenin karşı karşıya getirdiği taraflarız. Şu an mensubu bulunduğunuz yargı kurumu, ezenlerin ezilenlerin uyanışına, tepkisine karşı kullandıkları bir baskı aracıdır ve sadece çıkarları bu düzenden yana olanlar için, kendilerini koruyucu bir değere ve işleve sahiptir. Ezilen sınıfların bilinçli unsurları ise, bu kurumun sınıfsal özünü kitleler önünde açıklamak görevleriyle yükümlüdürler. Tek tek iyi, dürüst, devrimci unsurları bağrında barındırsa da –ki barındırmaktadır– burjuva yargı organının gerici ve baskıcı niteliği değişmez. Çünkü bir kurumun ilerici mi gerici mi olduğunun ölçüsü, o kurumun hangi sınıflar yararına işlev gördüğü, kimlere hizmet ettiği açısından değerlendirilir. Bu nedenle, ülkemizdeki yargı kurumu gericidir. Emperyalizmin, onların sömürücü burjuva-feodal uşaklarının, varlıklarını bu gericilerin varlıklarına bağlamış olanların çıkarlarını korumayı temel almaktadır. Verilen kararlar, bugüne dek olduğu gibi, yine tarih tarafından gözden geçirilecek ve esas itibariyle onaylanmayacaktır. En büyük ve en doğru yargıç tarihtir, burada, karşınızda izleyeceğim tutumun belirleyici ve doğru kararını tarih verecektir. Düşüncelerim tarihi eğilim doğrultusundadır ve tarihi gelişim ile uyum halindedir. En azından bir demokrat olabilmenin ölçüsü, tarihi gelişimden esinlenmek, insani olmak, insanlık düşmanı çarka dişli olmamak ve yeri, görevi, konumu ne olursa olsun insanlık suçu işlememeye çalışmak, vicdanını kurulu sömürü düzeninin kurallarına göre değil, tarihin adımlarına, emekçi insanlığın sesine göre dinlemektir.

Dünya proletaryasının ve devrimci halklarının mücadelesi, eskimiş, gününü doldurmuş bütün kurumları, düşünceleri, değer yargılarını sarsıyor. En açık biçimiyle saflaşmaları belirginleştirmeye zorluyor. Açıktır ki, sizler de bu sarsıntının dışında kalamazsınız. Devrim rüzgârı sizleri de sarsacaktır. İnanıyorum ki, halkın mücadelesi, çoğunuzu, olumlu bir biçimde etkileyecektir... toplum içinde artan bir şiddetle belirginleşen siyasal-toplumsal saflaşmada yerinizi yeniden gözden geçirmeye zorlayacaktır. Sizleri, şu an taşıdığınız düşünce ne olursa olsun, hukuk emekçileri olarak görüyorum. Yeriniz, işçi sınıfının, yoksul köylülüğün, tüm emekçilerin, yurtsever demokratların mücadele saflarıdır. İçten dileğim, emekçi halkın toplumsal kurtuluş mücadelesine zaman kaybetmeden katılmanızdır. İster kafa, ister kol emekçileri olsun, hepsinin çıkarları ortaktır, burjuvazi ve her türden sömürücü azınlık karşısında, emeğin kurtuluşu için mücadele saflarında olmak gerekir. Bunları söylemeyi ve sizleri uyarmayı savunmanın doğal bir parçası olarak görüyor ve görev sayıyorum.

Sizleri saygıyla selamlarım.

1 – GİRİŞ

Siyasal ve toplumsal konumumuzu belirleyen, gerek genel, gerekse özel durumlarda, tutum ve davranışlarımızın hattını çizen şey, toplumsal varlığımızdır. Yani, yaptığımız iş, iş ilişkilerimiz, çevremiz, içinde bulunduğumuz koşullardır. Toplumsal varlığımız, toplumsal karşıtların mücadelesinden ve birlikteliğinden, bu mücadelenin değişen oranlardaki etkilerinden ayrı ele alınamazlar. Bilincimiz, duygu, düşünce, dilek ve istemlerimiz, toplumsal karşıtların mücadelesi içinde biçimlenen toplumsal varlığımız tarafından belirlenir. Zihinsel ve bedensel sağlığımız, gelişmemiz, ya da gelişmememiz ve bütün bunların yol açtığı sonuçlar da, yine, varlığımızda taşıdığımız çeşitli nitelikte karşıtların mücadelesine, birlikteliğine, ya da, artık birlikte olmalarının mümkün olup-olmadığına bağlıdır. Düşünsel, toplumsal, siyasal, doğasal, biyolojik, kimyasal vb. her olgu ve şey, kendi içlerinde, varlık nedenleri olan karşıtları ve karşıtların mücadelesini taşırlar. Mücadele, kaçınılmaz ve mutlaktır. Uzlaşmaz nitelikteki çelişmeler, belli bir süre, olgunlaşma, gelişme, giderek keskinleşme süreçleri içinde, başlangıçta, gelişmelerinin ilk aşamalarında, uzlaşır, uzlaşabilir görünseler de, uzlaştırılmaya çalışılsa da, eninde sonunda, doğaları gereği, kendi kabuklarını sarsan, nitel değişimi zorunlu kılan ve gündeme getiren boyutlara ulaşırlar. Gizlenmesi, örtbas edilmesi yasalarla, cezalarla, çeşitli nitelikteki önlemlerle engellenmesi mümkün olmayan, insan iradesinden kesinlikle bağımsız objektif koşullara bağlı olan bu yasa, doğa ve toplumun evrensel bir yasasıdır. Bugün, siyasi bir «sanık» olarak karşınızda bulunmamın, sizlerin de, ister bilincinde olun, ister olmayın, ister gönüllü olun, ister gönülsüz, her ne ise, burjuvazi adına yargılayıcılar olarak karşımda bulunmanızın ana nedeni budur: Toplumsal yasaların işleyişi, çıkarları birbirleriyle çelişen ve uzlaşmaları asla mümkün olmayan tarafların kaçınılmaz olarak karşı-karşıya gelişleri. Ben, devrimci düşüncelerimden dolayı yargılanırken, kişiliğimde emekçi kitlelerin, devrimin, emeğin, kurtuluşu için mücadelenin yargılandığını biliyorum, bunun bilincindeyim. Sizler beni yargılarken, burjuvazi adına yargıladığınızın bilincinde olmayabilirsiniz. Ama, elinizdeki yasaları işlettiğiniz ve onların sonuçlarını, eleştiri süzgecinden geçirmeden, içeriğine karşı çıkmadan hayata geçirdiğiniz zaman, niyetiniz ne olursa olsun, burjuvazinin çıkarları doğrultusunda, burjuvazinin istekleri doğrultusunda davranmış olacaksınız. Bir kötülüğü emredenle, onu uygulayan, ortak suç işlemiş sayılırlar. Bir insan, gericiliğe hizmet eden bir çarkın içinde olabilir, yaptığı işlerin kime hizmet ettiğinin bilincinde olmayabilir. Çünkü insanlar, üretim faaliyetleri sürecinde, kendi iradelerinden bağımsız çeşitli ilişkiler içine girerler; o insanlar, artık koşullarca belirlenen bir hat izleyeceklerdir. Ancak, her şeyin birbirini etkilediği, birbirine bağımlı olduğu, birbirini koşullandırdığı toplumsal bir süreçte, az-çok düşünebilen bir insanın, toplumsal ve siyasal olaylara karşı tamamen kör ve sağır olması da bağışlanır bir şey değildir. Siyasi sınıf bilincine sahip bir insan, nerede, hangi koşullar altında olursa olsun, olanakların elverdiği oranda, sınıfının mücadelesini verecektir. Karşı-devrimi seçmişse, karşı-devrimin, devrimi seçmişse, devrimin çıkarlarına uygun davranış biçimini bulacaktır. Üçüncü bir yol yoktur.

Ben emperyalizmin, sosyal-emperyalizmin, uluslararası sermayenin çeşitli türlerinin yoğun sömürüsü altında ezilen, emperyalist işbirlikçisi burjuvaların ve toprak ağalarının ekonomik-toplumsal-siyasal baskısını hayatının her alanında, günlük hayatının her anında duyan halkımın, her türden baskı, sömürü, faşist-gerici zulüm cenderesinden kurtuluşu için, revizyonist, reformist ve oportünist tuzaklara düşmemesi için, yani, yağmurdan kaçarken doluya tutulmaması için, kalemiyle, sanatıyla ve bütün olanaklarıyla mücadele eden devrimci bir aydınım. Emekçi kitlelerin toplumsal kurtuluş mücadelelerine hizmet edeceğine yürekten inandığım devrimci düşüncelerimi, bilimsel ve tarihi doğruları, siyasal ve toplumsal gerçekleri, egemen sınıfların çizdiği sözde yasal sınırlar içinde, yani yasaklar içinde, onların izin verdiği oranda, onları rahatsız etmeyecek biçimde kısıtlamam, bu doğrultuda bir eğilim göstermem, devrimci görevlerimi terk, emekçi halkıma ihanet anlamına gelir. Düşünce özgürlüğünü, yalnızca burjuvalar ve her türden sömürücü azınlık için kabul eden, ezilen sınıflar yararına olan her düşünceyi, değişik tipte, resmi-gayri resmi ceza ve baskı yöntemleriyle önlemeye çalışanlar, halkın mücadelesini kan ve ateşle bastırmaya çalışanlar, devrimin önüne dikmeye çalıştıkları barikatlar altında ezileceklerdir. Onlar, uyanan, sınıflarının bilincine varan emekçi kitlelerin, proleter devrimcilerin, yurtseverlerin direnci ve inançlı kararlılığı karşısında güçsüz kalacaklardır... kalmaktadırlar da. Güçsüzlüklerini örtbas etmek için, vahşetlerini daha da yoğunlaştırmayı, yeni baskı önlemleri getirmeyi seçenler, ne yaparlarsa yapsınlar, tarihin yazgısını değiştiremeyeceklerdir. Ceza ve baskıyla tehdit ederek gerçeklerin söylenmesini engellemeye çalışmak, tarihin ilerleyen adımları karşısında umutsuz bir çabadır. Bunu gören, bunun bilincinde olan korkuya kapılmaz, tehditten yılmaz, görevi ne ise onu yerine getirir. Bilinmelidir ki, tarih sömürücü sınıfları yok olmaya mahkûm etmiştir; buna bağlı olarak ülkemiz sömürücü sınıflarının sonu da, kaçınılmaz olarak, ne yaparlarsa yapsınlar, ne denli kan dökerlerse döksünler, tarihin yazdığı biçimde infaz edilecektir.

Elinizde bulunan karakaplı kitap ve o kitabın siyasal-toplumsal suçlar için taşıdığı cezalar, emekçi kitlelerin mutlu bir geleceğe kavuşmaları için mücadele veren yurtsever demokratları, devrimcileri sindirmek, korkutmak ve sermaye sahipleriyle toprak ağalarının zulüm makinesi siyasi iktidarlarının ömrünü uzatmak için geçici birer korkulukturlar. Bazı insanlar o kitaptan korkabilirler. Ama tarihi görevi kapitalist özel mülkiyeti ortadan kaldırmak, bütün çalışanları gerçek anlamıyla mülk sahibi yapmak için sosyalizmi kurmak ve tarihi süreç içerisinde sınıfsız toplumu oluşturmak olan proletarya ve proleter devrimcileri, o kitaptan, o kitabın vaaz ettiği cezalardan korkmazlar. Bugüne dek, tarihi gelişimin, devrimin, gericilikten korktuğu, yıldığı, geri adım attığı görülmemiştir. Devrimin her yenilgi ve geri çekilişi bile, özünde tarihi ileri götüren bir etkendir. Burjuvazi, olanakları ölçüsünde devrimi yargılayabilir, devrim güçlerini cezalandırabilir. Fakat, evrensel bir gerçektir ki, devrim yenilmez; devrimciler tek tek yenilebilirler, öldürülebilirler, yok edilebilirler, fakat devrim yenilmez; çünkü tarihin kendisi bizzat devrimci gelişimin bir ifadesi ve göstergesidir. Devrimciler, tek tek, birim olarak kendilerini ele aldıkları zaman, devrimci mücadeleye katkılarının ne olabileceğini, devrime nasıl yararlı olunabileceğini düşünürler. Hayatlarının her anının devrimci dokuya hizmetine çalışırlar. Uzun yaşamak, kısa yaşamak, içerde olmak, dışarda olmak, başarılı olmak ya da olmamak, bu bakış açısından değerlendirilir.

Geçmişe bakalım: Dünyamız, büyük oranda köle tüccarlarının, şahların, padişahların, kralların dünyası olmaktan çıkmışsa, bu, sınıflararası mücadelenin, gelişen, ilerleyen sınıfların kararlılığının, fedakârlığının sonucudur. Mücadele durmamıştır; sürmektedir... insanın insana kulluğunu zorunlu kılan koşullar tamamen ortadan kalkıncaya kadar da aynı biçimde sürecektir. Hiç kuşkunuz olmasın ki, emekçi kitleler, çağımızın şahları, padişahları, kralları olan emperyalist burjuvaları ve onların yardakçılarını, her ülkenin sömürücü gerici sınıflarını da tarih sahnesinden sileceklerdir.

Az sonra, geniş bir biçimde açıklayacağım gibi, yazılarımda ve konuşmalarımda, siyasal, toplumsal gerçekleri bilimsel açıdan inceledim ve tanımladım. Doğrunun doğru tanımı tektir. Tanım eksikse, ya bilerek, ya da bilmeyerek tahrifat vardır. Anlattıklarım bilimsel doğrulardır. Ceza korkusuyla düşüncelerimi budamam, objektif gerçekleri, tarih tarafından kanıtlanmış bilimsel doğruları çarpıtmam bilimi tahrif etmem anlamına gelirdi ki, bu da, bazı temel konularda, kitleleri yanlış bilgilerle donatmam ve dolayısıyla burjuvaziye hizmet etmem olurdu. Benim için önemli ve sakıncalı olan, burjuvazinin yargı organlarınca verilecek ceza değil, tarihin vereceği karardır. Tarihin şaşmaz akışına ters düşmek, gericiliğe farkına varmadan bile olsa hizmet, ideolojik gaflet, halka ve insanlığa ihanet anlamı taşıyan ve özenle sakınmamız gereken yanlışlıklardır. Bilimsel sosyalizmden kıl kadar sapma, giderek, kişiyi ve siyasetleri revizyonizmin, oportünizmin batağına götürür. Bu nedenle, düşüncelerimi kısıtlamaya yönelik hiçbir engel tanımıyorum ve karşılığında gelecek zorlukları, cezaları peşinen göze alıyorum. Yapılan suçlamalar, emekçi kitlelerin haklılığı, hızla uyanışı, örgütlenme için ileri atılışları karşısında, burjuvazinin çaresizliğinden başka bir şey değildir. Suçlamaların hiçbirinin bilimsel temeli, doğruluğu sözkonusu değildir, ciddiye alınamazlar. Yazılarımın içerdiği düşünceler, emekçi kitlelere kurtuluşları için yol gösteren bilimsel sosyalizmin ışıklandırdığı düşüncelerdir; yakın bir gelecekte ülkemiz emekçilerinin ezici bir çoğunluğu tarafından benimsenecek, uğrunda mücadele verilerek hayata geçirilecektir. Önümüzdeki günler, ezenlerin saltanatlarının yıkıldığı, emekçilerin kendi iktidarlarını kurduğu bir dünyaya hazırlık yapmaya sıvanacakların zaferlerine tanık olacaktır. Ezilenlerin, boyunlarındaki esaret zincirini parçalayarak kuracakları dünya, tüm insanlığa mutluluk getirecektir.

2 – İDDİANAMENİN HAZIRLANIŞINA EGEMEN OLAN MANTIK ÜZERİNE BİRKAÇ SÖZ...

Esas itibariyle, bir sınıf olarak burjuvazi, tarihin tanıdığı sömürücü sınıflar içinde, şeytani bir akla sahip, en vahşi, en sahtekâr, en ahlaksız, örgütlenme düzeyi en yüksek, mücadeleci geleneğe sahip, utanmaz bir sınıftır. Sömürüsünü örtbas etmek, kitlelerin gözünden gizleyebilmek için, sürekli bir biçimde, «halkın çıkarları»nı dilinden düşürmez ve yaptığı her şeyi halk için yaptığını öne sürer. Yaptığı her yolsuzluk, hırsızlık, halkın adı ve çıkarları kullanılarak maskelenmeye çalışılır. «Demokrasi» ve «özgür dünya» için ihtiyaçları olan baskı kurumlarını oluştururken, hayat pahalılığına yol açan, halkı açlığa ve yokluğa boğan krizler içinden, halkın omzuna basarak kurtulmaya çalışırken, halkın ezilmesini hedefleyen baskı önlemlerini hayata geçirirken de, utanmadan halkın çıkarlarından söz edilir.

Görülmekte olan dava, aynı mantığın bir örneğini yansıttığı için önemle üzerinde durulması gereken –bütün siyasi davalarda olduğu gibi– bir özelliğe sahiptir. Davamıza baktığımız zaman, davacının «kamu hakları - KH» olduğunu görürüz. Yani, sözde burjuvazi değil, Kamu Haklarıdır benden davacı olan.

TDK'nın «Resimli Türkçe Sözlük»ü, burjuva ideolojisinin yönlendirdiği mantıkla, «kamu»yu, bir ülkedeki halkın bütünü, halk olarak, «kamu düzeni»ni de, toplumun bütününü ilgilendiren düzen olarak tanımlar. Yani, burjuvaziye göre, ezenle ezilen, sömürenle sömürülen bir bütündür ve çıkarları ortaktır.

Kapitalist toplum, üretim araçlarının özel mülkiyetine ve ücretli emeğin sömürülmesine dayanır. Siyasi iktidarı elinde bulunduranlar, «kamu»yu temsil etme hakkını da kendi mülkiyetlerine geçirirler. Görünüşte, kamu hakları, toplumu var eden bütün insanların haklarını ve çıkarlarını içermektedir. Oysa gerçek böyle değildir.

Sınıflı toplumlarda, homojen, çıkarları birbirlerinin çıkarlarıyla bütünleşmiş bir kamu yoktur. Sınıfların özelliklerince belirlenmiş bölünmeler vardır. Burjuvazinin ve halkın haklarındaki nitel farklılık, onların kamu haklarında da nitel bir farklılık doğurur... ve onun içindir ki, burjuvaziyi savunan kesimlere gerici, halkın gerçek çıkarlarını savunanlara ilerici denir ve bağlı oldukları kamuoyu da, ilerici ve gerici tanımlamasıyla adlandırılır.

Kamuoyu oluşturmada en etkin kitle iletişim araçları olan radyo, TV, basın, sinema vb. gibi araçlar, esas olarak siyasi iktidarı ellerinde bulunduranların etkinliğindedir. Onların çıkarları doğrultusunda bir kamuoyu oluşturulmasına hizmet ederler. Öte yanda, derimci mücadele, dar olanaklarını zorlayarak, kitlelere ulaştıkça, burjuva-feodal etkinliği kırmaya, ilerici, yurtsever, demokrat, devrimci bir kamuoyu oluşturulmasının koşullarını yaratmaya çabalar. Gerici propaganda ve girişimler, gericiliğin etkisinde olan unsurları, devrime karşı harekete geçirmeyi amaçlar. Çünkü sömürücüler bir avuçtur. Onlar kendi nicel güçleriyle, yani kendi sayılarıyla kendilerini koruyamazlar. Bu nedenle de halkı aldatmaları ve onları kendi çıkarlarına hizmet eden askerler, koruyucular haline getirmeleri gerekir. Küçük mülkiyeti büyük mülkiyetin, küçük sermayeyi büyük sermayenin bekçisi ve kapıkulu haline getirmelerinin nedeni budur. Bu nitelikteki bir hizmet, burjuvazinin bu hesabına hizmet, halk için, halkın kendi kendisini bıçaklamasından başka bir anlama gelmez; bu intihardır. İşte biz devrimciler, halkın intiharına, halkın kendi kendisine, sınıf bilincinden yoksun olduğu için kötülük etmesine karşı, halkı uyandırmaya, siyasi sınıf bilincine ulaşmasına ve gericiliğin tuzağından kurtulmasına çalışmaktayız. Bu nedenle, burjuva aldatmacaları en etkin biçimde gözler önüne sermek göreviyle yükümlüyüz.

Bütün «kamu» kuruluşları, adları ne olursa olsun, hangi maskeyle gizlenmeye çalışılırsa çalışılsın, esas itibariyle sömürücü sınıfların hizmetindedirler. Ordu, polis, bürokrasi, bankalar, yargı organları, hepsi... «Kamu» sıfatının takılması, onları gerçek anlamda kamunun hizmetinde kurumlar yapmaya yetmez. Bu kurumların gerçekten kamunun, yani halkın hizmetinde olabilmesi için, iktidarın, nüfusun ezici çoğunluğunu meydana getiren, tüm zenginliklerin temel yaratıcısı emekçi kitlelerin eline geçmesi gerekir. Ancak o zaman, «kamu»nun gerçekten halk sınıf ve tabakalarını ifade ettiğini söyleyebiliriz, ancak o zaman, toplumsal-siyasal nitelikli bir davada davacı kamu olabilir. Şimdiki durumda davacı olan ise, esas olarak ve son çözümlemede, emperyalizmdir, sosyal-emperyalizmdir. Üç Dünyacı Çin revizyonizmidir, faşizmdir, reformizmdir, revizyonizmdir, oportünizmdir. Davamızla bu saydıklarımın ilişkisini bulmak yüzeyden bakılınca anlamsız gelebilir, ama işin özü araştırılırsa, yerli gericilikle uluslararası gericilik arasındaki derin bağlar incelenirse görülecektir ki, nerede, hangi ülkede olursa olsun, devrim düşmanları gizli ve açık ittifaklar içindedirler. Devrim düşmanları, birbirleriyle ne denli çelişmelere düşerlerse düşsünler, devrime karşı birbirlerini desteklerler ve devrim karşısında birleşirler. Namlularını devrimin güçlerine yöneltmekte anlaşırlar.

Şimdi, kabaca da olsa, iddialara bir göz atalım ve iddia makamının düşüncelerimi yargılamaya sunarken nasıl bir yol izlediğini görelim.

1978/878 nolu iddianamede, «Devrim Zorunlu Bir İhtiyaçtır» başlıklı yazı sözkonusu edilir. «Devrim» kavramı üzerinde «dikkatle» durulur ve denir ki:

«Sorulara cevap veren Güney, 'devrim'in ezilen ve sömürülen sınıfların, egemen sınıfların siyasi iktidarını devirmesi; devlet mekanizmasının burjuva özünü parçalayarak, ezilen sınıflar yararına devleti yeniden örgütlemesi olayı olduğunu söylemekte ve devamla Enver Hoca'nın proletarya enternasyonalizminin her ülke proletaryasının eski kapitalist dünyayı şiddet yoluyla devirmek, burjuva iktidarını temellerinden yıkmak... uğruna verdikleri mücadeledeki düşünce ve eylem birliği olduğuna ilişkin sözlerini aktarmaktadır. Daha sonra ise, görevlerinin proletaryanın sınıf kavgasını örgütlemek, bu savaşın ateşini diğer emekçi kitlelere taşımak, bu ateş içinde emekçi kitleleri kaynaştırmak ve bu savaşın sağlıklı yürütülmesini sağlayacak yöntemleri ve ülkemiz devriminin özgül yasalarını bulmak olduğunu, proletarya partisinin Türkiye devrimine damgasını vuracağını, bizim için tek başına ne Sovyet tipi ayaklanmanın ne de Çin modeli halk savaşının geçerli olmadığını, ülkemiz gerçeği, kendi yolunu, tarihi, ekonomik ve toplumsal yapısına göre çizeceğini, önümüzdeki devrimin demokratik halk devrimi olacağını, demokratik devrim mücadelelerinin hedefinin demokratik halk diktatörlüğünü kurmak olduğunu, bundan böyle yapılacak diğer işlerin yanı sıra, Kürt Ulusunun bağımsız bir devlet kurma hakkının kayıtsız şartsız tanınması gerektiğini ileri sürmektedir.»

İddianame devamla diyor ki:

«Muhtevası kısaca bu şekilde belirtilen yazıda yapılacak devrimin siyasal iktidarın zor yoluyla devrilmesi şeklinde olacağı ve böylece demokratik halk diktatörlüğünün kurulacağı ve bunun kaçınılmaz olduğu ifade edildiğinden, ihtilalci çehr'e dayalı sosyalizm, yani komünizm propagandası yapıldığı gibi, devletin hâkimiyeti altındaki topraklardan bir kısmının devlet idaresinden ayrılarak ayrı bir Kürt devletinin kurulmasının istenmesi nedeni ile...» vs. vs.

İddia makamının yaklaşım ve yorumlama biçimi üzerine değerlendirmelerimizi sıralarsak:

Birincisi, görüleceği gibi, burjuva hilebazlığının bir yansımasıyla daha karşı-karşıyayız. İddianın biçimine bakılırsa, aslında burjuvazi devrime karşı değildir; devrimin şiddet yoluyla gerçekleştirilmesine karşıdır. İsteğin özüne değil, isteğin gerçekleştirilme biçimine karşıdır. Yani, devrime değil, devrimci şiddete karşıdır. Barışçı yolla gerçekleştirilebilecek bir «devrim»e burjuvazi sözde razıdır. Buna, açıkça göz boyama denir.

Burjuva ideologları, burjuvazinin akıl hocaları, devrimci şiddetle devrimin birbirinden koparılamayacağını, birbirinden ayrı ele alınamayacağını, devrimci şiddetin devrimci siyasetin kaçınılmaz sonucu olduğunu çok iyi bilirler. Devrimci şiddetin devrimin ebesi olduğunu, emperyalistlerin ve dünya gericiliğinin, devrimci dünya halklarından yedikleri darbelerle öğrendikleri bir gerçek iken, burjuvazinin bu oyununa gelinebilir mi? Devrimci şiddet olmadan devrimin gerçekleşemeyeceğini çok iyi bildikleri içindir ki, «devrime özgürlük» tanır, «devrimci şiddet»e yasak koymaya çalışırlar. Reformist ve revizyonist sahtekârlar, burjuvazinin bu oyununu bozmak yerine, bu oyun içinde yerlerini alırlar, halkların devrimci mücadelesini hedefinden saptırmaya uğraşırlar. Onlar, burjuvazinin işçi sınıfı ve emekçi kitleler içindeki ajanlarıdır.

Mümkün olsaydı, devrimciler, barışçı yolu seçmekte hiç duraksama göstermezlerdi. Bütün içtenlikleriyle, şiddet kullanmaya gerek duymadan, kimsenin kanının akmasına izin vermeden, devrimi gerçekleştirmek isterlerdi. Oys, çağımızın içerdiği siyasal-toplumsal-ekonomik çelişmeler barışçı seçeneği olanaksız kılmaktadır. Bütün dünyada, emperyalist-revizyonist gericilik, her geçen gün biraz daha bunalım içine düşmektedir. İçinde bulundukları bunalım, ekonominin sınırlarını aşmış, siyasi, ideolojik, ahlaki, toplumsal vb. alanlara da yayılmıştır. Bunalımdan çıkmanın yolunu, dünya proletaryasının ve halklarının, özellikle de Asya, Afrika, Latin Amerika halklarının omuzlarında arayan emperyalist-revizyonist gericilik, kendisini kurtarmaya çalışırken, yarattığı çelişmelerle devrimci kabarışı yükselttiğinin de farkındadır. Sömürge ve yarı sömürgelerde yükselen devrimci mücadele, sömürge ve yarı-sömürgelerin egemen sınıflarını zor durumda bırakmakla kalmamakta, emperyalist burjuvaziyi de etkilemekte, metropollerdeki devrimci kabarışa yardımcı olmaktadır. Bir bütün olarak, dünya gericiliğinin, dünya proletaryası ve devrimci halklarının yükselen tepkisi karşısında zora başvurmaktan başka silahları kalmamıştır. Gerek metropollerde, gerekse sömürge, yarı-sömürgelerde, varolan faşist diktatörlüklerin yanısıra faşizm tehlikesinin artan bir şiddetle kendisini göstermesinin nedeni, bütün ülkelerde, özellikle de Asya, Afrika ve Latin Amerika ülkelerinde, devrimin en açık bir biçimde gündeme gelmesinin sonucudur. Bir yanda emperyalistler arası çelişmeler keskinleşirken, öte yanda, emperyalizmle dünya halkları arasındaki çelişme, her ülkenin sömürücü egemen sınıfları ile, iç gericilikle, o ülkelerin emekçi halkları arasındaki çelişme şiddetlenmekte ve karşı devrimci şiddetle devrimci şiddeti karşı-karşıya getirmektedir. Kapitalizmle sosyalizm arasındaki çelişme, burjuvaziyle proletarya arasındaki çelişme, ezen uluslarla ezilen uluslar arasındaki çelişme, çağımızın son çeyreğinin kaderini belirleyecek çelişmelerdir. Bu durumda, kitlelere, devrimin barışçı yollarla olabileceği olasılığının varolduğunu söylemek bir yana, bunun hayalini yaymak bile devrime ihanetten başka bir anlam taşımaz. Devrimciler, burjuvazinin kendi ömrünü uzatmak için yaygınlaştırmaya çalıştığı devrim düşmanı hayalleri, devrim düşmanı siyasi akımları sergilemek, burjuva, reformist, revizyonist hayalleri yerle bir etmek zorundadır. İddianamenin de üstü kapalı bir biçimde değindiği gibi, gerçek devrim taraftarları ile her renkten devrim düşmanı akımlar arasındaki temel ayrımlardan biri, devrimin gerçekleştirilme biçimidir; devrim için şiddete gerek var mıdır, yok mudur? Toplumsal bir değişikliğin, burjuva sınırlar parçalanmadan olabileceğini söylemek, burjuvazinin safında yer almak demektir ve devrimciler oklarını bu noktalara yöneltmelidirler. Çünkü onlar, kendilerini devrimci maskesiyle gizlemeye çalışan burjuva ajanlardır. Bunlara karşı mücadele etmeden devrimin olabileceğini sanmak, ayrı bir hatadır. Oportünizmle emperyalizm, revizyonizmle emperyalizm arasındaki kopmaz bağları görmeyenler, devrime büyük zararlar verirler.

Çeşitli yazı ve konuşmalarımda belirttiğim gibi, devrimler, insanların, sınıfların, partilerin irade ve isteklerine bağlı değildir; insanların, sınıfların, partilerin iradelerinden kesinlikle bağımsız bir biçimde varlıklarını sürdüren nesnel koşullar ile bu koşulların gerekli kıldığı, aynı zamanda hazırladığı ve biçimlediği öznel koşulların biraraya gelmesine, uyumuna bağlıdır.

Devrim, ya da karşı-devrim, uzlaşmaz sınıf çelişmelerine sahip sınıflı toplumlarda, sınıflararası mücadelenin kaçınılmaz sonucudur. Bu nedenle, şiddet, son çözümlemede, varolmayı ya da yokolmayı, zaferi ya da yenilgiyi belirleyen temel araçtır. Sağlam ideolojik-siyasi ve toplumsal temellere dayanmayan şiddet yenilir. Burjuvazinin egemenliği altında, burjuvazinin şiddeti, değişen oranlarda süreklilik gösterir. Her an, çeşitli biçim ve görünümleriyle emekçi kitleleri, emekçilerden yana olan aydınları baskısı altında tutar. Karşı-devrimin şiddeti, en örgütlü, en gelişmiş silahlar ve baskı araçlarıyla donatılmış biçimiyle burjuvazinin eli altındadır; şiddet uzmanları onların emrindedir ve burjuvazi, sömürüsünü ancak şiddet kullanarak sürdürebileceğinin bilincindedir. Köleci toplumda köleleri kırbaçla, mızrakla, kılıçla, kesici ve dürtücü aletlerle, zincirlerle yönetenlerin yerini, modern köleci toplumda, çağdaş silahlara sahip olan ücretli emeğin kullanıcıları almıştır. Ordu bir şiddet aracı değil midir? Polis, cezaevleri, yargı organları, işkenceevleri, idam sehpaları, işten çıkartmalar, açlıkla tehdit, pahalılık, siyasi şantaj vb. maddi-manevi şiddet araçları değil midir? Bizzat burjuva-feodal devlet aygıtı, şiddet araç ve kurumlarının toplamı ve merkezileşmesi değil midir? Bütün bunlar burjuvazinin sömürücü, kan emici düzenini ayakta tutmak için çaba göstermiyorlar mı? Faşist çeteler halka kan ve ateş kusarken, kitle katliamları düzenlerken, otobüsleri, minibüsleri kurşunlar, evleri basarlarken, şiddeti kim adına yaygınlaştırıyorlar? Bu, faşist burjuvazinin, emperyalist uşaklarının emekçi kitleler ve yurtsever halkımız üzerindeki gerici şiddeti değil midir? Ve bu şiddetin planlayıcıları, yönetici ve yönlendiricileri, en aşağılık demagojilerle meclislerde, radyolarda, TV'de, alanlarda, her yerde, halkın kafasını bulandırmaya çalışan parti liderleri ve onları destekleyen sermaye mihrakları değil midir? Anayasa'nın dediği doğruysa, yani devlet yönetimi, bir sınıfın, zümrenin eline teslim edilmezse, bunlar neden sömürücüler adına devlet yönetimini ellerinde tutmaktadırlar ve halka baskı uygulamaktadırlar? Ve neden, onlar da, emekçi kitlelere ve devrimcilere uygulanan baskılarla, yasaklarla karşı-karşıya değildirler?

Ezilen kitleler, işçiler, köylüler ve küçük burjuvalar, proletaryanın, insanın insana kulluğuna son verme hedefini güden mücadelesini, sınıflarının özelliklerine göre değişen oranlarda desteklemektedirler. İnsan onuruna yaraşır bir dünya kurmak için, burjuvazinin şiddetiyle durdurulmaya çalışılan, çeşitli yasa oyunlarıyla karartılmaya, caydırılmaya çalışılan mücadele, bütün gerici barikatları, devrimin yasalarını ve devrimci şiddeti, koşulların belirlediği oranda hayata geçirerek, aşacaktır. Burjuvazi, özgürlüklerini devrime karşı kullanır; biz, burjuvazinin karşı-devrim adına kullandığı özgürlükleri, şiddet kullanma, baskı kurma, dilediği gibi yasa çıkartma, gerici kurumları oluşturma vb. özgürlüklerini engellemek zorundayız. Burjuvazi, hiçbir şeyi gönül rahatlığıyla, dilediği gibi yapamamalıdır. Attığı her adımın karşısına mutlaka çıkılmalıdır. Burjuva yargı organlarına göre, burjuvazi şiddet kullanabilir, çünkü burjuvazinin şiddeti, yasalarla güvence altına alınmıştır. Fakat, emekçi kitlelerin, devrimcilerin, gerici şiddete karşı, haklı bir biçimde kullanmak zorunda kaldıkları şiddet yasaktır. Bu yasağı tanımıyoruz, tanımayacağız da...

Özgürlükler ile devrimci direniş, devrimci şiddet arasında, özgürlüklerin kısıtlanması ve tarihin ileri adımlarına karşı kullanılması ile karşı-devrimci şiddet arasında kopmaz bir bağ vardır. Bütün insanlık tarihi boyunca, gerici şiddet, tarihin ileriye atılımını durdurmaya, yavaşlatmaya, yolundan saptırmaya çalışmıştır; baskı ve zulmün çeşitli biçimlerini denemiş, fakat insanlığın kararlı ilerleyişini durduramamıştır. Dünyanın yuvarlak olduğunu söyleyenlere, bugün, kuşku götürmez biçimde bilim tarafından doğrulanmış doğruları söyleyenlere uygulanan şiddet ile, devrimin kaçınılmaz olduğunu, devrimin zorunlu bir ihtiyaç olduğunu, bunun, sınıflı toplumlar için bir yasa olduğunu söyleyenlere uygulanan baskı ve şiddet, özü itibariyle aynıdır: Tarihin ileriye dönen tekerleğini durdurmak, hiç değilse yavaşlatmaya hizmet.

Özgürlük, gerekliliğin tanınmasıdır. Her sınıf için gereklilik değişkendir; gerekliliğin niteliği farklıdır. Gerici sınıflar için, en gerekli olan, emekçi kitlelerin sömürülmesi, daha çok, daha yoğun sömürülmesidir. Onların ideolojilerini, siyasetlerini, felsefelerini, kültürlerini, sanatlarını, günlük ilişkiler içindeki tutumlarını bu gerçek belirler. Onlar, güçleri yettiği oranda, çıkarlarına zarar veren, çıkarlarını zedeleyen her kıpırtıyı yok etmek isterler. Onların güçleri sonsuz, her şeye yetecek mutlaklıkta değildir. Bu anlamda, gericiler için özgürlük, özgürlüklerin gaspedilmesi özgürlüğüdür; sömürme özgürlüğüdür, gelişen halk hareketlerini bastırma özgürlüğüdür, gerici siyaset ve ideolojilerini yaygınlaştırma özgürlüğüdür.

Bizim için ise özgürlük, tarihi gelişimin gerekli gördüğü, zorladığı, bilincine çıkardığı olguları gerçekleştirmek için gerekli gördüğümüz şeylerin yapılabilmesine olanak tanınmasıdır. Tarihin önüne dikilmeye çalışılan barikatlar tarihin gelişen güçleri tarafından hiçbir zaman tanınmamıştır, bundan böyle de tanınmayacaktır. Tarihin gelişen güçleri, güçleri oranında gericiliğin karanlığını zorlamış, varolan özgürlükleri mücadele alanlarında, kan ve ateşin içinden geçerek kazanmıştır. Açıktır ki, tarihi gelişim, ezen ve sömüren sınıfların yenilgisi, giderek yok oluşları doğrultusunda bir seyir izlemektedir. Çöken, çürüyen sınıfların yanında yer alan herkes, hangi sınıf kökenine sahip olursa olsun, onlarla birlikte yok olacaklardır. Bu nedenle, özgürlüğü, sadece tarihin tekerleğini durdurmak, tarihin gelişen sınıf güçlerini ezmek, sömürü mekanizmasını alabildiğine işletmek için kullanmaya çalışanlar onlara yardım edenler, varlıklarını onların varlığında görenler, tarihi ilerletecek birikimleri yaratmak için özgürlüğe ihtiyaç duyanlar ve bu konuda kararlı olanlarla uzlaşmaz bir çelişme içine düşeceklerdir. Bu çelişmenin çözümü, ister istemez, karşı-devrimin şiddetinin karşısına, devrimci şiddeti çıkartacaktır. Devrimci şiddetin anası, karşı-devrimci şiddettir. Gerçekten, kapitalist gericilik, gelişmeye uygun bir biçimde demokratizmi hayata geçirmiş olsaydı, gelişen üretim güçlerinin karşısına dikilmeseydi, üretim ilişkilerini gelişen üretim güçlerine uygun biçim düzenleyebilseydi, devrim, şiddete gerek kalmadan gerçekleşebilirdi. Ama bu mümkün olamazdı. Çünkü insanların tutum ve davranışlarını, sınıfların özelliklerini belirleyen iradeleri değil, istekleri değil, içinde yaşadıkları koşullardır. Burjuvazi ve her türden gericilik, nasıl ki tarihin ilerlemesine umutsuzca karşı çıkıyorlarsa, bu doğrultuda özgürlüklerini kullanmak isteyen güçlere karşı amansızca saldırıyorlarsa, bizler de, tarihi durdurmak isteyen gericiliğin özgürlüklerine karşı çıkacağız. Onların hareket serbestisini mümkün olduğu kadar dar bir çerçeveye hapsedeceğiz. Bu nedenle örgütlenmek, onların elinde bulunan olanaklardan daha güçlü olanakları elde etmek kaçınılmaz bir görevdir. Onlar, eninde sonunda, çareyi kaçmakta bulacaklar. Amerikan uşağı Vietnamlı zalimler gibi, faşist Şah gibi, yakın bir gelecekte Somoza'nın yapacağı gibi... ama iyi bilinmelidir ki, nereye kaçarlarsa kaçsınlar, devrimin ateşi onları yakacaktır.

İşte bu yüzdendir ki, iddia makamı, devrimi en doğru biçimiyle tanımlamamıza karşı çıkıyor. Devrim kavramını nasıl tanımlamalıydık ki sanık sandalyesine oturmaktan kurtulalım. Burjuvazinin sınıf egemenliğini yıkmadan, onun devletinin burjuva özünü parçalamadan, devleti yeniden, egemen sınıf durumuna gelen emekçi sınıflar yararına proletarya önderliğinde örgütlemeden proleter devrim mümkün müdür? Zabıt kâtibinin kullandığı daktilo, nasıl ki bir bardak olarak, fasulye olarak tanımlanamaz, ancak kendi özellikleri, görevleri ve içerdiği parçalarla tanımlanabilir ise, devrim de, kendi içeriği ve görevlerinden kopuk tanımlanamaz.

Emekçi kitleler, devrim için, sosyalizm için mücadele ederlerken, güncel ekonomik-toplumsal-siyasal-demokratik hak ve özgürlükler için de mücadele etmekten geri durmazlar. Bilirler ki, bütün sorunların köklü çözümü için devrimden başka seçenek yoktur; yine de, kısa vadeli çıkarlar, yaşama ve çalışma koşullarının iyileştirilmesi, halk yararına düzeltmeler için savaşmak bir görev olarak önlerinde durur. Üzerinde ciddiyetle durdukları nokta şudur: Sorunların reformcu çözümleri için mücadelede boğulmamak, reformcuların, revizyonistlerin «tatlı dilleri»ne kapılmamak, burjuva egemenliği altında emekçi kitlelerin kurtuluşlarının mümkün olacağı hayallerine kanmamak, güncel görevlerle genel görevler arasındaki bağları koparmamak, ulusal planda emekçilerin çıkarları ile uluslararası emekçilerin çıkarlarının birliğini akıldan çıkarmamak. Yoksa emekçi kitleler, daha iyi yaşam ve çalışma koşullarını elde etmek, var olan demokratik hak ve özgürlüklerin sınırlarını genişletmek için, sonuna dek çarpışmaktan geri durmazlar. Burjuvaziye kabul ettirdikleri her istek, uzun yılların mücadelesi sonucu gerçekleştirilmiştir; burjuvazi, çaresiz kaldığı için bu istekleri kabul etmek zorunda kalmıştır. İşçi sınıfının emekçi kitlelerin savaş alanlarında kazandıkları her hakkı, sonuna dek korumaları onların vazgeçilmez görevidir. Bu anlamda, 61 Anayasası'nda varolan bazı olumlu maddelerin savunulması, işletilmesi için direnilmesi devrim mücadelesinin bir parçasıdır. Demokrasi için mücadele, sosyalizm için verilen mücadelenin dışında değerlendirilemez.

61 Anayasası, özü itibariyle burjuvazinin çıkarlarını temel alan, gerici bir Anayasadır. Emekçi kitlelerin, küçük burjuva aydınlarının zorlu mücadelesi sonucu 61 Anayasası'na geçirilen, fakat bir türlü işletilmeyen bazı olumlu maddeler de, onu gerici niteliğinden kurtaramaz. Burjuvazinin bir kanadı bu Anayasaya da karşıdır. Çünkü onlar, işletilmiyor bile olsa, kullanılma olanağı olan en küçük ileri adımı bile Anayasadan silmek istiyorlar. Bu bakımdan biz, Anayasada varolan en küçük olumlulukları bile savunmak ve korumak zorundayız, işletilmesini sağlamak için mücadele etmek

zorundayız. Bu, bizim burjuva anayasasını savunmamız değil, emekçi kitlelerin mücadelesi sonucu kabul ettirilmiş bazı maddeleri savunmamız demektir.

İşte sayfalar arasına sıkıştırılmış, kullanımı bir türlü sağlanamayan bir madde:

«**Madde – 20.** Herkes, düşünce ve kanaat hürriyetine sahiptir; düşünce ve kanaatlarını söz, yazı, resim ile veya başka yollarla tek başına veya toplu olarak açıklayabilir ve yapabilir.»

Anayasa'nın dediğine bakılırsa, hiçbir sınıf ve kimse arasında ayrım yapmadan «herkes»in, «düşünce ve kanaat özgürlüğü» vardır; herkes, kanaat ve düşüncelerini, söz, yazı, resim vb. yollarla, veya başka yollarla, tek başına veya toplu olarak yayabilir. Yani, Anayasaya göre, burjuvazi de, proletarya da, ilerici unsurlar da, gerici unsurlar da, ezenler de, ezilenler de, düşünce ve kanaatlarını açıklayabilir ve yayabilirler. Gerçek ise böyle değildir. Böyle olsaydı şu an karşınızda yargılanmamam gerekirdi. Gerçek odur ki, emekçilerin, uzun yıllar mücadele ederek kazandıkları hak ve özgürlükler bile büyük oranda gaspedilmiştir. Çeşitli yasalarla demokratik haklar alabildiğine kısıtlanmıştır. Oysa Anayasa'ya göre, yasalar Anayasa'ya aykırı olamaz. Durum ortadadır. Varolan hak ve özgürlüklerin de, can pahasına korunan hak ve özgürlükler oldukları da ortadadır. Uygulamalar tarihi materyalizmin doğrularını bir kez daha kanıtlamıştır: Ülkemizde demokrasi, sömürücülerin, zalimlerin demokrasisidir.

Anayasa'dan bir madde daha aktarmak istiyorum:

«**Madde – 21.** Herkes, bilim ve sanatı serbestçe öğrenme ve öğretme, açıklama, yayma ve bu alanlarda her türlü araştırma hakkına sahiptir.»

Oysa burada, tek doğru olan bir bilimi savunduğumuz için, bilimsel sosyalizmin bilimini savunduğumuz için yargılanıyoruz. Hani, herkes bilim ve sanatı serbestçe öğrenme, öğretme, açıklama, yayma ve bu alanlarda her türlü araştırma hakkına sahipti? Yine de, bu maddenin doğrulandığı, hayata geçirildiği yerler vardır. Çünkü devrimciler, cezaevlerinde, bu olanağı kısmen de olsa bulabiliyorlar. O da, 21. maddenin devrimcilere tanıdığı bir «şans» işte. Burada açıkça ortaya çıkan gerçek şudur ki, burjuvazinin keyfine dokunmayacak «bilim»leri öğrenmek, bu «bilimler»le kitleleri aldatmak serbesttir, fakat, emekçi kitlelere kurtuluş yolunu gösteren bilimsel sosyalizmin bilimini öğrenmek, öğretmek, yaymak kesinlikle yasaktır.

Biz, bu yasağı da tanımıyoruz, tanımayacağız da...

Yine Anayasa'dan bir madde alarak, Anayasa'nın bizzat kendisinin bilime ters düştüğünü göstermek istiyorum.

4. Madde diyor ki:

«Egemenliğin kullanılması, hiçbir suretle belli bir kişiye, zümreye veya sınıfa bırakılamaz.»

Sınıf egemenliği olmayan bir siyasi iktidar mümkün müdür?

Değildir!

O halde bu aldatmacaların hedefi nedir?

Açıktır ki, devlet örgütünü sınıflar üstü bir olgu olarak halka yutturmak, siyasi iktidarları sınıfsal özlerinden koparmak, devletin burjuva-feodal sınıf karakterini gözardı etmek, emekçi kitleleri aldatmak.

Burjuvazi bu isteğinde de başarılı olamayacaktır...

İddianamede sözü edilen, Kürt Ulusunun ayrı bir devlet kurma hakkına gelince, diyeceklerim kısaca şudur:

Bir ulusu ezen ulusun özgür olamayacağını düşünüyoruz. Hiçbir ulus, zor ve baskı ile, bir başka ulusu egemenliği altında tutamaz, kendi gönüllülüğü olmadan bir devletin sınırları içinde kalmasını isteyemez. Türkiye Kürdistanı, bir gerçektir ki emperyalist uşağı Türk burjuvazisinin sömürgesidir. Bize göre, ayrı iki ulus için birlik, ancak gönüllü birliktelikse geçerlidir. Bugün Kürt ulusunun baskı altında tutulduğu, ulusal haklarının çiğnendiği, asimilasyona tabi tutulduğu, diline, kültürüne yasak konduğu, bir Kürt'ün «Ben Kürdüm» demesinin bile tepkiyle karşılandığı ortadadır. Kürt halkı ancak gönüllü istiyorsa, Türk ve diğer azınlık halklarla, bir devletin sınırları içinde kalabilir, kendi kaderini kendisinin tayin etme hakkı vardır ve hiçbir baskı ve zorbalık bir ulusun kendi kaderini tayin etme hakkını kullanmasını ve hayata geçirmesini önleyemez. Ben, Türk ve Kürt halklarının birlikte mücadelesini, birlikte örgütlenmesini savunuyorum; ancak şu temelde: Bütün uluslar için tam hak eşitliği, ulusların kendi kaderlerini tayin etme hakkına saygı, bütün ülkelerin işçilerinin birleşmesi.

Bu düşünceleri savunmak, milli duyguları zayıflatmak değil, şovenizmi, ırkçılığı, faşizmi zayıflatmaktır. Bir ülkenin en gerçek ulusal güçleri, o ülkenin emekçi halkıdır. Onların haklarını savunmak milli duyguları nasıl zayıflatıyor, anlamakta güçlük çekiyoruz. Milli duyguları güçlendirmenin tek yolu, emperyalizme, sosyal-emperyalizme, her türden iç ve dış gericiliğe karşı mücadeleden geçer. Yoksa, emperyalistlerin çıkarlarını savunmak, ülkenin kaynaklarını yabancılara peşkeş çekmek, ulusal onuru yerlere çalacak girişimlerde bulunmak, milli duyguları güçlendirmez. Bugün, gerçek anlamda ulusal çıkarları koruyan biz devrimcileriz.

1979/61 sayılı iddianameye bakalım.

Denir ki:

«(Emperyalizm ve sosyal emperyalizm ve bütün ülkelerin her türden gericileri dünya halklarının devrimi önündeki engellerdir) başlığı altında yayınlanan bu bölümde; proletaryanın yani işçi sınıfının gerçek diktatörlüğü için ML'nin yol göstericiliğinde yürekten savaşan kişilere proleter devrimci dendiği,

Marksizm-Leninizmin proletarya diktatörlüğünün teori ve taktiklerinin bilimi olduğu...» ifade edilmek suretiyle komünizm propagandası yapıldığını ileri süren iddia makamına soruyoruz:

Lütfen, proleter devrimci ve Marksizm-Leninizm'in ne olduğunu bize anlatır mısınız?

Yine soruyoruz:

«... toplumsal üretim araçlarının sahibi ve ücretli emeğin kullanıcısı olan çağdaş kapitalistlere burjuvazi, ya da burjuva sınıfı diyoruz. Yaşamak için iş güçlerinden başka satacak şeyleri olmayan çağdaş ücretli işçilere de proleterler, bunların oluşturduğu sınıfa da proletarya, ya da işçi sınıfı diyoruz.» dememizi, komünizm propagandası yapmamızın belgesi olarak sunuyorsunuz. Sorun, bizim için komünizm propagandası yapmak, ya da yapmamak değil, iddia makamının çürük mantığıdır...

İddianamenin geri kalan bölümünü aktarmayı gereksiz görüyorum. Mantık aynı mantıktır. Lütfen bize, burjuvaziyi ve proletaryayı nasıl tanımlamamız gerektiğini söyler misiniz?

1979/143 sayılı iddianame de, içerik olarak, mantık olarak aynı tutarsızlık içindedir. Siyasi, toplumsal, felsefi olguların doğru açıklanmasına burjuvazi çılgınca saldırmaktadır. Bu doğaldır. Biz, her şeyi, en doğru biçimiyle tanımlamaya ve bu çabalarımızı kitlelere ulaştırmaya çalışacağız.

3 - SONUÇ

Çıkarları birbirlerinin çıkarlarıyla çelişen sınıflar arasında mücadele, her alanda sürer, alanın özgül koşulları temelinde biçim alır. Bu nedenledir ki, devrimciler, burjuvazinin yargı organları karşısında, kendilerini, düşüncelerinin doğruluğunu, haklılığını savunmak anlamında savunurlar; aynı zamanda yargı organları önünde burjuvaziyi yargılamak görevleriyle de yükümlüdürler. Yargı organları önünde, burjuvazinin ve gerici sınıfların sınıf egemenliklerini hangi sömürü sistemi üzerine kurduklarını, halkı nasıl soyduklarını, nasıl aldattıklarını, ülkeyi tüm zenginlikleriyle nasıl da emperyalistlere sattıklarını açıklamalıdırlar. Bu konuda getirilen yasaklar tanınamaz. Özgürlüklerin sınırını burjuva-feodal zalimler, onların akıl hocaları belirleyemez, belirleme girişimleri hoşgörülemez, konulan sınırlara uyulamaz. Suçlu olan, emekçilerin, ezilenlerin çıkarlarını savunan biz devrimciler değil halkın iliğini sömürerek, bir kene gibi semizleyen sömürücülerdir.

Özetle iddianame, devrime değil, devrimin şiddet yoluyla olmasına karşı çıkarken, kitleleri aldatmak, halkın mücadelesini barışçı, reformcu yollarla sonuçsuz bırakma amacına hizmet ediyor.

Biz, canımız şiddet istediği için devrimci şiddetin sözünü etmiyoruz. Keskin devrimci görünmek için de böyle bir tutum izlemiyoruz. Devrimin bilimi, kitlelerin devrimci şiddeti olmadan devrimin mümkün olmadığını öğrettiği için, bu dersler tarih tarafından kanıtlandığı için, uzlaşmaz sınıf çelişmelerinin çözümünün başkaca bir yöntemi olmadığı için devrimci şiddetin sözünü ediyor ve gerekliliğini vurguluyoruz. Yoksa ben, kişi olarak şiddet hastası değilim. Mümkün olsa, davul-zurna ile, halay çekerek devrimin gerçekleşmesini isterim. Emperyalistlerin, işbirlikçi burjuvazinin, iç gericiliğin istediği tüm ödünleri vermesine karşın, ne sosyalist, ne komünist, hatta ne de tutarlı bir sosyal-demokrat olmadığı halde, gerici CHP iktidarına bile razı olmayanlar, bir avuç soyguncunun çıkarlarını temel alanlar, halkın devrimci demokratik diktatörlüğüne kuzu kuzu razı olabilirler mi? Onlar ki 61 Anayasası'na, 27 Mayıs hareketine bile en büyük düşman gözüyle bakıyorlar. Onlar ki, varolan demokratik hak ve özgürlüklerin kırıntısını bile yok etmeye çalışıyorlar.

Biz, bilimsel sosyalizmin yol gösterdiği doğru mücadele çizgimizi, her türden engellemeyi göğüsleyerek, göze göz, dişe diş çarpışarak, sürdürmek kararındayız. Hiçbir güç, düşüncelerimizin kitlelere ulaşmasını, kitleleri harekete geçirmesini önleyemez... belki geciktirebilir... ama mutlak bir biçimde önleyemez. Zafer, ülkemiz ve dünya proletaryasının ve dünya halklarının mücadelesiyle kazanılacaktır.

Yaşasın toplumsal devrim!..

Yaşasın Emeğin Kurtuluşu İçin Mücadele Birliği!..

Yılmaz Güney
28 Haziran 1979

1. Ağır Ceza Mahkemesine sunulan savunmaya ek olarak 6. Ağır Ceza Mahkemesine yapılan savunma metni aşağıdadır:

Sayın Başkan,
Sayın Üyeler,
ve
Sayın İddia Makamı!..

Mahkemenizce, TCK'nın 142. Maddesini ihlal ettiğim gerekçesiyle yargılanıyorum.

142. Maddenin 1. bendi der ki:

«Sosyal bir sınıfın diğer sosyal sınıflar üzerinde tahakkümünü tesis etmek veya sosyal bir sınıfı ortadan kaldırmak yahut memleket içinde müesses iktisadi ve sosyal temel nizamlardan herhangi birini devirmek veya devlet siyasi ve hukuki nizamlarını topyekûn yok etmek için her ne suretle olursa olsun propaganda yapan kimse beş yıldan on yıla kadar ağır hapis cezası ile cezalandırılır.»

Bugünkü devletin sınıf niteliği ve bu maddenin bugüne dek uygulanış biçimi ele alınırsa, şöyle demek daha doğru olur:

Sosyal bir sınıf olan burjuvazinin ve toprak ağalarının –özellikle de, emperyalizmin işbirlikçisi burjuvazinin ve büyük toprak ağalığının– ezilen halk sınıf ve tabakaları olan işçi sınıfı, köylülük, memur, esnaf ve zanaatkârları, halk aydınlarını ve küçük üreticileri içeren küçük burjuvazi ve orta sınıflar üzerindeki sınıf tahakkümüne, söz, yazı, resim vb. eylemler ile karşı gelme, ezilen bu sınıflar yararına ve ezen sınıfların zararına siyasal, ekonomik ve demokratik haklar ve değişiklikler talep etme, işbirlikçi burjuvaziyi ve toprak ağalığını sınıf temelleriyle ortadan kaldırmayı düşünme, ayrıca, bu ezen sınıfların varlığını garanti altına alan nizamlardan herhangi birini devirmek veya devlet siyasi ve hukuki nizamlarının burjuva özünü topyekûn yok etmek doğrultusunda her ne suretle olursa olsun propaganda yapan kimse, beş yıldan on yıla kadar ağır hapis cezası ile cezalandırılır:

Bu maddenin asıl söylemek istediği gerçek işte budur. Yıllardır süregelen uygulamalar da bu yönde olmuştur. Aksi olsaydı, emperyalist burjuvazinin ve ona bağımlı işbirlikçi burjuvazinin ve toprak ağalığının çıkarlarını temel alan faşist AP-MHP yöneticileri de aynı madde ile yargılanmak ve cebelleşmek zorunda kalırlardı. Öte yanda, gericiliğin değişik tonlarını temsil eden diğer partiler de bu madde ile tehdit edilmek gerekirdi. Çünkü siyasi iktidar için mücadele, bir sınıfın ya da sınıfların, diğer sınıflar üzerinde, devlet iktidarını kullanarak tahakküm kurmak için verdikleri mücadele demektir. Siyasi mücadele devlet iktidarını ele geçirme mücadelesidir. Ve devlet, şu ya da bu nitelikte bir sınıfın diğer sınıf veya sınıflar üzerinde bir baskı aracıdır. Sınıflar üstü bir olgu değildir; olamaz.

Maddemiz, hangi sınıf olursa olsun, bir sınıfın ya da sınıfların, diğer sınıf ya da sınıflar üzerinde tahakküm kurmasına karşı olduğu iddiasını taşımaktadır. Bu anlayış, devletin sınıflar üstü bir olgu olduğu demagojisinden hareket etmektedir... ki, gerçeklere taban tabana ters düşmektedir. Devletin sınıf niteliğini kabul etmek ya da reddetmek, sınıfların ve sınıf mücadelesinin varlığını kabul etmek ya da reddetmek isteğe bağlı değildir. Hiç kimse kafasını kuma sokarak gerçekleri yok sayamaz... sınıfları ve sınıf mücadelesini inkâr ederek, tarihin şaşmaz akışını durduramaz.

İlkel komünal toplum dışında, bugüne dek varolan bütün toplumlar sınıflı toplumlardır ve insanlığın yazılı tarihi sınıflar mücadelesi tarihidir. Ancak sınıfsız toplumlarda bir sınıfın diğer sınıflar üzerinde tahakkümünden ve tahakküm organlarından söz edilemez. Çünkü sınıfsız toplumlarda, ne tahakküm edecek sınıf, ne de tahakküm edilecek sınıflar vardır. İşte bu sınıfsız toplum komünist toplumdur. Yani, hiçbir sınıfın ve sınıf baskılarının bulunmadığı, herkesin gücü oranında, yetenekleri oranında çalıştığı ve ihtiyacı oranında tükettiği komünist toplum. Kapitalizmden komünizme geçiş uzun bir tarihi dönemi kapsar. Ve dünyamız henüz, kapitalizmden sosyalizme geçiş çağıdır ve henüz modern anlamda komünist toplumu tanımamıştır. Bu, uzun bir mücadele sürecini gerektiriyor.

Günümüz dünyasında, gerek sosyalist, gerekse kapitalist, revizyonist ve yarı-sömürge ülkelerde, şu ya da bu biçimde sınıflar, sınıf mücadeleleri ve sınıf diktatörlükleri vardır. «Sosyal bir sınıfın diğer sosyal sınıflar üzerinde tahakkümü» sınıflı toplumlar için kaçınılmaz ve mutlaktır ve bütün sınıf mücadeleleri bu tahakkümü gerçekleştirmek için sürmektedir.

Üretim güçleriyle üretim ilişkileri arasındaki çelişmenin toplumsal alana yansıması, kendisini sınıf mücadelesi biçiminde gösterir. Örneğin kapitalist toplumun temel çelişmesi, emek ile sermaye arasındaki çelişmedir. Bu çelişme, üretim sürecinde, üretimin toplumsal niteliği ile üretim araçlarının kapitalist özel mülkiyeti arasında görünür. Bu da toplumsal plana, kapitalist toplumun iki ana sınıfı olan, burjuvazi ile proletarya arasındaki sınıf çelişmesi olarak yansır. Benim karşınızda bulunmamın ana nedeni işte bu çelişmedir. Çünkü ben, işbirlikçi burjuvazinin ve toprak ağalarının, işçiler-köylüler ve geniş emekçi kitleler üzerindeki sınıf tahakkümüne karşı, yani bir avuç sömürücü azınlığın, halkımızın büyük bir çoğunluğu üzerindeki sınıf tahakkümüne karşı, bu bir avuç işbirlikçi hain azınlığın ve çıkarlarını bu hainlerin çıkarlarında gören yardakçılar üzerinde, işçilerin, köylülerin, şehir küçük burjuvazisinin, memur olsun, aydın olsun, geniş halk kesimlerinin tahakküm kurmasını yani demokratik halk diktatörlüğünü savunuyorum. Demokratik halk diktatörlüğü, bir avuç işbirlikçi hain için diktatörlük demektir.

İşte karşınızda olmamın ve mücadelemin ana nedeni budur.

«Yasak» ve «ceza» karşısında tutumumun ne olduğunu da açıklamak isterim.

«Yasak» ve «ceza» birbirine sıkı sıkıya bağlı, birbirini tamamlayan iki unsurdur. Biri tedbirin, diğeri tedbirleri dinlemeyenleri tehdidin ifadesidir. Her ikisi de şiddetin, değişik aşamalardaki görünümleridirler. Tarihi gelişimin ürünü olan ve tarihi gelişime hız katan devrimci düşünce, ancak ve ancak, amacının önüne dikilmiş bulunan engelleri, yani yasakları, bilimsel yöntemden ayrılmayarak, sabır ve inatla aşarak hedefine ulaşabilir. Yasak ve ceza karşısında boyun eğen, tereddüt ederek kendisini sınırlayan ürkek düşünce, devrimci adına layık olamaz. Karşılaşacağı her türden ceza ve şiddeti peşinen göze alamayan düşünce ve düşünce sahibi, devrimci görevini yerine getiremez. Düşüncenin taşıyıcısı ezilebilir, ağır cezalara uğrayabilir, hatta kurşunlanıp öldürülebilir... ama gelişen sınıf temellerine dayanan ilerici ve devrimci düşünce, bir bayrak gibi elden ele geçerek eylem içinde olgunlaşır, hatalarından arınır, kitleleri harekete geçirir ve nihai hedefine doğru ilerler...

Sayın Başkan,

Sayın Üyeler...

Gerek 141, gerekse 142. maddeler emekçi kitlelerin mücadelesiyle yok edileceklerdir. Bu maddelerin yok edilmesi, proletarya öncülüğünde verilen sosyalizm mücadelesinin bir parçasıdır. Bugün Avrupa'da, Komünist Partilerinin yasak olduğu tek ülke Türkiye' dir. Emekçi kitlelerin siyasi örgütlenmelerinin baskı altında tutulduğu ülkemizde, gerçek anlamda proleter örgütlerin, taa devrime kadar zor koşullar altında bulunacağı da bir gerçektir. Bu konuda söyleyeceklerim, savunmamın sınırlarını aşmak istemediğim için, bu kadardır.

Hukuk emekçileri olarak kabul ettiğim sizlere, emekçi kişiliğinize saygılar sunarım. Mücadelemizin sizleri de aramıza katacağından kuşkumuz yoktur.

Yılmaz Güney

Bu yazı Eylül 1987'de Tohum Yayınları'nda yayınlanan «Yılmaz Güney'in Hayatı ve Mücadelesi» adlı kitaptan, Yumurtalık olayından sonra çıktığı mahkemede okuduğu savunmadır.

«Sayın Başkan,
Sayın Üyeler,
Sayın Savcı,
Ve Yüce HALKIMIZ!

İki yıla yakın bir zamandır, belli aralıklarla karşı karşıya geldik. Konumlarımız gereği aramızda çelişme ve mücadele kaçınılmazdır. Ben kendimi, bileti çoktan, daha olayın başlarında kesilmiş bir otobüs yolcusu olarak görüyorum. Ve bu otobüs bizi, yeni acılarla, yine haksızlıklar ve baskılarla dolu, uzun, zor yıllara götürecektir. Çok iyi biliyorum ki, bu yeni sınav da yılmadan, yıkılmadan geçilecek ve her başarılı direniş gibi faşizmin temellerinin sarsılmasında rol oynayacaktır.

Sınıf mücadelesi acımasızdır. Ben bu mücadelenin kurallarını iyi bilirim. Çünkü ben bu savaşın bir kanadının, Türkiye proletaryasının çocuğuyum. Bu yüzden mahkemeniz benim için savaş alanlarından sadece birisidir. Zaman zaman sözlerim sizleri incitebilir, kırabilir, hatta kızdırabilir... Fakat iyi bilinmelidir ki, amacım sizleri kırmak, kızdırmak değildir. Böyle bir durumda muhtemel tepkileriniz zorunlu gördüğüm açıklamaların doğal sonuçları olarak kabul edilmelidir.»

...

Hukukun bir üst yapı kurumu olduğu genel bir doğrudur, üst yapı kurumu olmakla birlikte, sınıf çelişmelerinin yansımalarını, mücadelenin yoğunluğu oranında doğal olarak içerir. Ve günümüz canlı örneklerinin de doğruladığı gibi, hukuk organları içinde objektif karar vermeye çalışan değerli, dürüst insanların olduğu da bir gerçektir. Bu, günümüz koşullarında faşizmin tam anlamıyla burjuva demokrat nitelikli unsurların tümünü tasfiye edemediğini, egemenliğini kayıtsız şartsız kuramadığını gösterir. Örgütlenme düzeyleri yükseldikçe, çelişmeleri uzlaşmaz görülen unsurları, önem derecelerine göre tasfiye edecektir. Bu özelliğinden dolayı da hukuk, ekonomik ve siyasi egemenliği elinde bulunduranların, hukuk organlarındaki ve kurumlarındaki örgütlenme düzeyleri ve etkinlikleri oranında adaletsiz, eşitsiz olur... onların çıkarları doğrultusunda hizmet görür. Bunun en canlı örneklerini, davanızda yer alan görevlilerin davranışlarında, başından sonuna kadar, en belirgin biçimiyle izlemek mümkündür.»

...

«Olayımız iki ayrı dünya görüşü arasındaki uzlaşmaz çelişmenin, bunun sınıfsal planda kişilerde somutlaşmasından başka bir şey olmayan devrimci faşist çelişmesinin bir ürünüdür. Ve ne yazıktır ki ölen bir «kanun adamı»dır... bir «hâkim»dir...

Çelişkinin diğer yönü, yani... suçun üzerine yıkılmasına çalışılan kişi ise, her türlü adaletsizliğe, haksızlığa, eşitsizliğe ve bu olumsuzlukların kaynaklandığı her iki emperyalizme, soygun, yağma, sömürü düzenine ve bunların siyasi ifadesi olan zulüm makinesi kapitalist devlet biçimlerine karşı yılmadan savaşan bir proleter devrimcisidir. Hem de egemenlerin her vesile ile ticaretini yaptıkları bir af yasasıyla, siyasi tutuklu bulunduğu askeri cezaevinden tahliye olmuştur. Onlara göre bir «anarşist», «komünist», «vatan haini»... halkı içinse, sorumluluğunun bilincinde, emeğin nihai kurtuluşu için mücadele veren bir halk savaşçısıdır.

...

«Kendimi anlatmalıyım.

İki yılı aşkın askeri cezaevi günlerinde, düşüncelerim tek bir noktada toplanmıştır; DEMOKRATİK HALK DEVRİMİ. Başta işçi sınıfı ve köylüler olmak üzere, tüm emekçi kitleleri, aydınları, sanatçıları, küçük iş ve küçük mülk sahiplerini ekonomik-toplumsal ve siyasi kölelikten kurtuluşa götürecek, Bağımsız Demokratik

Yeni Türkiye'yi kuracak ve sosyalizme götürecek Demokratik Halk Devrimi'nin gerçekleştirilmesi ve bu devrim sürecinde birey olarak bana düşen görevlerin berraklaştırılması temel düşüncem olmuştur.

İşte ben, bu hayati görevlerin üstesinden gelebilmek, eksikliklerimi giderebilmek umuduyla inançlı bir çalışmaya verdim kendimi. Atacağım her adım, emeğin nihai kurtuluşu fikrine, yani sınıfların kendilerini ortadan kaldıracağı, devletin kendisini tüketeceği, söndüreceği bir dünya fikrine hizmet etmeliydi. Kurtuluşun önümüzdeki aşaması olarak da Demokratik Halk Devrimi fikrine ve mücadelesine hizmet etmeliydi. Bu amaçla, sinema alanında, ilk yıl altı film yapmayı planlamıştım. ARKADAŞ bu düşüncemin ilk ürünüdür.

Olayın geçtiği sırada, programımızın ikinci filmi olan, Selimiye'nin zorlu günlerinde oluşturmaya çalıştığım, tarım proletaryasının, yoksul köylülerin sorunlarına eğilen ENDİŞE filmi gündemdeydi. Ne yazık ki, daha önceki bazı filmlerim gibi, bu da tutuklanmam nedeniyle tarafımdan bitirilemedi.

...

Olayla birlikte, olayın sınıfsal-kişisel düşmanlıklar, sınıfsal-kişisel çıkarlar adına değerlendirilmesi ve kullanılması girişimleri de en yoğun biçimiyle başlamış, özellikle olayın ilk günlerinde, faşistler, gericiler ve kendilerine «sosyalist», «devrimci» diyen bir kısım ortak saldırı ve karalama cephesi içinde birlik olmuşlar, Yılmaz Güney hedef alınarak, devrimcileri ve devrimci hareket fikrini yıpratmaya çalışmışlardır. Devrimci hareket, şunun ya da bunun isteği ile gelişmez, gelişme hızı düşmez. Devrimci hareket karşıt güçlerin karalamasıyla yıkılmaz, tersine karşıt güçlerin karalamalarını yenerek güçlenir. Biz de böyle yapacağız; bugüne kadar oluşturulan karalama çabalarını gerçeklerle yıkacağız ve güçleneceğiz.

...

Egemen güçlerin bir kanadının hükümeti, ya da hükümet organlarından birini – ya da birkaçını – elinde bulundurması, o organlar ve o organların etkisinde bulunan kurumlar üzerinde egemenliğini kayıtsız-şartsız kurmuş olması anlamına gelmez. Özellikle, sınıf çelişmelerinin her geçen gün derinleştiği günümüz Türkiyesi koşullarında, egemenlerin hükümet eden kanadının, bütün üst yapı kurumlarına, yukarıdan aşağıya doğru, aynı oran ve yoğunlukta etkili ve egemen olabilmeleri, merkezi otoritelerini kurabilmeleri düşünülemez. Böylesine mutlak bir egemenlik, bizim gibi ülkelerin egemenlerinin sadece bir kanadı için, artık mümkün olmadığı gibi, aralarındaki çelişmelerin derinleşmesi nedenleriyle, egemen sınıflar ittifakı için de mümkün değildir. Çünkü çeşitli nitelikte emperyalist-kapitalist ülkeler arasındaki çelişmelerin derinleşmesi ülkemize de yansımakta, farklı görüş ve çıkarları savunan sermaye grupları arasındaki çelişmeleri derinleştirmektedir. Bundan böyle, farklı sermaye grupları, geçici, sık sık değişkenlik gösteren çürük ittifaklarla soygun ve sömürülerini korumaya, yaşatmaya çalışacaklar ve kitlelerin demokratik devrimci muhalefetini zorla, hileyle bastırma yollarını arayacaklardır. Onları, çeşitli koalisyon ve anlaşmalarla birarada tutmaya zorunlu kılacak ana etken, halkın demokratik-devrimci muhalefetinin örgütlenerek gelişmesi, kitleleri kucaklaması, siyasi iktidar alternatifi olma tehlikesidir.

«Bildiğimiz kadarıyla faşizmin iki temel yöntemi vardır: ŞİDDET ve ALDATMA... Her ikisini de, iç içe... kaynaştırarak kullanır. Yalan, tahrifat, ikiyüzlülük, en üstün biçimleriyle uygulamalarında kendini gösterir. Aldatmasını, kitlelerin güven duyduğu insanlar kanalıyla yapmak, ince taktik ustalıklarından biridir. Her ne kadar kısa bir zaman sonra gerçek ortaya çıkarsa da, egemenlere gerekli olan, bu zaman içinde gerçekleştirilmiş olacak ve kitlelerin güven duyduğu insan ya da kurum kitlelerin kendi deneyleriyle güven duyulmaz kişi, ya da kurum haline gelecektir.

...

Önümüzde, anayasa, hukuk, insani değerler gibi vazgeçilmez değerleri çiğneyen Ali Elverdi gibi olumsuz bir örnek var. Ali Elverdi, üç devrimcinin idamında, onlarca devrimcinin en ağır cezalara çarptırılmasında bir maşa olmanın mükâfatını, AP saflarında milletvekili edilerek görmüştür... Ve bizim için o «mükâfat» halkına ihanet etmenin, halk çocuklarının kanına elini bulamanın, sömürücülere uşaklık etmenin karşılığıdır ve şerefsizlik belgesi olarak devrimci tarihimizin altın sayfalarına lanetlenmiş bir leke olarak yazılır.

Sanığın savunması için bütün olanakları kullanması, gerek maddi, gerekse manevi bütün delilleri mahkemece önemsiz görünse bile göz önüne sermek için çalışması doğal ve hakkı değil midir?

...

Tekrar ediyorum... en ağır cezayı bile verseniz, sizlere karşı en ufak bir kırıklık duygusu taşımayacağım. Çünkü bizim meselemiz bireysel değil, sınıfsaldır ve çözümü de buna uygun olacaktır...

SONUÇ

«Gerek benim yazım, gerekse Sayın Müftüoğlu'nun savunması, peşin hükmünüz üzerinde bir değişiklik yapmayacaktır. Bunu biliyorum. Fakat, bu gerçeği baştan beri biliyor olmamız, susmamızı, teslim olmamızı gerektirmezdi. Bizim için duruşmalar sizin kurallarınızla sınırlanmadan sürecektir... Fabrikalarda, tarlalarda, okullarda, işyerlerinde, sokaklarda, evlerde, her yerde... Kamu vicdanında sürecektir... İşte bizim çalışmalarımız kitlelerin bilincinde sürecek bu duruşmalar göze alınarak yapıldı.

İnanıyorum ki Hâkim Sefa Mutlu'yu benim vurmadığımı sizler de biliyorsunuz... Fakat eliniz mecburdur... Bu koşullarda objektif davranmanız mümkün olmayacaktır.

Bu karşılaştığım ilk haksızlık değildir.

Son haksızlık da olmayacaktır.

Saygılarımla...

Yılmaz Güney
25 Haziran 1976»

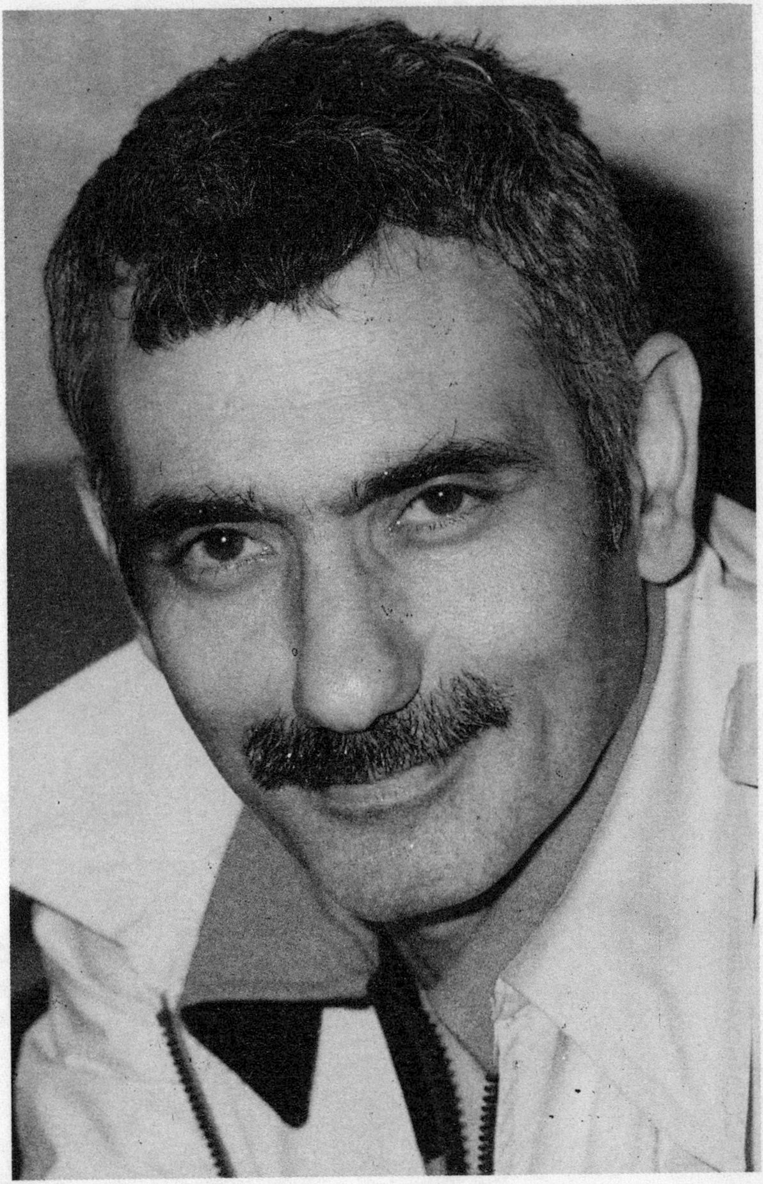

Fransa'ya İltica Dilekçesi

Bir sanatçı olarak, Yılmaz Güney diye bilinirim; asıl adım Yılmaz Pütün'dür. 1937 Adana-Türkiye doğumluyum. Jale Fatma ile evliyim, iki çocuğum var. Oğlum Yılmaz Pütün 11, kızım Güney Pütün 15 yaşındadır.

Liseyi Adana'da bitirdim. İstanbul'a üniversiteye gittim. Fakat, 18 yaşında yazdığım bir hikâye nedeni ile 1,5 yıl ağır hapse, 6 ay sürgün cezasına çarptırıldım. Ayrıca, ömür boyu kamu haklarından yoksun bırakıldım. Bu nedenle, benzerlerimin yedeksubay öğretmen olarak yaptığı askerliği, ben er olarak yaptım.

1972'de, devrimci öğrencilere para yardımı yaptığım için tutuklandım. İstanbul Sıkıyönetim Askeri Mahkemesince 10 yıl hapse mahkûm oldum. İki buçuk yıl yattıktan sonra, 1974 genel affıyla salıverildim.

1974'ün 13 Eylül'ünde, adım bir cinayet olayına karıştı. Ölenin hâkim olması, siyasi niteliğim, sıradan bir polisiye olayı siyasi hasımlığa dönüştürdü. Haksız yere, 19 yıl hapse mahkûm oldum. Bu cezamın, 7 yıl, 1 ayını yattıktan sonra Isparta Cezaevi'nden kaçtım.

Çünkü düşünen bir insan olarak, askeri faşist diktatörlüğe muhalif bir insan olarak Türkiye'de yaşamamın olanakları kalmadı. Ekonomik, siyasi, kültürel ve insani anlamda gittikçe daraltılan ve nerede duracağı belli olmayan bir kuşatma altına sokuldum.

Türkiye'de, terörle ve teröre dayalı örgütlenmelerle uzak yakın hiçbir örgütsel bağım yoktur. Ancak, bir kültür ve sanat dergisi olarak yayınlanan, daha sonra sıkıyönetimce yayını durdurulan «GÜNEY» dergisinde yayınlanan felsefi ve siyasi yazılarımdan dolayı yüzlerce seneyi içeren cezalarla yargılanmaktayım. Adli ve Sıkıyönetim mahkemelerinde görülmekte olan 10 davam var...

İspanya'nın Valladalid Film Festivali yöneticisi SN. Fernando Herrera'ya yazdığım bir mektuptan dolayı ayrıca yargılanıyorum.

«Faşizm Üzerine» adlı kitabım toplattırıldı ve hakkımda dava açıldı.

«Oğluma Hikâyeler» adlı çocuk hikâyeleri kitabım toplattırıldı.

Çeşitli uluslararası film şenliklerinde ödül alan SÜRÜ adlı filmim, daha önce sansürden geçtiği halde, yeniden sansür edilerek yasaklandı.

BERLİN ve LONDRA Film Festivallerinde ödül alan DÜŞMAN adlı filmim, Danıştay kararıyla gösterim izni aldığı halde askeri şeflerin emri ile yasaklandı.

ARKADAŞ filmim yasaklandı.

Resmi olmamakla birlikte, çeşitli baskılarla kitaplarım, resimlerim ve filmlerim kitlelere ulaşamaz oldu. Son olarak DAĞ adlı senaryom, «Irkçılık ve bölücülük» gerekçesiyle reddedildi.

Benimle insani, ticari, kültürel ilişkileri olan insanlara manevi baskılar yapıldı.

Ve artık cezaevleri, son baskılarla yaşanmaz hale getirildi.

Bir sanatçı için, ülkesinin demokratik geleceği için yüreği çarpan bir insan için, ülkesinden ayrılmak zorunda kalması acı vericidir. Ama, artık hiçbir şey yapamadan bitkisel bir hayat yaşamayı insanlık ve sanatçılık onuruma ters gördüm ve ülkeniz Fransa'ya siyasi sığınma isteğiyle geldim. Kabulümü rica ederim...

BİYOGRAFİ

(ÖZGEÇMİŞİ)

1937 yılının 1 Nisan'ında Adana'nın Yenice Köyünde doğdu. (Güney bazı konuşmalarında «nüfus cüzdanının geç çıkartılmış olabileceği gerekçesi ile» bu tarihin kesin olmayabileceğini belirtmiştir.) Babası ırgat başı Hamit; annesi Güllü adını taşıyorlardı. 7 kardeştiler; 3 sınıflı köy ilkokulunda, İnönü İlkokulu'nda ve İnkılap mektebinde okudu. Irgatlara suculuk, çapa çekiminde atçılık, pamuk toplayıcılığı, bağ bekçiliği, simit ve gazoz satıcılığı, ilk ve ortaöğrenimi sıralarında yaptığı işler arasındadır. Bu yılların izlenimleri ve sanatçının belleğinde yer etmiş görüntüleri BOYNU BÜKÜK ÖLDÜLER adlı romanında ve büyük ölçüde otobiyografik bir film olan UMUT'ta derinlemesine anlatılmıştır. Ortaokul ve lise öğrenimini Adana'da tamamladı. Lise ikinci sınıfta okuduğu sıralarda günde 7 lira yevmiye ile And Film'in pursantaj memurluğu görevine başladı. Şirket yevmiyesini eksik ödediğinden, 8 lira yevmiyeli Kemal Film'in pursantaj memurluğuna geçti. İşi Adana dışında dolaşmasını gerektirdiğinden Gaziantep, Elazığ, Mardin, Diyarbakır yöresinde, kasaba ve köylerinde dolaştı. Yazarlığa başlaması ve ilk hikâyeleri bu dönemin ürünleridir. 1955 yılında lise öğrenimini bitiren Güney, ilkin Ankara Hukuk Fakültesine kayıt olmuş ve daha sonra Adana'ya dönerek Dar Filmde çalışmaya başlamıştır. Şirketle çok bağlantısı olduğu için öğrenimini İstanbul'da yapmayı düşünen Güney daha sonra İstanbul İktisat Fakültesine kaydolmuş, yönetmen Atıf Yılmaz'la tanışması Türk Sinemasına girmesine önayak olmuştur.

BU VATANIN ÇOCUKLARI, ALAGEYİK, KARACAOĞLAN'IN KARA SEVDASI, TÜTÜN ZAMANI, ÖLÜM PERDESİ, DOLANDIRICILAR ŞAHI, KIZIL VAZO, SENİ KAYBEDERSEM, TATLI BELA gibi filmler Güney'in senaryocu, oyuncu, yönetmen yardımcısı olarak katıldığı filmler olmuştur. (1958-1961 yılları arasında yapılan bu filmler Güney'in sinema serüveni içinde 1. dönem çalışmaları olarak nitelendirilebilir.)

Aynı yıllarda İstanbul'da «On Üç» adlı bir dergide yayınlanan «Üç Bilinmeyenli Eşitsizlik Sistemleri» adlı öyküsünden ötürü bir kovuşturma sürdürülmektedir. 1957'de başlatılan ve temyizi ile birlikte 1961 yılında sonuçlanan yargılama Güney'i bir film setinde yakalayacak, yaşamının 24 ayını hapishane ve sürgünde geçirmesinin nedeni olacaktır.

Güney gibi çevresine alıcı gözlerle bakmasını bilen, yaşamının her dönemini içinden çıktığı yoksul halk kitlelerinin sorunlarına ışık tutacak ipuçlarını bulmak üzere değerlendiren bir sanatçı için hapishane deneyi dolu ve öğretici olmuştur. (İlkin Boynu Bükükler, daha sonra Boynu Bükük Öldüler adıyla yayınlanan romanı birinci tutukluluk döneminin ürünüdür.)

Sırtında iki yıllık ceza ve bu cezanın hukuki sonuçları (müebbeden kamu haklarından memnuiyet) ile İstanbul'a dönen Güney, her şeye yeniden başlamak ve tutunmak için bir zamanlar karşı olduğu küçük şirketlerde çalışmaya başladı. Zaman zaman bir filmin, senaryosundan çekimine, çekiminden oyunculuğuna ve yönetimine kadar her şeyini kendisi üstlenmek zorunda kaldı. Tutunabilmek ve günlük ekmeğini kazanmak için giriştiği bu mücadele sırasında Güney zaman zaman yalnız kaldı. İtildi ve horlandı.

Sonradan kendisinin de eleştirisini yaptığı ve halka kötü ürünler verdiğini söylediği bu dönem, sanatçının sinema konusunda teknik bilgilerini geliştirmesi açısından olumlu etkileri de taşımaktadır.

Konularını kan davaları, kabadayılar, soygun ve vurgunlar gibi toplumsal olgulardan alan fakat özlerinin iyi işlenemeyişinden ötürü Yeşilçam kalıpları içinde kalan bu dönemin filmlerinde Güney, kendisini diğer oyuncu ve sinemacılardan ayıran bir kişiliği korumasını ve geliştirmesini bilmiştir. Diğer Yeşilçam filmlerini oyuncusunun giydiği elbise, soyunduğu yatak vb. öğelerle değerlendiren seyirci Güney'in filmlerine hep kendisinden bir şeyler bulmak, avunmak, sevinmek ya da üzülmek için gitmiştir. İKİSİ DE CESURDU ile başlayan bu dönemin değişik özelliklerinden ötürü söz edilmeye değer filmleri şunlardır: MOR DEFTER, ON KORKUSUZ ADAM, KONYAKÇI, BEN ÖLDÜKÇE YAŞARIM, ÇİRKİN KRAL.

HUDUTLARIN KANUNU Yılmaz Güney'in tutunma ve kendini dosta düşmana kabul ettirme mücadelesinin ilk başarılı sonucudur. Türk sinemasının en usta yönetmeni Lütfi Ö.Akad'la birlikte gerçekleştirdiği HUDUTLARIN KANUNU bir oyuncu olarak artık yerleşmişliği, kendinden emin bir sanatçılığı noktalamaktadır. Yine HUDUTLARIN KANUNU ile Güney artık alışılagelen ve kendini tekrarlamaktan öte bir anlam taşımayan filmler yapmanın biçimler bulmak zorunda olduğunun gereksizliğini kavramış, yeni öz ve biçimler bulmak zorunda olduğunun bilincine varmıştır. Bu durumun işlerlik kazanabilmesi ve araştırdığı öz ve biçimi seyirci gözünde deneyebilmesi için Güney üç yılı aşkın bir süre bekleyecek ve koşulların olgunlaşması sonucunda UMUT ortaya çıkacaktır.

HUDUTLARIN KANUNU'ndan UMUT'a varan çizgi içerisinde yer alan İNCE CUMALİ, KIZILIRMAK KARAKOYUN, KURBANLIK KATİL, SEYİT HAN, AÇ KURTLAR, BİR ÇİRKİN ADAM gibi filmler Güney'in oyuncu, senarist ve yönetmen olarak gerçekleştirdiği başarı zincirinin ara halkalarıdır.

Aranan, beğenilen ve Yeşilçam'a göre «filmleri para getiren», halk tarafından «Çirkin Kral» olarak bilinen Yılmaz Güney 1968 yılında askerlik görevini yapmak üzere ikinci kez sinemadan ayrılmıştır. Bu kez durum birincisine göre farklıdır ve sinema alanı onun dönüşünü dört gözle beklemektedir. Kurulu bir yapım şirketi, Türkiye'nin çeşitli bölgelerinde iş yapan filmleri vardır. Kendi ezilmişliğini, öfkesini, sevincini ve hüznünü onda gören, zaman zaman kendisini Güney'in beyazperdede canlandırdığı tiplerle bir tutup avunan büyük bir seyirci kitlesi Güney'i beklemektedir. Güney'in askerlik sonrası UMUT'la başlar. UMUT Türkiye'de toplumsal değişimlerin ve çatışmaların yoğunluk kazandığı bir dönemin ürünüdür. Çıkışı olmayan umutsuz çabaların gerçekçi bir biçimde sergilenmesidir. Yüzyıllardır ezilen, sömürülen bir halkın, egemen sınıf aracılığı ile nasıl şartlandırıldığı ve kendi sınıfına yabancılaştırıldığını göstermesi, kurtuluşu metafizik yollarda aramanın boşluğunu belgelemesi açısından UMUT, Türk sinemasında bir dönüm noktası olmuştur. Gerçeğe uygun saptamaları ve gerçek ilişkilerin niteliği konusunda alışılagelmiş kuruntuları yıkması, burjuva dünyasının iyimserliğini sarsması ve nihayet bugünkü ortaya konulan varsayımlar üzerinde düzenin sürekli olduğu konusunda kuşkular uyandırması açısından UMUT andığım dönemin nesnel koşulları içerisinde görevini yerine getirmiş bir filmdir. Güney'in HUDUTLARIN KANUNU ile başlayan ve UMUT'la olgunluğa ulaşan «bilinçli bir biçimde toplumsal sorunlarla uğraşma» çizgisi, egemen sınıflarla çatışmaya başlamış, HUDUTLARIN KANUNU da dahil olmak üzere bu dönemin pek çok filmi şu ya da bu biçimde «sansür» tarafından engellenmeye çalışılmıştır. Güney'in yaratma alanı yani sinema ile yakından ilişkide bulunan ve egemen sınıfın bir baskı ve engelleme aracı olarak kullandığı «sansür» uygulamasını, Faşist İtalyan döneminden (yani egemen sınıfın çıkarını korumak görevini üstlenmiş bir sözüm ona yasadan) aktardığı bir nizamnameye dayanarak yapmaktadır.

1939 yılından bu yana Türk Sinemasında toplumsal sorunlarla ilgilenmek, filmlerinde ülkenin sorunlarına çözümler aramak eğiliminde olan her sinemacının başında «Demokles'in Kılıcı» gibi duran sansür nizamnamesi aşağıdaki maddeleri kapsamaktadır:

«**Madde 7:** Aşağıda yazılı gayelerden birine matuf olan filmlerin gösterilmesine müsaade edilemez:

1- Herhangi bir devletin siyasi propagandasını yapan,

2- Herhangi bir ırk veya milleti tezyif eden,

3- Dost devlet ve milletlerin hislerini rencide eden,

4- Din propagandası yapan,

5- Milli rejime aykırı olan siyasi, iktisadi ve içtimai ideoloji propagandası yapan.

6- Umumi terbiyeye ve ahlaka ve milli duygularımıza mugayir bulunan.

7- Askerlik şeref ve haysiyetini kıran ve askerlik aleyhine propaganda yapan.

8- Memleketin inzibat ve emniyeti bakımından zararlı olan,

9- Cürüm işlemeye tahrik eden,

10- İçinde Türkiye aleyhine propaganda vasıtası olarak sahneler bulunan.»

Görüleceği gibi Türk Sanat ve Kültürü için «bir utanç» uygulaması niteliğinde bulunan bu sansür özellikle halktan yana, onun çıkarlarına ve kurtuluşuna ilişkin konulara değinen bütün filmlerde dehşetengiz bir tutumla işbaşındadır.

Güney'in UMUT'u da bu sansürden yakasını kurtaramadı. Film bir yandan 1970 Altın Koza'da haklı bir birincilik alırken öte yandan yasaklanıyor, Türk halkının filmi görmesi engellenmek isteniyordu. Yasal yollardan mücadelesini yürüten Güney, filmin gösterim iznini Danıştay yoluyla almış, böylece Türk seyircisi sorunlarını saptayan, umudun ve umutsuzluğun ne olduğunu belgeleyen bir filmi görme olanaklarına kavuşmuş oluyordu. UMUT sonrası sanatçının ortaya koyduğu ürünler, sürekli araştıran yeni biçim ve özler deneyen olgun bir sanatçının ürünleriydi. Güney dönüşü olmayan doğru ve sağlıklı bir yolda özenli bir tutumla ilerleyerek AĞIT, ACI, UMUTSUZLAR, BABA gibi filmlerle yerini pekiştirdi. UMUT'la başlayan olgunlaşma, araştırdığı sinema dilini bulma ve geliştirme çizgisi içerisinde daha bir süre «eski çirkin kral» niteliğini sürdüren filmlerde oynadı. Bu arada yönetmen olarak «Yeşilçam Sineması»na oranla eli yüzü düzgün, içeriği olmamakla birlikte zararsız bazı filmlerinin yanısıra ne için yapıldığı pek belli olmayan, gelişme çizgisine ve inandıklarına ters düşen VURGUNCULAR'ı yapması böylesine tutarlı bir çizgi izleyen sanatçının yaşamında «hata» sayılmalıdır.

UMUT sonrası filmleri içinde ACI, AĞIT, BABA ve bir dereceye kadar UMUTSUZLAR yukarıda andığım çizgiyi sürdüren özüyle ve teknik olgunluğu ile Güney'in sanatçı kişiliğine yaraşan filmlerdir. Ve 1970'ler Türkiyesinin nesnel koşulları içinde gerçekleştirilebilecek sanat ürünlerinin «en iyisi», «en güzeli» ve «en kalıcısı» olma özelliklerini taşımaktadır.

Güney 1972 Mart'ında siyasal bir suç işlediği gerekçesiyle Sıkıyönetim tarafından tutuklandı. Tutuklandığı sıralarda kafasında yeni film tasarıları bulunuyordu. Güney'in tutuklu bulunduğu 1972 yılı kendi dışında önceden ortaya koyduğu ürünlerin değerlendirilmesi sonucu bir Güney yılı oldu. BABA filminin ancak faşist yönetimlerde görülebilecek bir uygulamayla ödül almaktan alıkonması, BOYNU BÜKÜK ÖLDÜLER adlı romanın «Orhan Kemal Armağanı» alması, Türkiye dışında bazı Batı ülkelerinde UMUT filminin gösterilmesi ve ödül alması, nihayet Türkiye'de bir gazete tarafından «Yılın Sanatçısı» seçilmesi ve bunların yankıları 1972 yılının GÜNEY YILI olmasını pekiştiren önemli olgular arasındadır.